반드시 캐나다 국경까지 간다!
아킬레스건 완파 이후 4,300km의 PCT 횡단기

Walking
워킹

워킹
아킬레스건 완파 이후 4,300km의 PCT 횡단기

초판 1쇄 발행 2021년 4월 9일

지은이 정성호
펴낸이 장길수
펴낸곳 지식과감성#
출판등록 제2012-000081호

교정 김혜련
디자인 이현
표지 디자인 쾅쾅(오세광)
편집 이현
검수 양수진, 이현
마케팅 고은빛, 정연우

주소 서울시 금천구 벚꽃로298 대륭포스트타워6차 1212호
전화 070-4651-3730~4
팩스 070-4325-7006
이메일 ksbookup@naver.com
홈페이지 www.knsbookup.com

ISBN 979-11-6552-781-5(03810)
값 14,000원

• 이 책의 판권은 지은이와 지식과감성#에 있습니다.
• 이 책 내용의 전부 또는 일부를 재사용하려면 반드시 양측의 서면 동의를 받아야 합니다.
• 잘못된 책은 구입하신 곳에서 바꾸어 드립니다.

지식과감성#
홈페이지 바로가기

반드시 **캐나다 국경**까지 간다!
아킬레스건 완파 이후 4,300㎞의 PCT 횡단기

Walking
워킹

정성호 지음

― 목 차 ―

➤ 프롤로그　　　　　　　　　　　　　　　　• 8

CHAPTER 1

사막
SOUTH CALIFORNIA

➤ 불행아　　　　　　　　　　　• 12
➤ 타는 목마름으로　　　　　　　• 26
➤ 달팽이　　　　　　　　　　　• 34
➤ 호와 진　　　　　　　　　　　• 44
➤ 길 위의 천사들　　　　　　　• 50
➤ 길 위의 기적, 트레일 매직　　• 55
➤ 친구 제시　　　　　　　　　　• 59
➤ 짧은 하루　　　　　　　　　　• 65
➤ Oh~Boy!　　　　　　　　　　• 72
➤ 달의 집, 카사 데 루나　　　　• 75
➤ 새로운 동행　　　　　　　　　• 80

CHAPTER 2

Heaven
SIERRA

➤ 천상으로의 입성　　　　　　　• 98
➤ 최고봉 휘트니산　　　　　　　• 101
➤ 기적의 완치　　　　　　　　　• 106
➤ 인생사 새옹지마　　　　　　　• 111
➤ 굶주림　　　　　　　　　　　• 121
➤ 맘모스 레이크의 레이몬드　　• 127
➤ 몽환　　　　　　　　　　　　• 136
➤ 땅 위의 천상 시에라, 안녕　　• 141

CHAPTER 3
창림(蒼林)
NORTH CALIFORNIA

- ➤ 이별재회 • 150
- ➤ Hoc quoque transilit • 157
- ➤ 여장부 케이트 할머니 • 165
- ➤ 두 번의 기적 • 169
- ➤ 은진이의 결심 • 181
- ➤ 야행 • 187

CHAPTER 4
Highway
OREGON

- ➤ 세렌디피티 • 202
- ➤ 역치 • 208
- ➤ 내 친구, 마크 • 219
- ➤ 가을비 • 227

CHAPTER 5
겨울왕국
WASHINGTON

- ➤ 마지막 관문에서 만난 사람들 • 240
- ➤ 회상 • 248
- ➤ 인디언 서머 • 253
- ➤ 필승법 • 262
- ➤ 겨울왕국 • 272
- ➤ 국경 • 286

➤ 에필로그 • 295

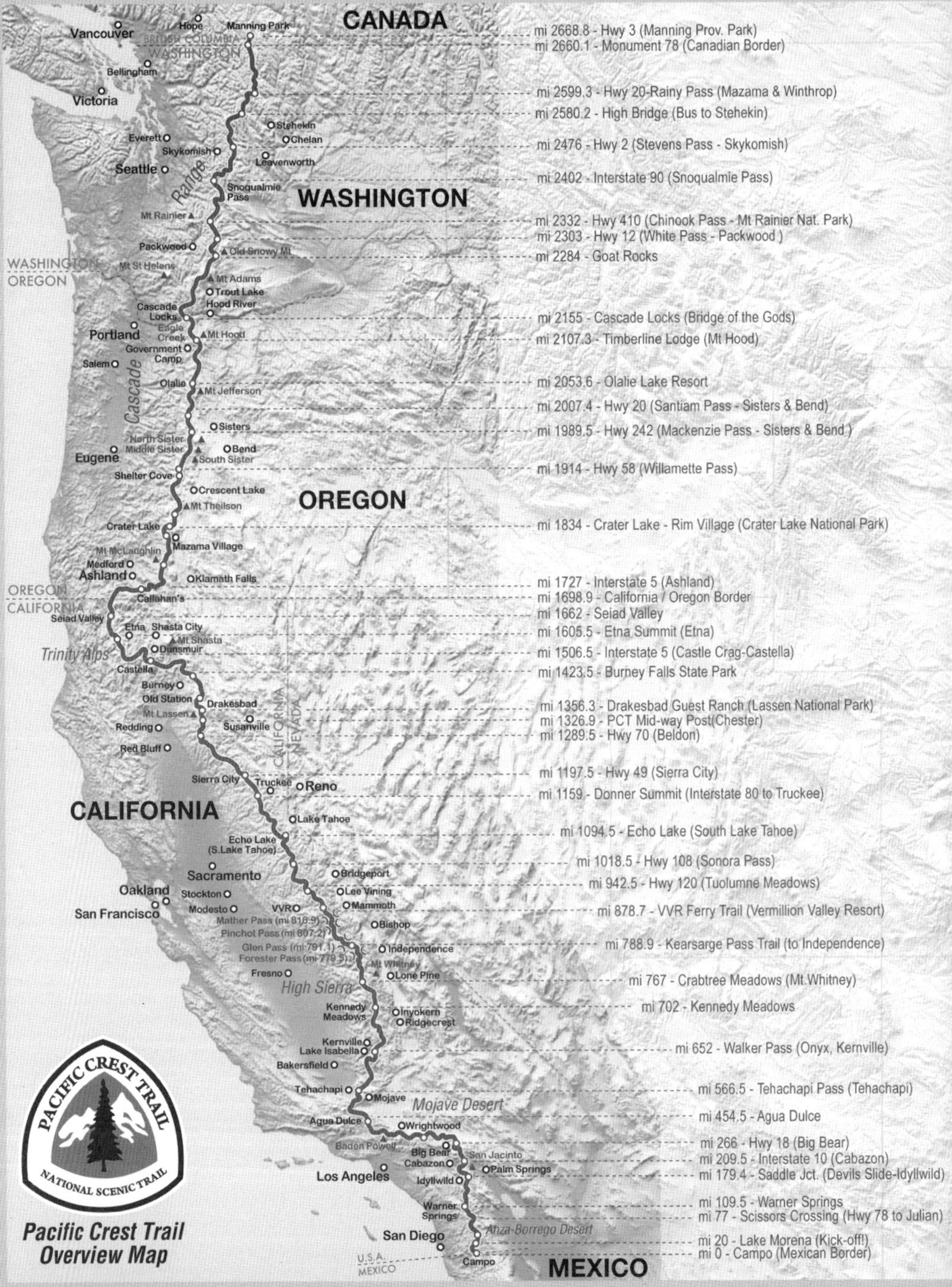

인연이었기에 시절이 같았고
시절이 같았기에 인연이었다.

그 시절 우린 시간을 함께했다.

프롤로그

"헉… 헉…."
머리 위로 쏟아지는 강렬한 햇살과 발 아래 사막의 모래가 뿜어내는 열기 사이에 낀 몸은 어찌할 바 몰라 연신 땀만 쏟아 냈다. 땀에 절여진 티셔츠는 짠 내 가득했고 굳게 다물고 있던 입은 차오르는 숨에 어느새 또 벌어져 있었다. 습기라고는 한 점 없는 건조한 공기가 마른 입 안으로 들어올 때에는 목구멍을 찢는 것 같았다.
닿지 않는 팔을 억지로 뻗어 배낭 옆에 꽂아둔 물통을 뽑아 들었지만 어떠한 무게감도 느낄 수 없었다. 마지막으로 목을 축인 뒤 두 식경이 넘도록 물 한 방울 마시지 못했다.
고개를 돌려 시선을 두는 모든 곳에서 아지랑이가 이글거리며 피어올랐다. 그동안 900㎞가 넘는 사막을 걸어오면서 찌는 듯한 날도 많았지만 이처럼 잔혹한 뜨거움은 없었다. 모하비 사막은 말 그대로 지옥불이었다.
"후…."
깊은 한숨과 함께 나온 열기가 온몸을 감쌌다.
'워터캐시까지 남은 거리 3㎞.'
갈증에 허덕이며 1㎞를 걸어왔다. 여기서 또 물 한 방울 없이 3㎞를 걸을 순 없었다. 그렇다고 이대로 멈출 수도 없었다. 지금 이 막막한 상황을 타개할 유일한 방법은 물이 있는 곳까지 걷는 것뿐.

'마지막 구간은 정말 힘들 거야. 사막도 여름을 향해 가고 있거든. 모하비 사막에서는 물 포인트가 자주 없어서 지금까지 그 어느 사막 구간보다 물을 더 많이 지고 다녀야 하는데 그 무게가 다시 발목을 잡아. 힘들겠지만 여기까지 오면서 단련했으니 잘 이겨낼 거야.'

일주일 전, 10년이 넘는 PCT 경험을 가진 하이커, 스캇의 말이 떠올랐다. 그가 말한 그 구간 위에 올라섰음이 본능적으로 느껴졌다.

벌컥벌컥 물을 마시는 기분 좋은 상상을 하며, 콜라 한 캔 따서 마시는 따가운 목 넘김을 상상하며 마지막 남은 힘을 짜내었다. 숨 쉴 힘마저 없더라도 움직여야만 하는 것이 이 길 위에 올라선 모든 하이커들에게 적용되는 법칙이었다.

좁은 흙길 옆, 외로이 서 있는 커다란 조슈아 나무 그늘에서 더위를 피하고 있는 하이커의 배낭 옆구리에 꽂힌 물통에 시선을 주었다. 역시나 그의 물통도 바닥을 드러내고 있기는 매한가지였다. 하지만 마지막 한 모금의 물을 가진 그가 지금 세상에서 제일 부러웠다.

'목마르다… 아… 목말라….'

생각지 않으려 할수록 더욱 물 생각밖에 나지 않았다.

'3㎞만 어떻게든 견뎌 보자.'

다시 마음을 다잡고 남은 힘을 짜내 걸음을 옮겼다. 하지만 의지와는 다르게 도무지 몸이 움직이지 않았다. 아니 의지도 기력도 없었다. 몸도 마음도 소리치고 있었다. 한계였다.

털썩.

100m를 채 걷지 못하고 정신이 희미해지고 어지러워져 주저앉았다. 올해 사막에서 탈수증이 걸렸다는 하이커 이야기가 머릿속을 스쳐 지나갔다.

'자면 안 되는데….'

스르르 눈이 감겨 오는 걸 막아보려 했지만 저항할 수 없었다. 물 한 모금 마실 수 있다면 메피스토에게 영혼이라도 내어 줄 수 있을 것만 같았다.

CHAPTER 1
사막
SOUTH CALIFORNIA

불행아

멕시코 국경을 떠나온 지 3일 차, 호기로웠던 출발과는 달리 초보 하이커의 발뒤꿈치는 그렇지 못했다. 계속되는 쓰라림에 더 이상 걸을 수 없어 걸음을 멈춰 세웠다.

신발을 벗어 발을 확인하니 물집이 터져 나온 진물과 양말이 엉겨 붙어 있었다.

"아… 아…."

들러붙은 살갗이 떨어져 나가 신음 소리가 저절로 새어 나왔다.

출발 첫째 날, 20㎞를 걷고 사막에서의 첫날 밤을 보낸 후 자고 일어나니 발은 터질 듯이 부어 있었다. 등산화에 억지스럽게 구겨 넣은 발 때문에 걸을 때마다 발가락 위쪽과 발뒤꿈치가 밀리고 또 밀렸다. 나도 모르는 새에 생긴 물집이 터지고 그 위에 또 물집이 생기고 또 터져 버렸다. 하루 이틀 가볍게 가는 등산과 며칠을 산에서 지낼 모든 짐들을 지고 다녀야 하는 트레킹의 차이는 컸다.

'역시 난 천재야!'
배낭 옆에 꽂아 둔 슬리퍼로 갈아 신으니 발걸음이 훨씬 가벼워졌다. 하지만 그것도 잠시뿐. 1시간이 지나자 이제는 정강이가 아파 오기 시작했다. 하나뿐인 슬리퍼가 끊어지면 안 된다는 생각으로 조심히 걸은 것에 더해 20㎏의 짐을 지고 다닌 것이 결국 엉뚱한 근육에 무리를 준 것이었다.
'등산화 뒤꿈치를 도려내면 좀 나으려나?'
터진 물집에 새살이 돋으려면 최소 3일은 걸릴 테고, 딱지가 앉아 다시 신발을 제대로 신으려면 일주일은 걸릴 터였다. 어떻게든 신발을 새로 사기 전까지 뒤꿈치를 아껴 신발을 신을 수 있는 상태로 만들어 놓아야 했다.
배낭에서 맥가이버 칼을 꺼내 그대로 등산화 뒤꿈치를 오려냈다. 일단은 뒤꿈치에 자극이 가지 않으니 만족스러웠고 슬리퍼처럼 조심히 신지 않아도 되니 마음이 편했다. 천군만마를 얻은 것 같은 기분이었다. 하지만 그 편안함도 딱 1시간, 무거운 등산화는 걸을 때마다 땅에 끌려 쓰지 말아야 할 앞 발목과 정강근에 억지스럽게 힘을 주는 바람에 또 다시 고통이 찾아오기 시작했다. 마을에 최대한 빨리 들어가 새 신발을 사는 것 외에는 답이 없었다.
하루에 30㎞에 가까운 거리를 걸었다. 걷는 중에는 아팠지만, 다행히 자고 일어나면 회복되어 이틀간 별다른 문제는 없었다. 하지만 셋째 날 눈을 떴을 때 결국 다리에 이상이 생겼다.

'지익지익' 하며 정강이 쪽 근육인지 인대인지 알 수 없는 부위가 찢어지는 느낌이 들었다. 몇 번을 더 돌려 봐도 마찬가지였다. 텐트를 나와 첫발을 디디는 순간, 바늘을 깊게 찌르는 듯한 고통이 느껴졌다.

'아….'

4,300㎞ 중 이제 겨우 100㎞를 걸어왔고, 아직도 4,200㎞는 더 걸어야 하는데 기가 막힐 노릇이었다.

"진아, 준비 다 됐으면 먼저 갈래?"

배낭에 마지막 짐을 넣고 있는 은진이에게 말했다.

"응. 텐트만 접고 바로 올 거지?"

"응. 먼저 출발해. 금방 따라갈게."

은진이가 걸을 수 있는 양이 우리가 하루에 걷는 양이 되었다. 아직은 체력이 모자라고 걸음이 느린 은진이를 먼저 보내 놓아야 조금이라도 더 걸을 수 있어 혼자서 텐트를 걷은 뒤 출발했다.

하지만 마음과는 달리 걸을 때마다 찾아오는 고통에 짜증이 치고 올라왔다. 몸이 아픈 것도, 강하게 내리쬐는 햇살도, 매일같이 4L씩 물을 들고 다녀야 하는 사실도, 씻지도 못하고 흙먼지를 뒤집어쓰는 것도, 매일 텐트를 치고 접는 것도 모든 것이 짜증 난다는 생각이 들기 시작했다.

문명과 동떨어진 이 야생에서는 몸이 아프면 그 누구도 대신해 줄 수 없었다. 하이커는 모두 자연인이고 원시인이었다. 도움을 줄 수 있는 문명인이 있는 곳까지는 기어서라도 가야 했다. 휴대폰을 꺼내 지도를 보니 다행히 3㎞ 앞에 작은 마을로 들어갈 수 있는 샛길이 나 있었다.

단순한 근육통이나 뻐근함과는 분명히 달랐다. 걷는 순간마다 파고드는 듯한 고통이 찾아와 더 이상 오른 다리는 쓸 수 없어 절뚝이며 걸어야 했다. 완만한 경사의 오르막도 가파른 산을 오르는 것처럼 걸음걸음이 부담스러웠다.

'H2O'

물이 있다는 표시가 반가웠다. 절뚝이며 걸은 지도 어느새 한 시간 반이 지나 있었다. 나뭇가지로 만들어진 화살표를 따라 들어가니 익숙한 옷차림의 하이커가 그늘 아래 무릎에 고개를 파묻은 채 쪼그려 자고 있었다. 다행이었다.

"진아!"

자신을 부르는 목소리에 잠을 깬 은진이는 고개를 들어 대답했다.

"오빠, 왜 이렇게 늦게 왔어?"

보통 시속 3㎞의 속력이 나왔는데 다리가 아픈 이후로 3㎞를 걷는 데 한 시간 반 이상이 걸렸다.

더 이상 숨길 수 없어 말을 꺼내야만 했다.

"그게… 사실 며칠 전부터 다리가 좀 아팠는데 자고 일어나면 괜찮아졌거든. 근데 오늘은 아침부터 계속 아프더니 제대로 걷지를 못하겠네."

"미련하게 왜 말 안 했는데?"

은진이는 속상한 얼굴을 한 채로 나를 보며 말했다.

2017년 4월 24일, PCT를 위해 비행기를 타기 꼭 3일 전 모든 장비는 준비가 되었지만 마지막 장비인 매트는 편안함의 에어 매트냐, 가벼움의 발포 매트냐 하는 긴 고민 끝에 결국 편안함을 택해 에어 매트를 사러 가는 길이었다.

"아… 이제 마지막이네."

머리도 깎고 때도 밀고 시계 배터리도 갈았다. 크게 한 것은 없지만 복잡한 서울의 운전은 사람을 금세 지치게 만들었다. 마지막 볼일을 앞두고 한숨 섞인 혼잣말이 나왔다.

'담배 한 대만 태우고 갈까? 그냥 갈까? 그래. 얼른 매트 사고 태우자.'

지친 마음을 담배 한 대로 달래고 싶었고, 이제 모든 준비가 끝이라는 생각에 신난 몸으로 2층의 가게를 향해 점프했다.

'탕!'

영화에서나 들어 보던 짧고 강렬한 총성은 작은 건물 안을 가득 채웠다. 멀리서부터 점프를 해 뛴 착지는 불완전했다. 오른발 앞쪽은 위 계단에 걸쳐진 채로 발뒤꿈치는 그대로 한 계단 아래로 처졌다. 그리고 계단 사이의 넓은 간격을 버티지 못한 무언가가 끊어진 것 같았다.

'아뿔싸.'

제일 먼저 PCT를 갈 수 없을지도 모른다는 생각이 스쳤다. 하지만 큰 소리에 비해 어디 하나 아픈 곳이 없어 이내 마음이 놓였다. 혹시나 휴대폰을 떨어뜨렸나 확인해 보았지만, 점퍼 주머니에 휴대폰은 그대로 있었다. 주위를 둘러봐도 아무런 이상 없이 그저 평온했다.

"아… 역시나…."

계단을 오르기 위해 오른발로 땅을 밀어내려고 힘을 주는 순간 다리가 무너져 내렸다. 이해가 되지 않는 상황에 혼잣말이 입 밖으로 나왔다. 어리둥절했다. 다시 한번 올라가 보려고 오른발에 힘을 주는 순간 다시 또 다리가 무너져 몸이 휘청거렸다. 몇 번을 더 시도해 보아도 마찬가지였다.

'한 대만 태우고 천천히 올라갈걸….'

그제야 뒤늦은 후회가 머릿속을 가득 채웠지만, 시간의 흐름을 되돌릴 수는 없었다. 삼 일 뒤면 미국행 비행기를 타야 하는데, 오랜 시간 준비해 온 PCT가 한순간에 좌절될 것만 같은 현실을 도무지 받아들일 수 없었다. 하늘이 무너지고 억장이 무너진다는 표현을 이럴 때 쓰는 것일까? 이 세상에서 나의 시계만이 멈춘 것 같았다.

사고 직후 들렀던 병원의 의사 선생님은 X-Ray 사진을 보더니 인대가 조금 늘어난 것 같다고 해 안심하며 집으로 돌아왔다. 하지만 아침에 눈을 뜨자마자 거짓말처럼 '아킬레스건'이라는 단어가 또렷하게 눈앞을 스쳤다. 예감이 맞을 것만 같아 불안했지만 다시 병원을 가지 않을 수 없었다.

"일단은 MRI를 찍어 보고 결과를 보는 게 좋을 것 같아요."

의사 선생님의 말에 따라 MRI를 찍고 결과를 듣기 위해 진료실로 들어갔다.

"음… 아킬레스건이 완파되었네요. 여기 보이시죠? 잘 가다가 비어 있는 곳이 아킬레스건이 끊어져서 그런 거예요. 만져 보시면 왼쪽하고는 느낌이 다를 겁니다."

전날 수없이 만져 보았기에 이미 무언가 잘못되었는지 알고 있었다. 다만 아킬레스건이 끊어졌을 거라고는 생각지도 못했다. 힘을 주면 날카롭게 날을 세우는 왼쪽의 아킬레스건과는 달리 오른쪽은 마음 떠난 연인처럼 아무런 반응이 없었다. 꾹 잡고 있던 희망의 끈도 아킬레스건과 함께 끊어져 버렸다.

"선생님 제가 올해 미국에 장거리 하이킹을 가려고 계획해서 이틀 뒤에 비행기를 탈 예정이거든요. 혹시 미국 가서 좀 쉬다가 시작하면 괜찮지 않을까요?"

"이거 수술하고 낫는 데 최소 반년은 걸려요. 미국은 병원비도 엄청나고 이 상태로는 걷지도 못해요. 올해는 힘들고 내년을 기약하면서 한국에서 재활하는 게 나을 거 같네요."

간절함을 담아 애원하듯 물어보았지만 그것이 끊어진 아킬레스건을 다시 붙여 줄 수는 없는 노릇이었다.

"수술 후에는 등산 다닐 만큼 괜찮아지나요?"

"아무래도 몸 상태가 수술 전과 같은 순 없겠지만 등산, 마라톤 다 가능하니까 희망을 가지고 열심히 재활하시면 돼요."

"네. 알겠습니다."

내심 앞으로 걷지 못하면 어떡하나 걱정도 많이 되었는데 그래도 천만다행이었다.

공교롭게도 미국행 비행기를 타고 있을 시간에 수술대에 올라가 했다.

전신 마취를 하기 전, 출국장을 지나 비행기에 앉는 행복한 상상을 하는 사이 스르르 잠이 들었다.

그리스의 전쟁 영웅, 아킬레우스. 저승 세계의 강 '스틱스'에 몸을 담그면 부상을 당하지 않는다 하여 그의 어미는 발목을 잡고 그의 몸을 담갔다. 하지만 유일하게 강물이 닿지 않은 발목에 화살은 맞은 그는 죽음이라는 숙명을 피할 수 없었다.

매트쯤이야 인터넷으로 사도 됐을 텐데, 아니 조금만 양보해서 담배 한 대만 피우고 올라갔더라면 그렇게 흥분해서 날뛰지 않았을 텐데, 그땐 왜 그렇게 성급했을까? 이곳이 아니었더라도 언젠가 어딘가에서 다쳤을지도, 더 큰 일을 당했을지도 모를 일이었다. 삶에는 선택에 의한 우연보다 선택할 수밖에 없었던 숙명이 더 많은 자리를 차지하는 것 같기도 했다.

시간은 뒤돌아보면 언제나 빨리 흘러가 있었다. 재활 치료를 받던 지난 6개월을 뒤돌아보니 짧게 느껴졌지만, 하루하루 지날 때는 억겁의 시간처럼 길게 느껴졌다. 누군가는 하루에 1%씩 100일이 지나면 100% 회복된 자신을 만날 거라는 말로 위로해 주었고 누군가는 삶에 겸손의 시간을 갖는 거라며 위로해 주었다.

여름철 동네 아이들이 뛰어노는 모습에도 아이들의 아킬레스만 바라보았고 걷는 사람들의 모습에도 날을 세우는 아킬레스건만 쳐다보며 희망을 품었다.

그 시간 동안 은진이는 나를 기다려 주었고, 1년이 지나 이 길 위를 같이 걷고 있었다.

또다시 나로 인해 걷지 못하는 것이 미안해 말할 수 없었다. 내가 짐이 되고 있다는 걸 인정하기 싫었다. 자고 일어나면 괜찮았기에 별문제가 없다고 생각했고 이내 괜찮아질 거라고 생각했지만, 세상일이 내 마음대로 흘러가는 것만은 아니었다.

"진아, 미안한데 여기서 걸어 나가면 작은 마을이 있던데 거기 가서 차 좀 얻어 타고 들어갈까?"

멕시코 국경에서 176㎞ 떨어진 첫 번째 마을인 워너 스프링스(Warner Springs)까지 남은 거리는 30㎞. 오늘을 보태 하루만 더 걸어가면 됐다. 첫 마을부터 차를 타고 들어간다는 것이 부정하게 느껴졌고, PCT의 순수성을 잃는 것 같은 기분이 들어서 참고 참았지만 별다른 도리가 없었다.

"그래. 오빠. 무리하다가 더 큰일 난다."

은진이에게 상황을 설명하고 대안을 얘기하자 기꺼이 그렇게 하자고 했다. 물을 마시고 조금 더 쉬다가 길을 나섰다.

마냥 쉽지 않을 거라는 것쯤은 알고 있었다. 그래도 이 길 위에 올라서서 열심히 걸으면 된다고 생각했는데 걸음을 계속할 수 없는 난관에 봉착했다. 속상했지만 미숙이 주는 성장통이었고 익숙해지기 위한 과정이었다.

PCT 길을 벗어나 30분쯤 걸었을까? 큰 마당을 가진 작은 집 한 채가 보였다.

"진아, 저기 들어가서 차 태워 줄 수 있는지 물어보자."

고개를 끄덕이는 은진이를 확인하고 먼저 마당 안으로 들어갔다.

"실례합니다."

몇 번을 불러도 인기척이 없어 집 가까이 다가갔다. 밖에서 그렇게 소리를 지를 땐 아무 반응도 없었는데 마당으로 들어가자 갑자기 큰 개 두 마리가 우리를 향해 달려왔다. 교육을 받았는지 묻지는 않았지만 고양이가 쥐를 몰듯 우리를 구석에 있는 작은 건물 속으로 몰아넣었다.

"월! 월!"

덩치 큰 개들은 지치지도 않고 연신 짖어 댔다.

"진아, 우리 어떡하노?"

"일단 기다려야지 뭐."

주변을 둘러보니 차곡차곡 쌓인 수건과 세탁기 2개가 우리가 있는 곳이 세탁실이라는 사실을 알려 주었다. 세탁실 안에서 집주인이 나타날 때까지 영락없이 갇힌 생쥐 꼴이 되어야 했다.

"오빠, 차 소리 들린다."

시끄러운 개들의 짖는 소리에도 피곤함에 스르르 잠이 들었다가 은진이의 얘기에 눈을 떴다. 가만히 들어 보니 밖에서 엔진 소리와 함께 흙을 밟는 타이어 소리가 반갑게 들려왔다.

"진아. 살았다."

바깥으로 나가 보려 했지만, 개들이 또 언제 달려들지 몰라 일단 기다렸다. 하지만 고요함이 지속되자 생기는 불안함에 조심스레 문을 열고 나갔다.

"꼼짝 마!"

건장한 남자가 우리를 향해 총을 겨누고 있었다.

'아… 이거 뭐고 진짜.'

그의 입장에서는 무단침입자가 집에 들어왔으니 당연한 일이었지만, 나에게는 참 일이 꼬여도 이렇게 꼬일 수 있나 싶어 억울한 생각이 들었다.

"우리는 PCT 하이커예요. 다리를 다쳐서 걸을 수가 없어서 도움을 청하려고 트레일에서 빠져나왔어요. 밖에서 몇 번을 불러도 대답이 없어서 들어왔는데 개들이 갑자기 짖으면서 달려들어서 세탁실로 숨어들어 온 거예요."

그에게 불순한 의도가 없다는 걸 알리기 위해 귀 옆에 팔을 바짝 붙이고 말했다. 그는 우리를 천천히 살펴보더니 서서히 총집으로 총을 거둬들였다.

"오빠, 이제 손 내려."

은진이의 울먹이는 목소리에 잃었던 정신이 들었다. 뒤를 돌아보니 은진이는 눈물을 글썽이고 있었다.

"하하하하."

우리 쪽에서는 보이지 않았던 아주머니가 어느새 우리의 시야 안으로 들어와 크게 웃고 있었다. 그 옆에 아저씨는 여전히 못마땅한 얼굴을 하고 있었다.

"저는 스타라고 해요."

"안녕하세요."

힘 빠진 목소리로 대답했다.

"뒤에서 이야기 다 들었어요. 오늘 안 그래도 워너 스프링스에 갈 일이 있는데 제가 태워 줄게요. 가방을 가지고 올 테니 잠시만 기다리세요."

스타 아주머니는 집 안으로 짐을 챙기러 들어갔고 아저씨는 여전히 우리를 매섭게 쳐다보고 있었다. 후에 안 일이지만 미국에서는 무단침입 시에 총을 쏘더라도 정당방위로 인정될 수 있을 만큼 사생활 보호가 엄격하다고 했다.

아주머니는 작은 가방을 하나 들고 집 안에서 나왔다. 우리는 큰 배낭을 아주머니의 경차에 싣고 올라탔다.

"그이가 너무 터프하죠? 하하."

아주머니는 아까의 상황이 떠올랐는지 한 번 더 크게 웃었다.

"아마 가족을 지키려고 하다 보니 그런 것 같네요. 이런 곳에서는 낯선 사람이 집에 들어올 일이 없거든요. 우리는 원래 샌디에이고에서 살았어요. 이곳에 놀러 왔다가 너무 좋아서 아예 이사를 오게 됐죠. 남편은 전에 해병대에서 근무하다가 전역하고 소방관으로 일한 지 5년 정도 됐네요."

아주머니의 말을 듣고 나니 총을 쥔 아저씨의 팔에 불뚝 선 힘줄과 근육들이 이해가 됐다. 총이 아니었어도 그에게 꼼짝도 할 수 없었다.

"그나저나 다리는 어쩌다가 그런 거예요?"

"며칠 전부터 다리가 아프기 시작했어요. 한동안은 자고 일어나면 괜찮았는데 오늘은 도저히 못 걷겠더라구요. 결국 도움을 좀 받아야겠다 싶어서 중간에 물 포인트에서 빠졌어요."

"거기 워터캐시 우리가 물을 채워 넣어요! 앞으로 남은 날이 더 많은데 큰일이네요. 도착했어요. 여기가 워너 스프링스예요."

아주머니와 이런저런 이야기를 나누다 보니 금세 도착했다. 걸어서 와야 한다면 하루 종일 땡볕 아래를 걸어야 하는데 차로 오니 30분이 채 걸리지 않았다. 일주일 만에 맛보는 문명의 맛은 너무나도 달콤했다.

"여기서 몸조리 잘하고 출발하세요. 아직 갈 길이 멀지만, 무사히 완주하길 빌어요."

"고맙습니다. 스타도 조심히 가세요."

PCT에서 만난 첫 트레일 엔젤, 스타는 환한 미소를 남기고 차를 돌려 떠났다.

워너 스프링스는 작은 커뮤니티로 공동체의 단위로는 커뮤니티 위에 마을, 마을 위에 도시로 그 단위가 커진다고 했다. 커뮤니티 센터에는 하이커를 위한 공간이 있어 센터 건물 안으로 들어가 공간 사용법에 대한 설명을 간단히 들었다. 설명을 들은 뒤, 하이커들의 텐트가 여러 동 쳐진 커다란 나무 아래로 향했다. 우리와 같은 날 멕시코 국경을 떠났던 반가운 얼굴들도 보였다. 우리는 차를 타고 들어왔으니 걸어서 첫 마을에 도착한 하이커들과는 적어도 하루 이상의 거리가 차이가 난 셈이었다. 그렇게 조금씩 쌓인 차이가 누군가는 빠르면 4개월 만에 캐나다 국경에 닿을 수 있게 했고, 누군가는 6개월이 넘게 걸려 캐나다 국경에 닿을 수 있게 만들었다.

한쪽에 자리를 잡고 우리도 보금자리를 마련했다. 차를 타고 들어와 찜찜한 마음이 한편에 남아 있었지만 일주일 만에 처음으로 맞는 휴식이 그저 좋았다.

허름하기 짝이 없는 야외 샤워실이었지만 버킷에 물을 받아 일주일간 온몸에 쌓이고 쌓인 흙먼지를 씻어내는 샤워 덕분에 개운한 기분을 느낄 수 있었다. 샤워를 마친 후, 버킷에 물을 담아 티셔츠를 담갔는데, 몇 번 휘젓지 않았는데도 금세 땟국물로 가득해졌다. PCT를 오기 전에는 매일매일 옷을 갈아입을 거라고 생각했었는데 일주일간 티셔츠를 단 한 번도 갈아입지 않았다. 하루 종일 걷고 나면 티셔츠를 벗고 다시 입을 힘마저도 없기 때문이었다. 은진이까지 샤워를 마치고 일주일간 아끼고 아껴 두었던 비빔면에 맥주까지 사서 저녁을 먹었다.

문명 안으로 들어와 지내면 며칠 되지 않아 문명의 고마움은 또 씻은 듯이 잊고 지내겠지만, 지금 이 순간만은 문명이 주는 모든 것 하나하나가 감사하고 고마웠다.

다음 날 눈을 뜨자마자 마음속으로 '제발, 제발' 하며 조심스럽게 발목을 움직여 보았다. 하지만 여전히 정강근이 찢어지는 듯한 느낌이 강하게 들었다. 언젠가는 낫겠지만 그 언젠가가 언제가 될지 알 수 없기에 초조하고 불안했다.

텐트 문을 열고 나가 보니 오랜만에 깊은 잠을 잔 탓에 이미 해는 높이 솟아 있었다. 냉찜질을 할 요량으로 샤워장 쪽을 향했는데 나무 그늘 아래 어제처럼 사람들이 옹기종기 모여 이야기를 나누고 있어 나도 한쪽에 자리 잡았다.

"누구에게나 PCT를 온다는 게 하루, 이틀 등산 가듯이 되는 일이 아니잖아요. PCT에 대해 알게 되고, 도전해 보겠다고 마음먹고, 준비해서 조금씩 실행에 옮기기 시작하고, 그렇게 D-365, D-100, D-10, D-1, 그렇게 D-day, 멕시코 국경을 떠난 지 1일, 2일, 이제는 시작한 지 일주일이 넘었네요. 길을 나섰을 때 벅차올랐던 마음이 가라앉고 지금은 힘들다는 생각에 집에 가고 싶다는 마음만 드는 걸 보니 사람은 그냥 현실을 살아가는 동물이라는 생각이 들더라구요."

우리와 같은 날 출발했던 독일 아주머니 소피아였다. 모두들 고개를 끄덕였다. 그녀의 말처럼 그만두고 싶은 건 아니었지만 그렇게 오고 싶었던 PCT도 마냥 즐거운 것만은 아니었다.

"맞아요. 근데 다들 그럼에도 좋잖아요?"

같은 날 출발했던 토미였다. 그의 주변에는 긍정의 기운이 넘쳤다.

"하하. 힘들어도 좋은 거죠. 꿈을 이루고 있으니까요."

토미의 옆에 있는 친구가 호탕하게 웃으며 이야기했다. 토미의 말에 화자가 바뀐 사이 소피아 아주머니에게 궁금했던 스티브 할아버지의 거취를 물어보았다.

"아주머니, 스티브 할아버지는요?"

"할아버지는 어제 떠났어."

"역시 빠르네요."

스티브 할아버지는 PCT 출발 전, 샌디에이고의 트레일 엔젤 스캇의 집에서 우리와 같은 텐트를 썼다.

"장거리 하이킹 해 본 적 있니?"

"아뇨. 원래 등산을 좋아하긴 했었는데 며칠씩 텐트, 음식을 지고 다닌 적은 없어요."

"장거리 하이킹은 말이야. 50%의 체력과 50%의 정신력이지. 그리고 뭐라도 자주 먹어 줘야 해. 에너지 소모가 많거든."

반바지 밑으로 나온 힘줄 가득한 종아리가 그의 말에 설득력을 더해 주었다. 체력이 모자라던 초반에는 '정신력은 체력이 무너지는 순간에 찾아온다'라는 생각에 할아버지의 말에 동의하지 않았지만 이후 수천 ㎞를 넘게 걸었을 때 가끔씩 아무런 이유 없이 찾아오는 정신력의 위기에 '지금 겪는 이 위기는 당연한 거야'라며 할아비지의 말을 주문 삼아 이겨내는 때가 많았다.

'이제 할아버지를 다시 볼 일은 없겠구나.'

영원한 이별일 것 같아 아쉬운 마음을 안고 냉찜질을 하러 갔다.

이틀만 쉬려고 했던 첫 마을에서 의도치 않게 5일을 쉬어 버렸다. 재보급을 위해 장을 보고 신발과 하이킹 폴도 은진이와 같이 하나씩 장만했다.

신발 가게 아저씨는 신발은 신고 걸어 봐야 안다며 신발이 더러워지는 것도 전혀 개의치 않고 흙길 위를 걸어보라고 했다. 오히려 신발을 사러 온 손님이 신발이 더러워지는 걸 더 걱정했다. 관대한 아저씨 덕분에 발볼이 넓은, 편한 신발로 살 수 있었다.

회복이 오래 걸릴 거라고 예상했던 다리는 다행히 5일 만에 완전하지는 않았지만 많이 괜찮아졌다. 새로 산 신발은 편했고 하이킹 폴은 네 발로 걷는 효과가 있어 다리에 가는 부담을 줄여 주었다.

하는 것 없이 5일을 보낸다는 것은 무언가라도 해야 하는 바지런한 성격인 내게는 고역이었다. 함께 머물던 사람들이 야생으로 다시 떠나는 모습을 그저 바라만 보는 것 또한 고통이었다.

이후로 PCT에서의 나만의 한 가지 원칙이 생겼다.

'몸이 주는 신호에 귀 기울이자.'

타는 목마름으로

　PCT 관련 앱인 Guthook에는 PCT 트레일에 대한 정보가 상세히 나와 있었다. 어느 곳에 물 포인트가 있는지, 어느 곳에서 마을로 빠질 수 있는 길이 있는지, 어느 곳에 좋은 캠프 사이트가 있는지 등 모든 것이 나와 있고 무엇보다 GPS 기반이라 지도 위에 내 위치가 나타나 PCT 길을 따라 제대로 걷고 있는지 확인도 할 수 있었다. 특히 길을 잃었을 때는 어렵지 않게 다시 PCT 길을 찾아올 수 있어 아직은 길이 낯선 초보 하이커에게는 더없이 유용했다.

　사막에서의 물은 금만큼이나 귀했다. 금 한 덩이와 물 한 통 중 하나만 골라야 한다면 여지없이 물통을 선택할 만큼 물은 귀했다. 물 포인트는 없을 때는 20~30㎞에 하나 정도 나타났다. 보통 물은 10㎞에 1.5L 정도 마셔, 물 포인트에 맞춰 한 번에 3~5L의 물을 지고 다녀야 했다. 그리고 텐트를 치려는 곳에 물 포인트가 없으면 마지막 물 포인트에서 저녁 해 먹을 물, 저녁에 마실 물, 다음 날 아침에 걷기 시작해서 다음 물 포인트까지 마실 물까지 그 모든 물을 계산해서 받아야 했다. 물 포인트 근처에 잠자리를 마련하는 것이 최대한 물을 지고 다니지 않을 수 있는 방법이었지만, 뜸하게 있는 물 포인트에 맞춰 잠자리를 마련하는 것이 쉽지 않아 항상 배낭은 항상 무거웠다.

　4월 말에 시작해 5월에 접어든 사막은 하루하루를 더해 갈수록 건조해

지고 뜨거워졌다. 땅만 보며 걷다 고개를 들어 앞을 보면 저 멀리 어김없이 피어오르는 아지랑이는 숨을 옥죄어 왔다.

출발 전 지도를 확인해 보니 멀지 않은 곳에 물 포인트가 있어 여유 있게 물을 나섰는네 막상 도착하니 고인 물에 빌레와 녹조가 가득했다.

'와… 이 똥물을?'

비위가 좋은 편이라 생각했는데 도무지 엄두가 나지 않아 정수하지 못하고 지나칠 수밖에 없었다.

"오늘이 올해 가장 덥다고 하네요."

작은 초목 아래 몸을 숨긴 하이커 옆을 지날 때 나를 향해 그가 힘없는 목소리로 말했다. 풀린 눈으로 그를 바라보며 고개를 끄덕이고는 다시 천천히 길을 걸었다.

매일 점점 더 여름을 향해 가는 사막은 더운 것이 당연한 이야기였지만, 오늘같이 나무 한 그루 없는 길은 온종일 땡볕을 안고 걸어야 해 숨쉬는 것조차 힘이 들었다.

다음 물 포인트까지는 아직 5㎞가 남았는데 물이 동나 버렸다. 일단 은진이가 있는 곳까지는 가야겠다는 생각에 걸음을 옮겨 보았지만 100m를 나눠 걷기를 몇 번, 입 안에서는 단내가 풍기기 시작했다.

"오빠."

다행히 멀지 않은 곳에서 커다란 바위 아래 숨어 있던 은진이가 소리쳤다.

"지이…진아, 언제 왔는데?"

말을 하려고 하니 바짝 마른 입천장에 달라붙는 혀는 힘을 주어 떼면 '쩍쩍' 하고 소리가 났다. 목 안에서 소량의 침을 짜내 습기를 더했다.

"한 10분 됐나. 오빠도 물 다 떨어졌나?"

작은 기대를 품고 있었지만, 은진이도 물이 다 떨어진 모양이었다.

"응. 1㎞ 전에 물 포인트 있던데, 와 도저히 물 못 받겠던데."

"나도 거기 봤는데 그냥 왔다. 벌레 떼 죽은 게 막 떠 있더라."

은진이와 대화를 나누는 사이 옆에서 낮잠을 자고 있던 젊은 남녀 하이커가 일어났다.

"안녕하세요. 전 잭이라고 해요. 얘는 여동생 새라예요."

"안녕하세요. 전 호라고 해요. 여자친구는 진이에요."

겉에서부터 하이커 고수의 기운이 뿜어져 나오는 잭과 새라였다.

"오늘 엄청 덥죠? 물은 충분히 있어요?"

잭이 물어보았다.

"아니요. 안 그래도 워터캐시까지는 5㎞ 정도 남았던데 둘 다 물이 없어서 어떻게 해야 하나 고민 중이에요."

워터캐시는 자연이 만들어내는 물 공급원이 아닌, 오랜 구간 물이 없는 곳에 트레일 엔젤들이 하이커들을 위해 수십 통의 물통을 가져다 놓은 인공 물 공급원이었다. 트레일 엔젤이 매번 물을 가져다 놓을 수 없기에 물통이 비어 있을 가능성도 배제할 수 없어 안정적인 물 공급원은 아니라 무작정 믿을 수는 없었다.

"저희가 워터캐시까지는 4명이 나눠 마실 만큼의 물이 있는데 좀 쉬었다가 같이 가죠."

천만다행이었다. 이미 꽤 긴 시간 동안 지속된 갈증이었기에 해소되기 전까지는 걸을 수 없었다.

"고마워요. 둘은 남매끼리 어떻게 PCT를 하게 된 거예요?"

"새라는 작년에 고등학교를 졸업했어요. 둘 다 어릴 때부터 PCT를 하고 싶어서 새라가 졸업할 때까지 기다렸다가 올해 시작했어요. 저는 한 해 늦었지만 대학교 들어가기 전에 시간도 있고 해서 마음먹고 오게 됐죠."

"정말 대단하네요. 어려 보인다고 생각은 했는데 정말 대단한 결심을 했네요."

"근데 배낭이 왜 이렇게 커요?"

잭은 자신의 배낭보다 두 배는 더 커 보이는 내 배낭을 보며 놀라서 물었다.

"저희는 미국에 아는 사람이 없다 보니 겨울용품까지 다 챙겨서 다니거든요. 그러다 보니 이렇게 배낭이 커졌네요. 잭 배낭 한번 들어 봐도 돼요?"

내 배낭 크기에 반도 되지 않아 한 손으로도 들 수 있는 잭의 배낭은 솜털같이 느껴졌다. 배낭을 내리고 나니 잭은 자신의 배낭 속 모든 짐들을 꺼내 보였다. 그 속에는 경량 스토브, 작은 코펠, 먹을거리, 그리고 속옷 하나, 양말 하나. 심지어 텐트도 폴과 이너텐트를 새라와 나눠서 들었다. 배낭도 초경량으로 1kg이 채 나가지 않는다고 했다. 정말 생존을 위해 딱 필요한 용품만 들어 있었다. 하이커 중 누군가는 자신의 카르마(Karma), 업보만큼의 짐을 지고 다닌다고 했는데 나는 지은 업이 많은 모양이었.

"절대로 배낭이 무거워서는 안 돼요. 하루 이틀 걷는 게 아니기 때문에 쓸모없는 건 다 버려야 해요."

부드럽던 잭의 말투가 다소 단호하게 변했다.

"안 그래도 엄청 절실히 느끼고 있어요. 그런데 둘은 하루에 얼마나 걸어요?"

"적어도 40㎞는 걷고, 더 걷는 날도 많죠. 이제 갈까요?"

꺼낸 짐들을 배낭 안에 대충 쑤셔 넣고는 잭이 먼저 배낭을 메었다. 덩달아 나머지 세 명도 배낭을 둘러메고 길을 나섰다. 은진이, 나, 새라, 마지막에 잭 순으로 일렬로 서서 작은 부대를 이뤘다.

은진이는 오르막에 약한 편이기는 했지만 걷기 시작한 지 얼마 되지 않아 생각보다 너무 이르게 멈춰 섰다. 허리를 굽혀 양 무릎에 손을 얹어 헥헥거렸.

"오빠, 그냥 먼저 올라가."

어깨너비의 좁은 길을 은진이가 막아서자 네 사람 모두 이러지도 저러지도 못하는 상황이 되었다.

"잭, 새라 미안한데 진이 힘들어해서… 둘이서 먼저 가요."
"무조건 다 같이 가야 해요. 여기서 멈추면 죽을수도 있어요!
새라의 표정은 자못 진지했다. '설마 죽기야 하겠어?' 하는 생각도 들었지만 올해 탈수증으로 트레일 오프를 했다는 하이커들도 벌써 몇몇 있다고 했다. 은진이와 새라, 여자들 사이에 흐르는 미묘하면서도 팽팽한 긴장감에 잭과 나는 이러지도 저러지도 못하고 멀뚱히 서 있어야 했다. 은진이가 굽힌 허리를 펼 생각을 하지 않자 심장이 쫄깃해지기 시작했다.
"자, 빨리 이거 마시고 계속 걸어요!"
새라가 목소리를 높여 말한 뒤 은진이에게 물통을 건넸다.
'뭐야? 물이 있다고 한 게 저 물이었어?'
우리가 그냥 지나쳤던 녹조와 벌레 가득했던 물이 든 물통이었다. 4㎞를 물 없이는 걸을 수 없었다. 하지만 정수기가 결합되어 있다고 해도 새라가 건넨 물을 마신다는 것이 쉽게 받아들여지지 않을 것 같았다.
'헉….'
은진이는 정수기에 입을 대고 보기만 해도 냄새가 나는 것 같은 물을 거침없이 마셨다.
"호도 얼른 물 마셔요."
새라가 은진이에게 받은 물통을 나에게 건넸다.
"아니에요. 전 아직 괜찮아요."
"얼른 마셔요. 물 안 마신 지 꽤 지나서 이대로는 위험해요."
새라의 단호한 표정을 보고 있자니 마시지 않을 수 없었다. 하는 수 없이 그녀가 건넨 물을 마셨다. 입을 대는 순간 은은하게 퍼지는 녹조 향에 눈을 질끈 감았다. 식도를 타고 넘어가는 물을 온몸이 그대로 빨아들이는 기분이 들었다. 그제야 살 것 같았다.
결국 은진이가 백기를 들고 다시 우리 부대는 행군을 시작했다. 입 안이 마르지 않게 땀으로 젖은 수건을 입에 살며시 물고 코로 숨을 쉬었다.

"자, 자, 자!"

잭과 새라, 둘은 마치 군대 교관 같았다. 둘은 이 상황을 오히려 즐기는 것처럼 뒤에서 10살도 더 많은 삼촌과 이모를 능숙하게 조련했다. 그렇게 둘의 이끌림을 받고 긴 오르막의 끝에 다다랐을 때 안도의 한숨을 내쉴 수 있었다.

이후에는 계속되는 내리막에 걸음도 빨라지고 목도 덜 말랐다. 그리고 길의 끝에서 드디어 워터캐시를 만날 수 있었다.

낡고 오래된 나무문 안에는 4L짜리 물통이 50개는 족히 들어 있었지만, 우리의 기대감 따위는 전혀 상관하지 않는다는 듯 모두 하나같이 텅텅 비어 있었다. 잭과 새라의 냄새 고약한 물마저도 벌써 다 마신 상태라 물 없이 이대로 계속 갈 수는 없었다.

"잭, 아까 내려오면서 건물 있는 거 봤어요?"

내려오는 길에 조금 떨어져 있기는 했지만 넓은 마당이 있는 공장 부위기의 건물을 하나 보긴 했었다.
"네. 봤어요. 그럼 일단 거기로 가 보죠."
새라와 은진이는 그늘 아래서 기다리고 잭과 나는 네 명이 가진 물통을 모두 챙겨서 건물로 향했다.
"안녕하세요!!!"
악을 쓰고 몇 번을 소리쳐도 아무런 대답이 없었다. 이대로 돌아가도 별다른 수가 없어 잭과 펜스를 넘어가 보기로 했다.
"안녕하세요!!!"
다시 소리쳐 보았지만 아무런 대답이 없어 마당을 지나 건물로 향했다. 그리고 제일 처음 보이는 건물의 문을 열었더니 간이 화장실이었고 수도꼭지가 있었다.
'좌~'
수도꼭지를 돌리자 폭포수처럼 물이 콸콸 쏟아져 나왔다.
"잭. 살았네요. 제가 물 받을게요."
잭은 고개를 끄덕이고 밖으로 나간 지 얼마 되지 않아 돌아와 다급하게 내 티셔츠를 끌어당기며 나가자고 했다.
"왜요? 무슨 일이에요?"
"일단 빨리 따라 나와요."
물은 한 통을 겨우 채웠는데 잭의 다급한 표정에 급하게 그를 따라 다시 펜스를 넘어 나왔다.
"화장실 옆 건물에서 마리화나를 대량으로 키우고 있어요! 캘리포니아에서 마리화나 피우는 건 괜찮은데 재배는 불법이에요. 만약에 저걸 키우는 사람들이 우리를 보면 죽일지도 모른다구요!"
조금 전까지만 해도 더 이상 걸을 수 없다고 생각했는데 어디서 난 힘인지 잭을 따라 죽을힘을 다해 뛰었다.
은진이와 새라가 있는 나무 그늘 아래 도착해 네 명이 1L의 물을 나눠 마시자 물은 또 감쪽같이 사라졌다. 이제는 총을 맞아 죽진 않겠지만 목이 말라 죽을 참이었다.

"일단 물 없이는 걸을 수 없으니까 해가 질 때까지 일단 기다리는 게 나을 거 같아요."

잭의 말에 세 사람은 힘없이 고개를 끄덕였다. 이번 워터캐시에서 물을 구하지 못하면 다음 물 포인트까지는 10㎞가 넘게 물 한 방울 없이 걸어야 했다. 작은 나무가 만드는 그늘 아래에서 한 사람씩 슬슬 눈을 감고 다 같이 잠이 들었다.

'붕~'

얼마나 잠이 든 걸까, 주변의 소란한 소리에 잠이 깨서 눈을 떠 보니 한 아주머니가 차 안에서 물통을 나르고 있었다.

"진아, 잭, 새라."

피곤함에 곤히 잠든 세 사람을 흔들어 깨워 눈앞의 기적을 보여 주었다. 모두 하나같이 벌떡 일어나 아주머니가 물통 옮기는 걸 도왔다. 누가 알려 준 건지 알 수 없었지만 물이 떨어졌다는 연락을 받고 마을에서 급하게 물통을 채워서 왔다고 했다. 다시 50개의 물통에 물이 꽉 찼고 아주머니는 빈 물통을 차에 싣고는 바로 떠났다.

"우린 이제 가려고 하는데 둘은 어떻게 할 거예요?"

자신의 물통에 물을 다 채운 잭이 배낭을 둘러메고 물었다.

"우리는 조금만 더 쉬다 가려구요. 오늘 정말 고마웠어요."

아직은 기력이 회복되지 않아 남매를 먼저 보냈다. 새라가 앞서고 잭이 바로 뒤에서 새라를 쫓아가는 모습이 보기 좋아 시야에서 그들이 사라질 때까지 시선을 거두지 않았다.

둘 덕분에 사막에서의 첫 번째 물 고비를 무사히 넘길 수 있었다. 이후 PCT 길 위에서 걸음이 빠른 남매를 다시 만나지는 못했다. 씩씩한 두 남매가 무사히 완주했기를 바랐다.

달팽이

"오빠, 이제 나 PCT 그만하고 싶다."

멕시코 국경을 떠나온 지 2주가 조금 지났을 때였다. 도로에서 벗어나 한적한 곳에 있는 카페에 들러 맥주와 햄버거를 먹고, 그늘에서 시원한 바람을 맞으며 낮잠까지 자고 복귀를 한 직후였다.

"진아, 많이 힘들지?"

말없이 지친 표정으로 은진이는 고개를 끄덕였다.

"진아, 혹시 어떤 점이 힘든데?"

"나는 사실 걷는 것도 별로 안 좋아하고, 영어를 못하니까 하루 종일 이야기도 못 하고 걷기만 하니깐 쓸데없는 생각이 끊임없이 들어. 너무 힘들고 재미가 없어서…."

소소한 이벤트들도, 큰 이벤트들도 있었지만 우리가 하는 일의 큰 줄기는 산을 걷는 것이었다. 특히나 무거운 배낭을 메고 한 사람이 다른 사람의 속력에 맞춰서 걷는 일은 힘들어 쉬는 시간이나 잠시 만나서 이야기를 나누는 게 하루에 하는 대화의 거의 전부였다. 또 외국인을 보면 어떻게든 말을 하려는 나와는 달리 은진이는 외국인이 말을 걸어도 피하는 편이라 2주가 넘도록 외로웠을 것이었다. 은진이에게는 이 길 위에서의 별다른 기쁨이 없었다.

"진아, 그러면 앞으로 계속 맞춰서 다니는 건 나도 체력이 안 되니까 할 수 없고, 하루에 일정 시간은 같이 걸으면서 이야기도 하면서 걸어 보는 건 어떤데?"

"…."

은진이는 말없이 고개를 끄덕였다.

그러고 보니 거의 2주 만에 은진이와 도란도란 이야기를 나누었다. 그동안 저녁을 먹고 나면 피곤해서 바로 잠이 들었다. 그나마 힘이 있는 날에는 지도를 보며 내일은 어떤 길을 걸을지에 대한 이야기를 나누는 것이 고작 대화의 전부였다. 우리의 중심은, 아니 나의 중심은 온통 PCT였다.

"진아, 인도 여행 갔을 때 첫날 사기당한 거 기억나나?"

PCT를 하기 전 우리는 인도를 3개월 가까이 여행했었다. 당시 뉴델리에 밤늦게 도착했는데 시내 중심가에 도착하자마자 사람들이 뉴델리에 무슬림 테러가 났다며 빨리 다른 도시로 도망가라고 해서 택시비를 15만 원이나 주고 뉴델리를 벗어났었다. 하지만 후에 알고 보니 인도를 여행하는 사람들이 잘 당하는 사기 수법이었다.

"그래도 그때 처음에 한 번 당하고 나서는 더 안 당했었잖아."

"값싸게 좋은 교훈 얻었지 뭐."

그동안 우리에게 있었던 일, 우리가 앞으로 할 일들에 대해 이야기를 나누니 나도 기분이 한결 나아졌다. 진작에 이런 시간을, 이런 대화를 나누어도 좋았을 텐데 하는 생각이 스쳤다. 힘들다고 느껴지는 순간도 함께 하는 사람과 마음을 나눌 수 있다면 이겨낼 수 있다. 진부한 이야기일지 모르지만 소통은 참 중요했다. 정신적 고립은 부정적인 생각을 증폭시키기 쉬웠다.

두 번째 마을 아이들와일드(Idyllwild)에 들어왔다. 사막과 사막 사이의 산중 마을이라 통나무 집들과 가게들이 드라마에서나 보던 북미의 이국적 **풍경**을 선사해 주었다. 울창한 침엽수림 덕분에 공기도 맑고 마음

전체가 시원했다.

　마을 안에 위치한 캠핑장 한 곳에는 하이커들만을 위한 구역도 따로 있었다. 요금을 지불하고 하이커들의 텐트 사이에 이틀간 지낼 보금자리를 만들었다.

　내가 메고 다니는 55L 배낭 안에는 텐트, 침낭, 하이킹 폴, DSLR 카메라, 망원렌즈, 광각렌즈, 카메라 배터리 4개, 충전기, 20,000mAh 보조배터리, 아이패드, 휴대폰, 코펠, 버너, 이소가스, 일주일 치 음식, 고추장, 대용량 라면스프, 전동 면도기, 팬티 3장, 티셔츠 3장, 양말 3켤레, 바람막이, 경량패딩, 동계용 바지, 춘추용 바지, 여름 바지, 장갑, 아이젠, 일기장, 세면도구 등 짐들이 한가득이었다. 야생에서 지낼 집을 지고 다니는 달팽이였다.

　내가 들고 다니는 짐의 무게는 20㎏은 족히 나갔다. 신발 문제도 있었지만 감당할 수 없는 무게를 지고 다니다 보니 다리에 무리가 온 것이었다.

"진아, 우리 짐 좀 줄일까?"

그동안은 배낭이 무거운 만큼 체력이 좋아진다고 생각했는데 2주가 넘어가자 그제야 쓸모없는 짐들을 들고 다니는 짓이 멍청하다는 생각으로 바뀌었다.

"근데 우리는 맡길 데가 없잖아."

"숙모가 미국에 계시는데 한번 연락해 볼까 싶네."

PCT 시작 전 삼촌은 미국에서 도움이 필요할 때 연락하라고 숙모의 전화번호를 가르쳐 주었다.

"그래. 사막에서 동계용품은 진짜 미친 짓이지."

은진이는 고개를 절레절레하며 이야기했다.

평소 숙모에게 한 번도 연락하지 않다가 도움이 필요할 때 연락을 드리는 게 죄송했지만 다른 방법이 떠오르지 않았다. 다행히 숙모는 주소를 가르쳐 주며 짐을 부치고 나중에 필요할 때 연락하면 다시 보내 주겠다고 했다.

2주 동안 딱 한 번 쓴 무거운 망원렌즈와 동계용품 그리고 전동 면도기까지 보내 버리고 나니 커다란 마음의 짐도 같이 내려놓은 것 같았다. 쓸모없는 짐이 사라지면서 무엇보다 좋았던 것은 짐이 빠진 빈 공간에 콜라 두 캔을 챙겨 갈 여유가 생긴 것이었다.

"안녕하세요."

숙모에게 짐을 보내고 장을 보고 와 시원한 캔 맥주와 함께 붉은 양념이 잘 밴 제육볶음을 한창 먹고 있을 때였다.

"네. 안녕하세요."

"전 테드라고 해요. 영국에서 왔어요."

장발의 사나이는 자신을 소개하며 우리 곁으로 왔다. 사람마다 다르겠지만 PCT에서 만난 서양인들은 대체로 낯선 이에게 말을 거는 것에 거리낌이 없었다.

"저는 호, 여자친구는 진이에요. 우리는 한국에서 왔어요."

"어? 전 PCT 오기 직전까지 일본에서 2년 정도 영어를 가르쳤어요."

"정말요? 일본은 어때요?"

"재밌죠. 영국하고는 완전 다른 문화를 가지고 있다 보니 흥미롭기도 했구요. 전 특히 음식이 너무 맛있었어요."

그의 말에 구수한 일본 라멘 국물이 생각나 군침이 돌았다.

"저는 다리를 다치는 바람에 지금 이 캠핑장에 일주일째 머물고 있네요."

테드는 내가 아팠던 정강이 부분을 가리키며 말했다.

"여기가 어느 날 아프기 시작하더니 며칠 지나니까 더 이상 걸을 수가 없더라구요. 그래서 이 근처 마사지숍에 매일 들러서 마사지 받고, 얼음 찜질하면서 있어요."

"저도 테드하고 비슷한 곳이 아파서 워너 스프링스에서 5일 쉬었거든요. 잘은 모르겠지만 쓰지 말아야 할 근육을 써서 그런 것 같더라구요. 저는 신발 바꾸고 나서 괜찮아졌는데, 한번 바꿔 보는 것도 좋을 것 같아요."

"참고할게요. 고마워요. 식사 맛있게 하세요."

짧은 대화 후 그는 보금자리로 돌아갔다. 그도 워너 스프링스에서의 나처럼 잠깐 들렀다 가는 하이커들을 보며 자신의 상황에 안타까움을 느꼈을 것 같았다. 물론 우리가 테드에게 해 줄 수 있는 것은 없지만 자신의 상황이 불안하고 걱정되어 누군가와 대화를 나누고 싶을 거라는 생각이 들었다.

걷지 않고 휴식을 취하는 제로데이는 좋았다. 하는 것이라고는 음식을 실컷 먹고 아이패드에 담아 온 드라마를 보는 게 전부였지만 일주일간의 고생을 스스로에게 보상해 주는 기분이 들었다. 그리고 그것이 다시 산에서 일주일을 보낼 수 있는 강력한 원동력이 되었다. 이틀의 휴식시간은 무심하게도 참 빠르게 지나갔다.

재신토(Jacinto)산은 사막과 어울리지 않은 거대한 침엽수림이었다. 커다란 나무들이 만드는 그림자를 따라 걸으니 그 선선함과 상쾌함이 좋았다. 나는 오르막에 강한 편이고, 은진이는 내리막에 강한 편이었다. 먼저 정상에 올라 기다리고 있다 보면 얼마 뒤에 은진이가 맥 빠진 얼굴을 하고 올라왔다.

"진아, 수고했다. 얼른 배낭 내려놓고 쉬어."

대답할 힘도 없는지 은진이는 고개만 잠깐 끄덕이고 바로 바위에 기대앉았다.

"진아, 내 사진 좀 찍어 주면 안 될까??"

10분쯤 쉬었을 때 출발 전 정상의 아름다운 풍경을 배경 삼아 사진을 찍고 싶은 마음에 은진이에게 물었다.

"어."

못마땅한 얼굴로 은진이가 대답했다.

"사진을 자주 찍어 달라는 것도 아닌데 좀 찍어 주면 안 되나?"

"찍어 준다잖아."

"아니 꼭 그렇게 인상 쓰면서 그래야 하나?"

"오빠 사실 금방 피곤해서 더 쉬고 싶은데 오빠야말로 지금 이래야 되나?"

"아니 그러면 힘들어서 나중에 찍어 준다고 말하면 되지 그렇게 인상만 쓰고 있으면 내가 어떻게 아는데?"

"그래. 찍어 준다잖아!"

"됐다. 알았다. 미안하다. 앞으로 찍어 달라고 안 할게."

고함을 치는 은진이와 더 이상 말을 섞고 싶지 않은 생각에 배낭을 다시 메고 길을 나섰다.

긴 오르막을 올랐던 덕분에 내리막은 조금씩 조금씩 산을 둘러 내려갔다. 그렇게 마을에서 원 없이 마시고 먹었음에도 길 위에 오르면 언제 그랬냐는 듯 금세 배가 고팠고, 탄산이 그리워졌다. 산에서 내려가며 이틀 전 먹었던 고기들과 탄산을 생각하니 이내 문명이 그리워졌다.

그런 생각을 하는 사이 내리막에 강한 은진이는 어느새 나를 따라잡았고 눈길 한번 주지 않고 앞질러 갔다.

'와… 진짜 못됐네.'

밉기도 하고 약이 올라 은진이를 제치려고 열심히 걸어 보았지만 어림도 없었다. 뒤를 쫓아가다 보니 어느 순간 300㎞ 구간을 지났다. 특정 구간마다 하이커들이 돌, 솔방울, 나뭇가지로 표식을 만들어 놓은 덕분에 섭섭하지 않게 그냥 지나치지 않을 수 있었다.

짧았던 산림욕은 끝이 나고 다시 사막이 시작되었다. 태양이 머리 위에서 내리쬐고 있어 또 더위가 시작되었지만 이상하게도 반가웠다.

해는 어느새 뉘엿뉘엿 지고 있었다. 뒤에서 비치는 해가 만들어내는 그림자가 길의 안내자가 되어 있었다. 그림자를 유심히 바라보니 벙거지 모자에 배낭 옆에 꽂은 매트, 배낭 위에 얹은 텐트가 삐져나온 모습이 보였다.

'난 참 운 좋은 삶을 사는구나.'

갑자기 가슴이 벅차오르기 시작했다. 이 길 위를 오르기까지의 일들이 떠오르자 눈물이 차고 올랐다. 맘대로 되지 않는 것이 삶이라지만 PCT를 하겠다고 회사를 호기롭게 나온 뒤 뜻하지 않게 아킬레스건이 끊어져 반년은 백수 생활을 했고, 한국을 떠나 아무것도 할 수 없는 상황에서의 아버지의 실직, PCT를 시작하고서도 지난 3주간 다리도 다치고, 갈증에 허덕이고, 굶주린 등의 일들이 떠오르자 가슴속에서 무언가 울컥하며 올라왔다. 그 모든 일들 뒤에 은진이는 묵묵히 기다려 주었고 옆에서 힘이 되어 주고 있었다.
'그깟 사진이 뭐라고.'
그제야 미운 마음보다 미안하고 고마운 마음이 더 커졌다.
분위기에 취해 있는 것도 잠시, 저물어 가는 해에 다시 몸을 움직였다. 저 멀리 보이는 내리막의 끝에는 은진이가 보였다. 도착했을 때 은진이는 아무 일 없었다는 듯이 말을 꺼냈다.
"오빠, 오빠 우리 5㎞만 더 가면 트레일 매직이 있는데 탄산이랑 먹을 거도 많대!"
은진이가 언제 싸웠냐는 듯 환하게 웃으며 기쁜 소식을 전했다.
"진짜가? 진아 아까 화내서 미안해."
"아니다. 나도 기분 좋게 찍어 줄 수 있는 건데 짜증스럽게 이야기해서 미안."
나를 나에게서 분리시키는 연습을 하려고 했다. 특히 좋지 않은 감정들이 나를 휩쌀 때는 이성을 내 몸에서 분리시켜 나를 객관적으로 보려고 했지만 보통은 이성은 순간적인 감정에 휘둘리는 일이 더 많았다.
아닌 것 같아도 결국 사람은 자기 자신을 제일 사랑한다. 상대방의 기분을 좋게 하려는 것도 결국 자신의 기분이 좋기 때문이었고 나에게 기분 나쁘게 대하면 화가 나는 것도 내면 깊은 곳은 나를 사랑하기 때문이라 생각했다.
누구나가 입장이 다를 텐데 순간적으로 화를 내기보다는 자신의 입장을 생각하는 것은 조금 뒤로 미루고 상대방의 입장을 먼저 생각한다면 건강한 관계가 되고 궁극적으로는 자신도 더 행복해질 수 있다고 생각했지만 실천이 어려운 문제였다.
하루 종일 걸은 걸음은 우리를 어제보다 북쪽으로 29㎞를 더 올려놓았다. 이미 힘이 빠질 대로 빠져 5㎞를 더 걷는다는 건 무리라고 생각이 됐지만 탄산음료를 마시고 싶은 마음이 더 컸다.

"진아 오늘 한번 해 보자. 30㎞ 기록 한번 세워 보자."

2주간 한 번도 하루에 30㎞를 넘게 걷지 못했다. 그동안 만났던 하이커 중에 어떤 이는 하루에 40마일, 60㎞를 넘게 걷는다고도 했고, 타는 듯한 목마름의 날에 만났던 잭과 새라는 하루에 평균적으로 40㎞를 걷는다고 했다. 그에 비하면 우리는 턱없이 부족했지만 아팠던 다리도 어느새 많이 좋아졌고 그간 체력도 많이 좋아져서 이제는 조금씩 걷는 양을 늘려야 했다.

작은 마을 옆을 지나 아스팔트 길이 잠시 이어졌다. 흙, 모래로 덮인 길만 걷다 오랜만에 포장도로를 걸으니 어색했지만 반가웠다. 짧았던 포장도로가 끝나자 발이 푹푹 빠지는 모랫길이 시작되었다. 발이 빠진 만큼이나 발을 다시 들어 올려 걷는 게 힘에 부쳤다. 다행히 가는 모래가 쌓인 사막 구간은 그리 길지 않았다.

마지막 2㎞, 하루 종일 걷느라 가진 에너지가 모두 방전되어 그대로 뻗어 버리고 싶었지만, 30분 뒤에 마실 탄산음료를 생각하며 앞서가는 은진이를 보며 열심히 따라 걸었다. 그리고 저 멀리 모랫길이 끝나는 곳에 굴다리에서 새어 나오는 빛이 보이기 시작해 마음이 놓이기 시작했다.

"오빠 대박! 맥주가 딱 두 캔 남았더라."

도착하니 은진이가 맥주 두 캔을 들고서 기쁘게 맞이해 주었다. 맥주를 보는 순간 힘들었던 몸과 마음도 한꺼번에 녹아내리는 듯했다. 힘없는 옅은 미소가 얼굴 위로 올라왔다. 맥주를 받아 들고 배낭을 내던지고 아이스박스가 보이는 곳을 향했다.

"행복한 시간 즐기세요!"

건너편 텐트에 있던 하이커가 맥주 캔을 손에 들고서 신나게 소리쳤다.

그랬다. 행복의 순간이었다. 아이스박스에는 얼음과 음료수가 가득했다. 그리고 아이스박스 옆 하이커 박스에는 과자, 파이, 바나나도 있었다.

넉넉한 마음으로 은진이와 건배를 하고는 텐트를 쳤다. 고속도로 아래의 굴다리라 차가 지날 때마다 큰 소리가 났지만 아무렴 좋았다.

 미국을 오기 전에는 미국인과 이야기를 해 본 적도 없었다. 그리고 나 혼자만의 편견으로 미국인들은 거만할 것이다, 인종차별이 심할 것이다, 예의가 없을 것이다 하며 그들의 허락도 없이 마음대로 생각했다. 하지만 실제로 미국에 와서는 정말 많은 도움을 받았다. 얘기를 나눌 때도 그들이 예의 바르다는 걸 느낄 수 있었고, 사람에 대한 배려도 깊다는 걸 느낄 수 있었다. 많은 미국인들을, 도시의 미국인들을 모두 겪어 보지 못했지만, 최소한 좋지 않은 편견은 없앨 수 있었다. 아니 미국인들이 좋았다. 편견이라는 것이 어쩌면 부족한 경험이나 지식에 바탕을 둔 무지하고 편협한 판단이라는 생각이 들었다. 우리 이후에도 도착한 하이커들이 아이스박스를 열어 보며 기쁨의 소리를 치는 걸 몇 번이나 더 듣고서야 잠에 들 수 있었다.

호와 진

  PCT에서만 쓰는 이름인 트레일 네임, 하이커들끼리 필요 없는 물건들을 두고 가거나 필요한 물건을 가져가기도 하는 하이커 박스, 하이커들을 위해 유무형의 도움을 주는 트레일 엔젤, 트레일 엔젤들이 길 위에 가끔씩 가져다 두는 음식들인 트레일 매직 등 수년간 쌓여 온 PCT만의 문화가 있었다.
  그중에서 우리는 트레일 네임은 유치한 것 같기도 하고 어색하기도 해서 따로 만들지 않았다. 그래서 이름을 물어볼 때면 항상 한국 본명을 가르쳐 주었다.
  "저는 성호예요."
  "텅호? 헝호?"
  "성! 호!"
  "텅호?"
  한 글자 한 글자 힘을 주어 끊어서 말해도 결국 돌아오는 대답은 같아 말할 수 있는 벙어리가 된 기분이었다.
  결국 찾아낸 방법은 간단하게 호라고 가르쳐 주는 것이었다. 그러자 이번에는,
  "끝이 올라가는 호예요? 아니면 짧게 호라고 말하는 호예요?"
  상상도 하지 못한 질문에 가장 간단한 것으로 가르쳐 주었다.
  "짧게 말하는 호예요."

사람이 많은 경우에는 이름을 가르쳐 주면 다 같이 소리를 치며 내 이름을 외쳤다.

"호! 호! 호! 호!"

"간편하고 재밌어서 네 이름 너무 좋아."

라며 환하게 웃어 보였다. 별생각 없이 지은 호라는 내 이름이 나도 너무 좋았다. 그렇게 은진이의 이름도 진이 되어 PCT에서 우리는 호와 진이 되었다.

사막에서 처음으로 만나는 강력한 물줄기였다. 전날 텐트를 친 곳에서 멀지 않은 곳에 큰 강이 흐른다는 말에 전날 물을 다 먹어 치웠는데 아침부터 목이 말라 오기 시작했다. 이쯤 되면 나올 때가 지났는데 하는 생각에 불안감이 고조될 때쯤 언덕을 하나 넘어가자 거짓말처럼 사막 한가운데 커다란 강줄기가 세차게 흘렀다.

"야호~~~!"

배낭을 내려놓고 세수도 하고 양치도 했다. PCT를 시작하고 사막에는 물이 없다는 핑계로 양치를 3~4일씩은 하지 않아 텐트 속에서 은진이와 대화할 때는 서로가 상당한 고통을 감내해야 했다.

"지금 뭐 하는 짓인데?"

"왜?"

"지금 얼굴에 대고 숨 쉬면 질식사시키겠다는 거가?"

"히히히히."

텐트에 누워서는 이런 장난들을 치곤 했다.

물줄기 바로 옆을 따라 계속 길이 이어졌다. 맑은 물이 그것도 세차게 길 바로 옆에 흐르니 늘 물 걱정을 안고 다니던 부담감이 없어 좋았다.

"진아 우리 여기서 점심 먹을까?"

"좋지."

휴식 시간과 하루의 마무리 시간에는 둘의 마음은 어긋남 없이 언제나 합일했다.

나무 그늘에 자리를 잡고 매트를 깔았다. 신발과 양말을 벗고 무릎 아래까지 바지를 걷어 올리고 계곡물에 발을 담가 피서철 휴가 기분을 내자 그간 쌓였던 피로가 사르르 녹는 기분이 들었다.

"진아 니도 얼른 발 담가 봐라. 죽인다 진짜."

은진이도 이내 발을 담그더니 행복한 미소를 지었다.

하루 종일 걷다 보니 에너지 소모량이 많았음에도 불구하고 배낭 무게를 줄이려고 점심은 그간 계속 초코바 2개로만 때웠다. 다른 하이커들은 감자 분말과 견과류와 참치, 잼, 초코 시럽을 넣고 토르티야로 쌈을 싸서 많이들 먹곤 했다. 전날 하이커 박스에서 다른 하이커가 두고 간 감자 분말이 있어 챙겨 온 걸 꺼냈다.

"진아 감자 분말 한번 해 먹어 보자."

"응. 그거 물만 타면 되는 거 아니야?"

"맞다. 잠시만."

배낭에서 코펠을 꺼내 감자 분말을 풀고 흐르는 물이라 정수 없이 물을 담았다. 분말은 양이 얼마 되지 않았는데 물을 풀자 금세 코펠은 감자 샐러드로 가득 찼다.

아침은 먹지 않고 다니기에 오전 내내 쓰렸던 빈 배에 감자 샐러드가 들어가니 소고기 부럽지 않았다. 감자의 달달함이 입 안 가득 퍼졌다.

"천국이 따로 없네요. 맛있게 드세요."

밥을 먹는 사이 다른 하이커들이 엄지손가락을 치켜세우고 환하게 웃으며 지났다.

밥을 먹고 그늘에서 쉬고 있자니 졸음이 쏟아져 그대로 매트에 누워 잠이 들어 버렸다. 너무 달콤해 다시는 깨기 싫은 꿀 같은 낮잠이었다.

"오빠, 이제 가야지."

"응?"

비몽사몽간에 정신을 못 차리고 있으니 다시 한번 은진이가 흔들어 깨웠다. 가기 싫은 몸을 억지로 일으켜 준비를 마치고 다시 길을 나섰다. 계곡을 따라 오르는 길에 부러움을 던지고 갔던 하이커들도 달콤한 낮잠을 청하고 있었다.

지도를 보니 10㎞ 정도 앞쪽에 오두막이 있어 오늘은 텐트를 치지 않을 작정으로 오두막을 목표 삼아 걸었다. 몇 개의 사막 산을 넘어 세상이 붉게 변해 갈 즈음에 오두막에 도착할 수 있었다.

"진아, 저기 사람들 엄청 많네."

"뭐지? 오빠 파티하나 보다."

오두막은 사막 한가운데 있어 귀신의 집처럼 텅텅 비었을 거라는 생각과는 달리 안쪽을 보니 캠핑 장비들이 가득했고 테이블 위에도 음식이 가득했다. 그 뒤로 오프로드 차들이 있었다.

"진아 저거 보이나?"

냄비와 음식 봉지 가득한 테이블을 가리키며 말했다.

"우리도 좀 줬으면 좋겠네."

"그러게."

말하고 나니 맛있는 냄새가 더 강하게 풍겨 오는 것 같았다. 혹시나 하는 마음으로 한쪽 테이블에 앉아서 기다려 보았지만 아무도 불러 주지 않아 이대로는 허탕을 치겠다는 생각에 먼저 용기를 내었다.

"안녕하세요. 죄송한데 혹시 음식 조금만 나눠 주실 수 있어요?"

"잠시만요. 남아 있는 게 있는지 확인 좀 해 볼게요."

아주머니는 덮어 놓은 냄비를 확인하고서는 얼마 남지 않았다며 스파게티와 미트볼을 담아 주었다. 진하게 밴 고기 향만으로도 매일 라면으로 저녁을 먹는 우리에겐 진수성찬이었다.

"아니 이 사람아. 맥주를 줘야지."

옆에서 지켜보던 아저씨 한 분이 우리의 마음을 읽고서는 아이스박스를 열어 맥주를 건네주며 날린 윙크에 보답의 윙크를 날렸다.

"여기 앉아서 먹어요."

그들의 캠핑 테이블에 앉아 스파게티를 먹기 시작했다. 점심 이후로 4시간을 넘게 먹지 않고 걸었던 터라 순식간에 먹어 치웠고 각기 떨어져 있던 사람들이 일순간 우리 주변으로 모여 앉았다.

"PCT 하는 건가요?"

"네. 맞아요."

"지금까지 얼마나 걸었어요?"

"이제 한 3주 정도 된 거 같아요."

"멕시코 국경부터요?"

"네."

"와… 3주를 걷기만 한다고? 대단하네요."

"네. 하다 보니 생각보다 시간이 잘 가더라구요. 그런데 여기는 어떤 모임이에요?"

"우리는 미국을 사랑하는 0.3% 모임이에요."

그러고 보니 오두막에 '트럼프, 다시 미국을 위대한 나라로'라는 현수막이 걸려 있었다.

"이것도 좀 먹어요."

대화를 나누며 친해지니 음식을 마구 꺼내 주기 시작했다. 견과류에 초콜릿까지 배부르게 먹으며 그들의 생각도 많이 들을 수 있었다. 트럼프를 지지하면 인종 차별적이거나 백인 우월주의적일 거라 생각했지만 그들은 따뜻하고 겸손했다. 그들이 아닌 오히려 내가 인종 차별적이었고 오만하며 경솔했다.

"정말 잘 먹었어요. 이제 다시 가 봐야겠어요."

부른 배를 손바닥으로 돌리며 말했다.

"잠시만요. 가기 전에 우리 다 같이 사진 한번 찍어요."

그들은 중지부터 새끼손가락까지 손가락 3개는 펴고 엄지와 검지는 둥글게 만들었다. 그리고 손등을 앞으로 보인 뒤 0.3%의 포즈라며 따라 해 보라고 했다. 유치한 것 같다는 생각이 들었지만 찍은 사진을 보니 다들 행복하게 웃고 있었다.

길 위의 천사들

마을에 들어오면 트레일 엔젤의 집에서 머무를 기회가 많았다. 어느 마을은 활동하는 트레일 엔젤의 수가 적어 여러 명의 하이커가 한 집에서 머무르기도 했고, 어느 마을은 트레일 엔젤들이 많아 하이커들이 분산되어 머무르기도 했다.

빅베어시티(Big Bear City) 마을은 한 명뿐인 유명한 트레일 엔젤, 파파 스머프의 집이 하이커들의 집결지가 되었다. 마을에 도착해 파파 스머프의 휴대폰으로 전화를 걸었다.

"안녕하세요. 혹시 파파 스머프 휴대폰 맞나요?"

"맞아요. 제 남편이에요. 전 마운틴 마마랍니다. 지금 어디예요?"

연세가 있다는 게 느껴졌지만 포근한 목소리는 마음을 편하게 만들어 주었다.

"저희는 두 명인데 빅베어레이크에 있는 모텔 앞이에요."

"잠시만 기다려요. 하이커 한 명 태우러 가는 길인데 태워서 그리로 갈게요."

오래지 않아 할머니와 함께 오랜 시간 세월을 보낸 듯한 낡은 차 한 대가 우리 앞에 섰다.

"안녕하세요. 어서 타요."

차 밖에서도 보일 만큼 배가 볼록하게 나온 덩치 좋은 할머니는 인상이 선해 보였다. 능숙하게 우리를 맞이하고 차를 태워 집으로 데려갔다.

마당에는 커다란 군용 텐트가 쳐져 있었다. 집 안으로 들기 전 구경하기 위해 텐트 문을 열어 보니 안쪽에는 비치 체어가 10개가량 깔려 있었다. 사람은 없지만 어제도 이곳에서 몇 사람이 잔 듯 의자 위에는 몇 개의 침낭이 놓여 있었다.

"짐은 안에 놓고, 세탁실, 샤워실도 있으니깐 편하게 써요."

오늘도 벌써 하이커들을 위해 몇 번 왔다 갔다 하신 모양인지 할머니는 말씀하시고는 지쳐 쓰러지듯 소파에 앉았다.

"어서 와요."

KFC 할아버지를 연상시키는 푸근한 인상의 파파 스머프였다. 할아버지의 외모와 이름이 너무 잘 어울려 나도 모르게 미소가 지어졌다.

집 안은 빈틈없이 하이커들이 자리 잡고 있었고 집 안의 모든 곳에는 하이커들의 흔적이 묻어 있었다. 한쪽에 배낭을 내려놓고 은진이와 차례대로 샤워를 했다. 기다리는 동안에도 짐을 싸던 사람들 중 누군가는 트레일로 복귀를 했고, 누군가는 잠자리가 불편해 하루는 편한 곳에서 자고 싶다며 호텔로 갔다. 그렇게 사람들이 다 빠지고 나니 하이커는 은진이와 나 그리고 케이티 3명만이 남게 되었다.

파파 스머프와 마운틴 마마는 계속 바빴다. 두 분은 생업으로 피자 배달을 하시는데 하루는 할아버지가 근무하시고, 하루는 할머니가 근무를 하셨다. 그리고 쉬는 날에는 또 하이커를 트레일 헤드까지 태워 주거나 트레일 헤드에서 하이커를 데리고 와 마을까지 태워 와 잠자리를 제공해 주기도 했다.

"안녕하세요."

우리가 씻는 사이 나갔던 할머니는 어느새 또 다른 하이커를 태워 왔다. 새로 온 하이커는 목발을 짚은 채 들어왔다.

"무슨 일이에요?"

케이티가 놀란 눈으로 물었다.

"안녕하세요. 전 톰이에요. 이틀 전에 45㎞를 걸은 후에 10㎞만 더 걸으면 마을에 들어올 수 있다는 생각에 좀 무리를 해서 하루에 55㎞를 걸었어요. 그때부터 발가락에 이상이 느껴졌는데 아니나 다를까 병원을 갔더니 엄지발가락에 금이 갔다고 하네요. 낫는 데 한 달은 걸리고 낫고 나서도 계속 걸을 수 있을지 모르겠네요. 그래서 앞으로 어떻게 해야 할지 모르겠네요."

그는 난처한 표정으로 머리를 긁적였다.

PCT에서 가장 절망적인 상황이라면 당연히 어떠한 이유가 되든 걷지 못하는 것이었다. PCT는 짧게는 4개월 길게는 6개월이 걸리는 장거리 여행이기에 학생이 아니라면 보통은 회사를 그만두고서 와야 하는, 각자 안정된 삶이라는 큰 부분과 맞바꿔야 하는 일이었다.

매일 30㎞ 이상을 걸어 하루 종일 몸을 쓰다 보니 몸이 아프면 나을 때까지 마냥 기다리는 것 외에 다른 방법이 없었다.

톰이라는 사내는 한쪽에 배낭을 내려놓고 조금 앉아 있더니 목발을 내려놓고 절뚝이며 걸레를 찾아 빨기 시작했다.

'아니 몸도 성치 않은 사람이 오자마자 청소를 하고 그래.'

"그냥 둬요. 우리가 청소할게요."

케이티가 내 속에 있는 말을 꺼내 주었다.

"아니에요. 어제 푹 쉬어서 청소 정도는 거뜬히 할 수 있어요. 그리고 아마 할머니 댁에서 오래 신세를 져야 할 거 같은데 제가 할 수 있는 일은 해야죠."

모범생처럼 반듯하게 생긴 톰은 마음도 반듯했다. 그를 따라 나머지 셋도 청소 도구를 하나씩 들고 대청소를 시작했다.

하루에도 산속의 먼지를 가득 안고 오는 하이커들이 수도 없이 많았다. 그래서 할아버지, 할머니 두 분이 집 안 청소를 감당할 수가 없어 집 안에는 먼지가 가득했고, 마당에는 하이커들이 먹다 버린 쓰레기며 솔잎들이 무수히 쌓여 있었다. 동지들인 하이커들이 좋았지만 가끔씩 트레일 엔젤의 집이 공유지의 비극이 된 모습을 볼 때면 너무한다는 생각이 들기도 했다.

톰은 집 안 바닥을 쓸고 닦았고 나는 바깥의 솔잎과 쓰레기를 정리하고 널브러진 하이커 박스를 정리했다. 은진이와 케이티는 각자 부엌과 화장실 청소를 했다.

"저녁은 제가 타코 만들어 줄게요."

화장실 청소를 먼저 끝낸 케이티가 밝은 목소리로 말했다.

"좋죠. 타코는 한 번도 안 먹어 봤는데."

"그래요? 장 봐 올 테니까 조금만 기다려요."

케이티가 장을 보러 간 사이 남은 셋은 청소를 마무리하고 그녀를 기다렸다. 지저분한 집이 깔끔해지자 기분까지 상쾌해졌다. 할아버지, 할머니에게 조금이나마 보답을 한 것 같아 청소 분위기를 만들어 준 톰에게 고맙게 느껴졌다.

"다 됐어요. 와서 어서 먹어요."

청소하는 사이 장을 봐 온 케이티는 주방에 들어간 지 얼마 되지 않아 다 되었다며 우리를 불렀다. 상추, 토마토, 치즈, 소고기볶음, 양파 모두 잘게 썰어 재료들을 넣고 싶은 만큼 넣어 소스를 뿌리고 토르티야로 싸서 먹으면 된다고 했다.

"와 진짜 맛있어요."

배가 고팠던지라 쌈 가득 재료를 넣고 한입 베어 물자 토르티야의 밀가루부터 시작해 토마토의 상큼함, 치즈의 고소함, 양파의 아삭함, 소고기의 육즙까지 재료가 가진 각기의 향과 맛, 그리고 씹을수록 뒤섞이는 재료의 향연이 입 안 가득 퍼졌다. 결국 커다란 쌈을 5개나 싸 먹고서야 끝이 났다.

"할머니, 트레일 엔젤 하시려면 참 힘들 거 같은데 왜 하시는 거예요?"

저녁을 먹고 거실에 앉아 TV를 보며 한머니에게 물었다.

"나랑 할아버지는 그냥 사람들을 돕는 것이 좋아. 다른 이유는 없어. 그게 다야."

자신이 하고 있는 위대한 일을 대수롭지 않게 여기며 생색을 내지 않는 겸손함이 더욱 멋져 보였다.

사람이 추악할 땐 똥보다 더 더럽지만, 아름다울 땐 꽃보다 더 아름다웠다. 아름답게 핀 꽃 두 송이가 빅베어시티를 지키고 있었.

이타적 이기심이라는 것이 존재한다고 생각했다. 마음 깊은 곳의 동기는 나의 기쁨을 위한 일이지만 그것이 타인을 이롭게 하고 세상을 아름답게 만드는 일, 타인을 돕는 일은 세상이 더욱 인간미로 가득 차게 만들어 주는 일이었다.

짧은 이틀이었지만 어느새 정이 든 집을 떠나 다시 트레일로 가야 했다. 할아버지는 케이티와 우리를 태워 트레일 헤드로 복귀시켜 주었다.

"할아버지, 정말 고마웠어요."

"그래. 무사히 꼭 캐나다까지 닿기를 바랄게."

마음만큼이나 넓은 할아버지의 품에 안겨 마지막 인사를 나누었다. 할아버지는 차를 타고 떠났고 케이티는 할아버지의 뒷모습을 바라보며 눈물을 흘렸다.

"케이티 왜 울어요?"

"세상에 이렇게 좋은 사람이 어디 있어요? 엉…엉….."

자신의 몸보다도 훨씬 큰 배낭을 메고 다니는 케이티는 발을 절뚝이며 걸었다. 비행기 삯이 없어 캐나다까지 걸어가냐고 장난을 쳤었는데 그 이후로 케이티를 볼 수 없었다. 그녀가 무사히 집까지 걸어갔기를 바랐다.

길 위의 기적, 트레일 매직

500㎞ 지점 근처에는 작은 마을이 있었다. Guthook 앱을 보니 마을 사람들이 500㎞를 기념해서 트레일 매직을 가져다 놓는 경우가 있다고 했다.

있을 수도, 없을 수도 있지만 PCT를 걷는 제일 큰 원동력은 트레일 매직이라 이런 경우에는 무조건 있다고 믿고 봤다. 탄산음료를 마시는 상상을 하며 하루 종일 걸음을 재촉했다. 하늘이 붉게 물들어 갈 때쯤 트레일 매직이 있다는 텐트 사이트에 도착했을 때 주변에는 아무것도 없었다.

'아….'

온몸에 힘이 빠졌다. 없을 걸 알면서도 주변을 돌아다니며 재차 확인했다. 무언가라도 나타나길 바랐지만 아무것도 없었다. 결국 20분을 더 힘만 빼고 나서야 멈추게 되었다.

'아니, 500㎞ 지점에 아무것도 안 가져다 놓을 수가 있어?'

죄 없는 마을 사람들이 원망스러워지기 시작했다. 저녁을 먹으면서도 마음 정리가 되지 않았다. 계속되는 호의를 권리라 여긴 머리 검은 짐승이었다.

다음 날 은진이가 먼저 출발하고 미련을 버리지 못해 계속 길을 두리번두리번거리며 걸었다. 그런데 거짓말처럼 길옆 구석진 곳에 파란 아이스박스가 있었고 그 위에 'PCT 하이커들을 위하여'라고 적힌 쪽지가 있었다. 배낭을 옆에 던져두고 박스를 열자 매주아 탄산 그리고 과일, 빵, 과자가 가득 들어 있었다. 아무도 손을 대지 않은 새것이었다. 은진이도 보지 못하고 지나쳤으니 먼저 지나간 하이커들도 못 보고 그냥 지나쳤을 것 같았다.

"은진아!!!!"

출발부터 계속 두리번거리며 걷느라 은진이와 꽤 간격 차가 벌어져 돌려세우기 위해 있는 힘껏 소리쳤다. 두세 번 더 고함을 치자 뒤돌아보는 은진이에게 이리 오라며 크게 손짓했다.

"와 오빠 엄청나네."

은진이도 박스 안을 보더니 바로 배낭을 던지고 길가에 퍼질러 앉았다.

시간은 점점 여름을 향해 갔기에 이글이글 끓어오르는 태양 빛 아래서 마

시는 맥주는 그지없이 시원했다.

"진아 신기하지 않나? 원래 트레일 매직 없으면 없구나 하고 조금 섭섭하고 마는데 어제는 이상하게 포기 못 할 정도로 섭섭하더라고. 근데 오늘 이렇게 또 선물이 있네."

"오빠, 조용하고 그냥 즐겨."

은진이는 맥주를 벌컥벌컥 들이켰다. 나도 따라 맥주를 입 안으로 쏟아 부었다. 행복의 순간을 만끽하고 박스를 조금 더 잘 보이는 곳에 옮겨 둔 후 길을 나섰다.

커다란 계곡의 강줄기 딥 크리크(Deep Creek)를 아래쪽에 두고 산허리로 난 길을 따라 걸었다. 사막에서는 흔치 않은 일이지만 물줄기를 옆에 두고 걸으면 물 걱정을 하지 않아도 돼서 마음이 푸근했다.

'Welcome PCT Hikers, Deep Creek Hot Springs!'

앱을 통해서 미리 알고 있었지만 '사막에 온천이 있다고?' 하며 어제 기대 반, 의심 반이었는데 온천 표지판에 도착하니 멀리서부터 많은 사람들이 보였다.

"진아, 얼른 가 보자."

기대감에 부푼 마음으로 은진이를 재촉했다.

"응."

조금 더 가까이 다가가자 눈을 의심하는 광경이 펼쳐졌다. 사람들이 모두 실오라기 하나 걸치지 않고 일광욕을 즐기고 있었다. 어떤 아저씨는 완전무결의 상태로 쓰레기를 주우며 돌아다니고 있었다.

'역시 미국이구나….'

자유, 타인을 의식하지 않음, 개인주의가 만드는 질서, 머릿속에는 내가 가진 미국에 대한 자유분방함의 이미지가 눈앞에 펼쳐져 있었다. 남녀노소 할 것 없이 모두 말 그대로 나체였다.

대놓고 쳐다볼 수는 없었지만, 평소에는 쉽게 볼 수 없는 타인의 특정 부위로만 자꾸 시선이 갔다.

"오빠!! 그만!!"

"응. 그래…."

은진이의 경고에 정신을 차리고 그늘을 찾아 배낭을 내리고 매트를 깔고는 바로 강으로 향했다. 신발과 양말까지 벗은 뒤 발을 담그자 세외도원이 따로 없었다. 은진이도 발을 담그고서는 편안한 표정을 지어 보였다.

20kg의 배낭 무게가 하루에도 10시간이 넘게 발에 쏠리다 보니 발은 항상 부어 있었다. 물이 귀한 사막이라 마을과 마을 사이 발 한 번 못 씻는 경우도 많았는데 냉찜질을 해 주니 쌓인 피로가 모두 날아가는 기분이었다.

딥 크리크의 물줄기는 어디서부터 나오는지는 알 수 없었지만 사막과 어울리지 않게 강렬했고 끊임이 없었다. 그래서 물줄기 근처에는 큰 나무들도 많고 사람들이 휴양을 올 수도 있었다. 딥 크리크의 큰 물줄기는 차가웠지만 사람들이 모인 곳을 가 보니 강줄기 옆쪽에서 따뜻한 물이 나오는지 모락모락 김이 올라오고 있었다.

"와 진짜 따뜻하다 진아."

찬물에 발을 담그고 있다가 와서 그런지 따뜻한 물에 손을 담그자 몸이 녹는 기분이 좋았다.

"오빠 들어가 볼래?"

"아니, 그냥 한숨 자고 싶다."

포근함이 좋았지만 그래도 낮잠의 욕구를 이기지는 못했다. 무엇보다 옷을 벗고 다시 입는 것이 귀찮았다.

"그래. 오빠, 점심 먹고 한숨 자고 출발하자."

점심을 먹을 때도 나체의 사람들은 자꾸 여기저기 돌아다니면서 시선을 빼앗아 갔다. 처음보다는 덜 어색하게 느껴졌지만, 우리나라에서는 절대로 있을 수 없을 일이라 생각됐는데 이곳에서는 이렇게 자연스럽다는 것에 새삼 문화의 차이를 실감할 수 있었다.

점심을 먹고 노곤함에 스르르 잠이 들었고 얼마 자지 않은 것 같은데 은진이가 출발하자며 흔들어 깨웠다.

"아… 조금만 더…."

"오빠씨, 얼른 가셔야지요!!"

걷기 싫어하는 은진이가 먼저 일어나 의지를 보이는 바람에 몽롱했던 정신을 깨우고 몸을 일으켜 펼쳐 놓은 짐들을 챙겼다.

해는 머리 바로 위에 떠올랐을 때인 12시보다 2~3시간 정도 땅을 데우고 난 후에 몸이 느끼는 열기가 더 강했다. 온천으로 들어오기 전보다 낮잠을 잔 이후의 사막이 더욱 뜨겁게 느껴졌다.

한동안 계속 이어지는 딥 크리크의 물줄기와도 작별하고 다시 사막의 품에 안겼다.

친구 제시

"제시, 오랜만이네. 잘 지냈어? 머리도 깎고 면도도 했네."
"응. 이번에 마을에 다녀오면서 정리 좀 했지. 잘 지냈어?"
지난번에 만났을 때만 하더라도 턱수염이 덥수룩하게 온 얼굴을 뒤덮었던 제시가 말끔해져 있었다.
제시는 지금까지 PCT를 하면서 생긴 유일한 친구였다. 은진이와 둘이서만 다니다 보니 친구를 만들 기회가 잘 없었다. 아쉽다는 생각이 들 때도 있었지만 모든 것이 만족스러울 수는 없었다.
PCT에서는 일부러 같이 다니지 않는 이상 사람마다 걷는 습관이 다르고 하루에 걷는 양이 달라 자주 만나기가 쉽지 않았다. 그래서 누군가를 깊이 사귀기가 어려웠다.
PCT를 하며 담배를 끊어야겠다고 생각해 챙겨오지 않았는데 금연 3일차가 되던 날 하이킹을 마치자 담배가 간절히 그리워졌다. 우리 근처에 텐트를 친, 곰만큼이나 덩치 큰 사내가 담배를 피우고 있었다.
'아… 하나만 얻어 피울까? 참을까? 하나만 얻어 피울까? 참을까?'
몸은 이미 사내에게로 향하면서 고민하는 척하고 있었다.
"안녕하세요. 저 담배 한 개비만 얻을 수 있을까요?"
"물론이죠."
맛있게 담배를 피우던 그는 담뱃잎이 가득 들어 있는 봉지와 담배를 말

수 있는 종이를 건넸다.

"담배 마는 법 알아요?"

"물론이죠."

지금보다 훨씬 가난하던 대학생 시절 호주 워킹홀리데이에서 비싼 담뱃값을 감당하지 못해 담배를 말아 피웠었다. 그곳에서의 습관은 몸이 기억하고 있었다. 얇은 종이에 담뱃잎을 적당량 넣고 종이 끝에 침을 발라 접착력을 높이고 담뱃잎을 채운 종이를 말아 붙이면 됐다. 필터는 필요 없었다.

"전 호라고 해요."

"전 제시예요."

한국의 여자 연예인 제시에 대한 인식이 먼저 자리 잡아서 그런지 그와 그의 이름이 참 어울리지 않게 느껴졌다.

"사막 할 만해요?"

"네. 전 어릴 때부터 사막에서 자라서 사막이 더 좋아요. 작년에는 오리건이랑 워싱턴을 끝냈는데 올해는 캘리포니아를 마치려구요."

"회사가 휴가가 자유로운 편인가 봐요?"

"네. 미국에서 대부분 이렇게까지는 휴가를 쓰기 어려운데 우리 회사는 자유로운 편이죠."

"제시는 어떻게 PCT를 도전하게 된 거예요?"

"작년에 아내가 사고로 죽었어요. PCT를 한다고 해서 그녀가 잊혀지지는 않을 거란 걸 알지만 제 나름대로 생각을 정리할 시간이 필요하다고 느꼈어요. 산다는 게 생각보다 내가 원하는 방향대로 흘러가지 않잖아요. 그냥 그런 삶을 인정하고 즐기는 거죠. 그녀를 잊는 게 내가 원한 삶의 방향은 아니지만 주어진 상황에 맞춰 적응해야 남은 사람이 살 수 있으니까요."

말을 마친 제시는 담배를 길게 한 모금 빨고는 내뱉었다.

PCT에 도전한 사람의 수만큼이나 PCT를 하는 이유도 각양각색이었다. 누군가는 삶에 예기치 않은 큰 사건을 이겨내고자 도전을 하고 누군가는 나처럼 그냥 이 길을 걸어 보는 것 자체가 목표이기도 했고 누군가는 삶에 큰 전환점을 주고자 도전을 하기도 했다.

곰만큼이나 큰 덩치 때문에 우리보다 훨씬 못 걸을 거라고 생각했는데 생각 외로 제시를 자주 만났다. 그는 사막에서 밤새도록 걷고 아침이 되면 잠을 청한다고 했는데 오늘은 조금 일찍 걷기 시작한 것 같았다.

"한 대 할까?"

"좋지."

첫 만남 이후로 제시를 만날 때마다 같이 담배를 피우며 가벼운 얘기를 나누곤 했다. 제시와 가지는 짧은 시간은 내게 PCT에서 쌓인 정신적 피로를 푸는 나름의 큰 분출구였다.

"제시, 또 보자."

"응. 호, See you on the Trail!"

이제 서서히 해가 지고 있어 잠자리를 마련해야 했다.

산에 들어서면 꾸준하게 오르막을 올라 능선을 걷는 경우에는 그렇지 않지만, 산허리를 둘러서 갈 때는 경사진 산 중간에 좁은 길을 만들어 놓은 탓에 잠자리를 마련할 만한 곳을 찾기가 힘이 들었다.

이번 산은 산허리를 둘러 걷다 보니 한참을 걸었지만 텐트를 칠 만한 곳이 나오지 않아 걱정이었다. 사막의 낮의 열기를 피해 밤에만 걷는 하이커들도 많았지만 은진이가 밤을 무서워해 아직까지 우리는 밤에 걸어 본 적은 없었다. 점점 해가 사라지고 있는데 하나뿐인 랜턴도 나에게 있고 더욱이 은진이가 얼마나 뒤에 있는지 몰라 마음이 조급해졌다.

'여기가 좋겠다.'

다행히 산과 산이 겹치는 곳에 텐트를 칠 만한 작은 공간이 있었다. 옆으로는 작은 물줄기가 흘러 고인 물이 썩어 있었지만 잘 피해서 치면 괜찮을 것 같았다. 텐트를 치고 물을 정수하고 있자니 다행히 은진이는 금세 도착했다.

"진아, 수고했다. 오늘은 여기서 자야겠다. 산이 시작돼서 더 가도 잘 만한 곳이 안 나올 것 같네."

은진이는 알았다고 대답을 한 후 바로 배낭을 내리고 같이 저녁 준비를 했다. 하루를 마무리하는 것은 항상 기분이 좋았다. 붉게 물든 하늘 아래 앉아 보글보글 끓는 물을 바라보는 것이 행복이라 느껴졌다. 사람이 느낄 수 있는 행복은 생각보다 단순한 것이지만 복잡한 도심 속에서는 그만큼 행복의 의미도 복잡해지는 것이 아닌가 싶었다.

저녁을 먹고 매트 위에 누웠다. 어느덧 드넓은 사막에 한 평 남짓한 텐트로 보금자리를 마련하고 흙바닥이 온전하게 느껴지는 얇은 매트 위에서 생활한 지도 한 달의 시간이 다 되어 갔다.

"오빠, 시간 진짜 빠르다. 그치?"

"응. PCT는 할 만하나?"

"모르겠다. 그냥 하는 거지 뭐."

"에게게. 맨날 인상 쓰고 말도 안 하면서."

"그거야. 보통 힘든 게 아니니까 그렇지."

지금보다 한참 어린 시절 군대에서 한 100㎞ 행군도 힘들어했었는데 군장보다 무거운 배낭을 메고 제대로 쉬지도 않고 100㎞ 행군을 5번 넘게 한 셈이니 은진이의 마음이 충분히 이해됐다.

"그래. 대신에 그러면 뭐 때문에 말을 하고 싶지 않다 이런 거라도 최소한 얘기해 주면 내가 은진이의 기분 상태가 이렇구나 생각할 수 있으니까 얘기해 주면 좋을 거 같다."

은진이도 힘들겠지만 나 또한 체력적으로 많이 부족했다. 체력이 부족해 지치면 금세 정신력도 도전을 받게 되었다. 거기에 은진이의 감정까지 챙겨야 하다 보니 쉽지만은 않았다.

"그래. 노력해 볼게. 근데 감정이 한 번 처지기 시작하면 그 말 하는 것도 잘 안 되는 거 같다."

"그래. 나도 니가 힘들어서 그렇구나 생각하려고 해도 막상 그런 상황이 닥치면 나 때문에 화났나? 하면서 자꾸 자책하게 되는 거 같아서 힘든 부분이 있거든."

"응. 앞으로는 그렇게 하도록 해 볼게."

은진이와의 대화 사이로 개구리 소리가 은은하게 치고 들어왔다. 이렇게 건조한 곳에서도 물이 있는 곳에는 어김없이 생명이 살고 있었다. 물은 지구 위의 모든 생명에게 고마운 것이었다.

짧은 하루

PCT의 길은 대부분 산을 따라 있었지만 때로는 기찻길, 송전탑, 캠핑장, 작은 마을, 사유지를 지나기도 했다. 이번에는 고속도로 아래의 터널을 따라 길이 나 있었다. 터널을 지나기 전 고속도로의 휴게소로 빠져 맥도날드에 들러 빅맥을 먹을 때였다.

"오빠, 여기서 히치해서 라이트 우드까지 가고 싶어."

"음… 그래. 그러면 25㎞ 정도 남았으니까 내일 점심 전까지 갈 수 있을 거 같은데. 거기 숙소는 있더냐?"

"응. 도미토리 있어서 거기서 자면 되겠더라."

"그럼 마을 가서 저녁에 맛있는 거도 사 먹고 푹 쉬고 있어."

혼자 보내는 게 마음에 걸렸지만 자주 싸우다 보니 거리를 두는 시간이 서로에게 필요하다는 생각이 들어 흔쾌히 그러라고 했다. 다행히 고속도로 샛길에서 히치하이킹은 금방 성공했다. 게다가 미국에 사는 한인 아저씨의 차로 잡혔다.

'자유다!'

짧은 하루지만 은진이가 없는 첫 번째 PCT가 시작되었다. 캘리포니아는 매일의 날씨가 좋았다. 맑은 날씨를 닮아 캘리포니아 사람들의 성격도 쾌활하다고 했다. PCT를 시작하고 3주가 넘는 기간 동안 매일을 푸른 하늘과 강한 햇살 아래에서 걷다가 처음으로 구름 가득 낀 하늘을 걸으니

시원하다는 생각보다는 처지는 기분이 들었다.
'잠깐만 누울까?'
햄버거를 먹고는 은진이와 마트에서 커다란 맥주 한 캔을 사서 마셨던 터라 걷기 시작한 지 얼마 되지 않아 졸음이 쏟아졌다. 아무 생각 없이 그대로 길바닥에 매트를 깔고 한량처럼 잠을 청했다. 그 누구의 눈치 볼 필요 없이 마음대로 해도 되는 것이 PCT의 큰 매력이었다. 거기에 은진이와의 거리를 생각지 않고 걷고 싶은 대로 걸을 수 있으니 더없이 좋았다.
해를 가리던 구름이 어느새 걷히고 다시 맑은 캘리포니아 날씨가 시작되었다. 얼굴을 따사롭게 비추는 햇살에 정신이 들었다. 달콤했던 낮잠에서 깨어나 깊은 산중을 향해 다시 발걸음을 옮겼다.
'350mile, 560㎞.'
PCT 하이커가 작은 돌들로 만들어 놓은 기념비를 지났다. 그렇게 많이 걸었지만 아직 사막의 반을 지나지 못했으니 캘리포니아의 사막은 참 징글징글하게도 길었다.
지도를 보니 커다란 산 하나를 오르고 산의 능선을 따라 계속 걸으면 되는 것 같았다. 목표는 오늘 15㎞를 걷고 내일 오전에 10㎞를 걸어 정오가 되기 전 마을에 들어가는 것이었다.
오르막이었지만 시속은 4㎞가 조금 넘게 나왔다. 처음 PCT를 시작하고서는 평속 3㎞로 걷는 것이 힘들었는데 3주 사이에 큰 발전이 있었다.
그동안 이런저런 변화를 주며 걷기 위한 최적의 방법을 찾았다. 한 번에 몇 시간을 걷고 몇 분을 쉬는 것이 가장 좋은지, 배낭 속의 짐들은 어떻게 정리해야 몸에 무리가 덜 가는지, 카메라를 들고 다녀 보기도, 또 목에 걸어 히프색에 올려 보기도 했다.
그렇게 찾은 최적의 방법은 1시간 15분을 내리 걷고 15분의 휴식시간을 가지고 배낭은 아래에 가벼운 것부터 점점 무거운 순으로 쌓고 무거운 카메라는 목에 걸어 히프색에 올리고 양손에는 하이킹 폴을 쥐고 걷는 것이었다.

오르막을 오르는 동안 길옆의 작은 공간에 텐트를 친 하이커들이 몇몇 보였다. 그들도 오늘 맥도날드를 들렀을 것이고 문명의 맛을 보고 일찍 끝내 휴식을 취하고 싶었을 것 같다는 생각이 들었다.

오르막을 2시간 남짓 걸어 정상에 닿으니 갑자기 바람이 거세지고 안개가 산을 뒤덮기 시작했다. 강력한 바람에 몸이 휘청였다.
'안 되겠다.'
목표치보다 5㎞를 덜 걸었지만, 내일 조금 일찍 일어나 걷기로 하고 자리를 잡기로 했다. 정상 부근에 나무들 사이 바람을 막기 좋은 곳이 있었고 이미 텐트 하나가 자리를 잡고 있었다.
"안녕하세요."
텐트 치는 동안 부스럭거리는 소리에 텐트에서 동양인 아저씨가 나와 인사를 건넸다. 그는 인상이 푸근한 한국의 아저씨같이 보여 물어보았다.
"안녕하세요. 혹시 어느 나라 사람이에요?"
"저는 대만 사람인데 미국에 와서 산 지 20년이 다 되어 가네요."
이목구비가 짙어 작은 미소에도 활짝 웃는 것처럼 보였다.
"저는 한국에서 왔어요. 반갑습니다."
"네. 반가워요. PCT 하면서 아팠던 적은 없어요?"
"시작하고 첫 주에 무릎이 안 좋아서 한 5일간 쉬었는데 그 이후로는 괜찮아요."
"다행이네요. 저는 무릎이 안 좋아서 2주 동안 쉬고 오늘 복귀해서 걸었는데 더 걸어 봐야 알 것 같아요. 일단 다시 걸으니까 기분이 너무 상쾌하네요."
"참 이상하죠. 걸을 땐 걷기 싫다가 쉴 땐 또 걷고 싶어지고… 하하."
"그러게요. 얼른 나아서 빨리 또 열심히 걸어야죠."

바람이 더욱 거세져 텐트가 부서지는 것 아닌가 싶을 정도로 짓눌렀다. 아저씨와 길게 이야기를 나누는 것이 힘들어졌다.

"아저씨 바람 때문에 안 되겠어요. 이만 들어가 볼게요."

"그래요. 바람이 너무 세네요. 조심해요. 잘 자요!"

도망치듯 텐트로 들어와 저녁은 자연스럽게 텐트 안에서 해 먹어야 했다. 텐트 안에서 밥을 해 먹어야겠다고 생각이 들 때부터 내심 코펠을 쏟을까 불안했는데 결국엔 곧바로 사고로 번져 버렸다.

"아~이 씨!"

라면을 끓이는 동안 양반다리를 하느라 접고 있던 다리가 저려 편다는 것이 그만 힘이 풀려 통제하지 못하고 스토브를 차 버렸다.

불이 켜진 채 스토브가 엎어져 텐트의 모기장이 녹아내리고 바닥은 라면과 밥으로 뒤덮여 버렸다.

'이런 일도 꼭 은진이가 없으니까 생기네.'

밤새 텐트 안에 진동하는 라면 냄새를 안고 잠들어야 했다.

미국에 와서 은진이와 둘 다 유심을 사지 않았던 터라 약속한 장소인 라이트 우드(Wright Wood)에 들어오기는 했지만 어떻게 연락을 해야 하나 고민이 되었다.

"오빠!"

주변을 두리번거리며 걷고 있는데 나를 부르는 것 같은 느낌에 시선을 돌리니 은진이가 손을 흔들고 있었다. 은진이를 향해 크게 손을 흔들어 보이고선 터벅터벅 걸어갔다. 은진이 앞에는 누군가가 앉아 있었다.
"언니, 제 남자친구예요."
"안녕하세요."
새카맣게 탄 피부에 탄력 있어 보여 겉모습에서부터 하이킹 고수라는 게 느껴졌다.
"오빠, 여기는 PCT 하는 언닌데 오빠보다 누나야."
"안녕하세요. 누나 혼자서 하는 거예요?"
"응. 작년에 시에라랑 위쪽 구간을 하고 올해는 나머지 못 했던 구간 하고 있어."
첫 만남임에도 편하게 말하는 누나 덕분에 나 또한 편히 대화할 수 있었다.
"어떻게 2년에 걸쳐서 해요?"
"PCT가 꼭 1년 안에 끝내야 하는 건 아니니까. 미국에서도 시간이 안 되는 사람들은 몇 년에 걸쳐서 끝내는 사람들도 있어."
PCT를 하겠다고 왔지만 사실 우리는 제대로 준비한 것도, 아는 것도 없었다. 음식의 경우에도 일주일 단위로 마을마다 미리 음식을 보내서 재보급을 하는 사람도 있었지만 우린 딱 한 박스의 한국 음식을 챙겨 왔었다. 우리의 밑바탕에 깔린 생각은 하나였다.
'거기도 사람 사는 곳이니까. 한국에서 준비 안 해 가도 거기서 다 해결할 수 있을 거야.'
아무것도 모르는 우리와는 달리 1년의 경험으로 PCT에 해박한 누나에게 경외심이 느껴졌다.
"시에라는 어때요?"
"시에라는 진짜 아름답지. 근데 시에라는 마을 사이 간격이 멀어서 일주일에서 10일 정도 음식을 들고 다녀야 하기도 해. 근데 물이 맑고 어디든지 많아서 물 걱정은 더 이상 안 해도 되구."

시에라에 대한 기대감이 더욱 커졌다.

"어제 몸이 안 좋아서 맥도날드에서부터 구간 스킵하고 여기 왔는데 오늘 스킵한 구간 다시 걸으려구. 두 사람 모두 무사히 완주하길 바라."

"누나도 건강히 다니세요."

누나는 당당한 걸음으로 유유히 사라져 갔다.

'은진이가 많이 외로웠났나 보구나.'

은진이의 표정이 PCT를 시작하고 그 어느 때보다 밝아 보였다. 올해는 한국인 하이커들도 많다고 해 같이 어울려 다니면 좋겠다고 생각했지만 전혀 만날 수 없었다.

짧은 대화를 끝으로 누나는 다시 떠나고 우리는 이틀간 휴식을 취할 잠자리를 마련해야 했다.

라이트 우드는 PCT에서 만나는 많은 마을 중에서도 트레일 엔젤들의 리스트가 있을 정도로 마을 전체 사람들이 하이커 친화적인 동네였다. 하이커들이 많이 몰려 있는 하드웨어숍에 가니 트레일 엔젤들의 리스트를 얻을 수 있었고 리스트 중 캐시(Kathy)라는 사람의 이름이 끌려 전화를 했더니 금방 데리러 오겠다고 했다.

흰색 픽업트럭을 몰고 온 할머니는 자신이 캐시라고 소개를 하고 우리를 태워 집으로 향했다. 할머니는 집 앞에 마련된 트레일러를 보여 주며 이곳에서 지내면 된다고 했다.

트레일 엔젤의 집은 하이커들끼리 모두 같은 공간을 쓰거나 트레일 엔젤과 한두 팀이 같은 공간을 쓰거나 트레일 엔젤과 분리되어 단독 공간을 쓰는 경우가 있었는데 아무래도 단독 공간을 쓰는 게 제일 마음이 편했다. 라이트 우드에는 많은 사람들이 트레일 엔젤 활동을 하고 있어 누릴 수 있는 좋은 기회였다.

파파 스머프의 집에서 벤을 만나 같이 청소를 한 이후부터 우리는 트레일 엔젤의 집에서 머무를 때 기회가 되면 대청소를 했다.

수개월, 수년은 쌓였을 법한 먼지들과 함께 마음의 짐도 조금 날려 버리 수 있었다.
　마을에 들어오면 하이커에게 필요한 것들은 아주 단순했다. 빨래, 샤워, 와이파이 그리고 대형마트. 이틀간 고기와 야채, 과일과 맥주로 또 일주일간 야생에서 지낼 에너지를 잔뜩 보충했다. 그리고 또다시 사막 위의 고단한 삶을 준비해야 했다.

Oh~Boy!

 오르막은 1㎞를 걸을 때 고도를 100m를 높이는 것에는 큰 어려움이 없었다. 하지만 같은 거리에 그보다 고도를 높이 올리면 허벅지에 터질 듯한 힘이 실렸고 힘에 부쳤다.

 600㎞ 가까이 걸으면서 대부분 완만한 오르막이었는데 처음으로 1㎞를 걸으며 130m의 고도를 높이는 바덴포웰(Baden-Powell) 산을 만났다. 사막은 더위와 갈증이 있었지만 길의 난이도 자체는 낮은 편이었다.

 산 아래에는 LA에서 주말을 맞아 등산을 온 사람들로 가득했고, 보이스카우트로 보이는 중국인 학생들과 부모님들도 많이 보였다. 등산을 마치고 내려온 아들들에게 수박을 건네는 모습을 보니 더운 날 집에 오면 시원한 수박을 잘라 주던 엄마 생각이 나 잠시 동심으로 돌아갈 수 있었.

 "진아, 우리도 가 볼까?"

 수박을 먹고 있는 모습을 바라만 보고 있자니 부러움만 커져 먼저 일어서 앉아 있던 은진이의 손을 잡아 일으켜 주었다.

 산을 오르는 것이 사실 그리 대단한 일은 아니었지만 무거운 배낭을 메다 보니 작은 도전이라 느껴졌고 멕시코 국경에서 LA까지 버티며 키워온 체력이 얼마나 되는지도 궁금했다.

 가파른 만큼 허벅지에 실리는 힘이 확실히 강했다. 한걸음 한 걸음 땅을 밀어낼 때마다 곤두서는 대퇴근에 은근한 희열이 느껴졌다. 양손에 든 하이킹 폴을 바닥에 찍어 밀어냄과 동시에 뒷다리로 땅을 힘껏 밀어냈다.
 겸손했던 생각 탓일까. 생각보다 별다른 어려움 없이 금세 6㎞의 산을 올라 정상에 닿았고 은진이도 금방 쫓아 올라왔다. 우리도 모르는 사이 조금씩 조금씩 강해지고 있는 모양이었다.

"야, 좋은 기회를 놓쳤네."
 파란 모자에 파란 티셔츠, 파란 가방에, 파란 신발까지 스머프처럼 온통 파란색으로 꾸민 릭은 안타깝다는 표정을 지어 보였다.
"왜요?"
"여자들이 여기서 다 벗고서 사진을 찍었거든. 히히."
 PCT에서는 특별하다고 여겨지는 포인트에서는 하이커들은 남녀불문 거리낌 없이 탈의를 하고 기념사진을 남겼다. 우리에게는 낯선 PCT 문화였다.
 주위를 둘러보니 하이커들은 이미 정상에서 한바탕 즐긴 후 떠날 준비를 마쳐 놓았다. 개중에는 4월 28일 같이 출발했던 출발 동기들의 얼굴도 보였다.

'생각보다 우리가 마냥 늦게 걷는 건 아닌가 보구나.'

처음에 다치면서 5일을 쉬었고, 그 이후로도 마을에 갈 때마다 항상 이틀을 채워 쉬어 출발 동기들과는 한참 뒤처져 있을 거라고 생각했는데 조금 안심이 되었다.

'프슈~'

갑자기 배가 아파 와 소리가 나지 않게 힘을 주어 몸 안에 찬 가스를 내뿜었다.

'와, 이거 엄청난데.'

냄새가 평소보다 훨씬 지독했다. 5초 뒤 바람을 타고 간 냄새가 하이커 무리에도 전달이 된 것 같았다.

"Oh! Boy! What the fuck!"

금발의 머리를 한 하이커가 괴성을 질렀다.

"오빠지?"

은진이도 옆에서 냄새를 맡고는 물어왔다.

"아니? 내 아닌데?"

하며 얼굴에는 묘한 미소를 띄워 보이자 은진이는 팔을 꼬집었다. 매일 30km를 걷다 보니 운동량이 엄청났다. 처음에는 몸에 변화가 느껴지지 않았는데 일주일쯤 지나자 방귀가 잦았고 냄새가 지독했다. 은진이의 방귀 냄새도 지독해 텐트 안에서 일을 치를 때면 둘 다 화생방 훈련을 하는 듯했다. 양치도 잘 하지 않고 방귀 냄새도 지독해 위아래로 난리도 아니었다. 둘 모두 걸어 다니는 독가스였다.

다행히 한 달이 조금 더 지나자 씻은 듯이 냄새가 사라졌다. 살면서 한 번도 빼낸 적 없는 몸의 독소가 빠져나간 과정이라는 생각이 들었다.

달의 집, 카사 데 루나

달의 집이라고 불리는 카사 데 루나(Casa de Luna)는 이틀 전 쉬었던 하이커 헤븐과는 완연하게 다른 분위기였다. 하이커 헤븐은 세탁실, 휴게실, 택배실, 식당 등 모든 곳이 체계가 잘 갖춰진 프랜차이즈 가게 같은 느낌이었다면 카사 데 루나는 질서는 없지만 자신의 개성이 가득 담긴 세상에서 단 하나뿐인 가게 같았다.

"진아, 어떡하지? 갈까 말까?"

"오빠 마음대로 해."

이틀 전 이미 제로데이를 가진 터라 그냥 지나칠까 생각도 했지만 하이커들에게 워낙 평이 좋아 그냥 지나치기가 아쉬웠다. 결국 참새는 방앗간을 그냥 지나치지 못했다.

"음… 그러면 우리 가서 낮에 쉬고 나이트 워킹 한번 해 볼까?"

"그래. 그러자."

어제 마지막 물 포인트에서 물을 뜨고 밥을 해 먹고 아침에 좀 마셨더니 카사 데 루나까지 10㎞를 걸어야 했는데 1L 물통에 반이 채 되지 않는 물밖에 남지 않았다.

'이제는 뭐….'

마음의 부담이 없었다. 어느새 한 달이 넘는 시간을 사막에서 지내다 보니 초반에 고비를 만났을 때와는 달리 걱정이 되지 않았다. 경험은 사람을 단단하게 만들어 주었다.

조금 걷기 시작하자 수건은 금세 땀에 젖었다. 입 안에 물을 조금 부어 주고 땀에 젖은 수건을 머리에 얹고 모자를 쓴 뒤, 축 늘어진 수건을 입으로 살짝 물었다.

휴대폰을 꺼내 지도를 보니 카사 데 루나로 들어가는 도로까지 남은 거리는 5㎞였다. 물통의 남은 물을 모두 입 안에 털어 넣었다.

'언제 나오는 거야?'

처음의 생각과는 달리 물 없는 5㎞가 쉽지만은 않았다. 물이 넉넉하게 있을 때 휴대폰을 보면 생각보다 많이 걸었네? 했지만 물이 없을 때는 항상 왜 이렇게 조금밖에 못 왔지? 하는 생각이 들었다.

'하… 살았다.'

1시간가량을 더 걷자 시야에서 멀지 않은 곳에 도로가 보였다. 마지막 힘을 짜내 도로에 닿을 수 있었다. 도로 가에는 휴식을 취할 수 있는 건물이 있었고 수도꼭지도 보였다.

'치익'

수도꼭지를 돌리자 폭포수처럼 물이 쏟아졌다. 하이커 헤븐에서 찾은 소포에서 챙겨 온 포카리스웨트 분말을 물통에 그대로 부었다. 골고루 섞이게 흔든 뒤 그대로 1L를 단숨에 들이켰다. 이후 도착한 은진이도 나의 행동을 똑같이 했다.

작은 동네의 다른 조용한 집들과는 달리 집 앞의 커다란 파라솔과 테이블에는 하이커들이 북적였다. 누군가는 그림을 그리고 있었고 누군가는 맥주를 마시며 이야기를 나누고 있었다. 배낭을 내려놓고 우리도 아이스박스에서 탄산 한 캔을 꺼내 마셨다.

"아저씨가 왜 여기 있어요?"

3주 전쯤 산 중의 트레일 엔젤, 마이크의 집에서 보았던 스캇 아저씨였다.

"하하. 마이크 집에서 한 달 지내다가 이제 여기로 옮겼지."

아저씨는 PCT 경력만 해도 10년이 넘었는데 이제는 시즌이 되면 이렇게 시기마다 트레일 엔젤들의 집을 옮기면서 엔젤들을 도와준다고 했다. 넉살 좋은 그의 성격 덕분에 트레일 엔젤들과도 막역했고 어느 하이커들할 것 없이 모두 스캇을 편하게 대했다.

"지금부터가 사막 중에서도 가장 힘든 구간일 거야. 이전보다 물 포인트가 더 드물어. 그래서 한 번에 물을 많이 들고 다녀야 하고 그늘도 거의 없어. 그래도 그동안 단련됐으니 큰 문제는 없을 거야. 마지막 구간 잘 버티고 나면 시에라니깐 힘내."

"시에라는 어때요?"

"말해 뭐 하겠어? 그야 최고지. 무엇보다 어디서든 맑고 시원한 물이 흐르거든. 그래서 물을 1L 이상 가지고 다닐 필요가 없어. 근데 처음엔 완만했던 사막과는 많이 다를 거야. 큰 바위를 계속 올라야 하니까. 사막에서 1,000㎞를 넘게 걸으며 쌓은 체력으로 시에라에도 금세 적응할 거야. 그리고 나면 천상을 걷는 거지."

시에라에 대한 기대감은 점점 커졌다.

집 뒤에는 커다란 마당이 있었다. 더 안쪽으로 들어가면 작은 숲에 텐트 사이트가 마련되어 있어 텐트를 치고 쉴 수도 있었지만 저녁에 다시 떠나야 하는 우리는 나무 그늘에 매트를 깔고 솔솔 부는 바람을 맞으며 낮잠을 청했다. 뺨을 때리는 쌀쌀한 바람이 포근했다.
'땡땡땡땡'
저녁이 되자 카사 데 루나의 안주인 테리 아주머니는 종을 울려 식사 시간임을 알려 주었다. 30명 정도 되는 하이커들이 나초와 갖가지 반찬들을 먹기 위해 일렬로 줄을 서서 또 다른 장관을 연출했다.
"저녁 먹고 댄스파티가 있을 거예요. PCT 지도가 그려진 손수건 받으려면 나와서 꼭 춤을 춰야 해요!"
테리 아주머니는 PCT 루트가 그려진 2018년 주황 손수건을 신나게 흔들어 보이자 하이커들의 함성 소리가 마을을 가득 채웠다.
커다란 나초에 잘게 썰린 토마토, 양파, 치즈, 올리브, 상추 그리고 머스타드 소스까지 너무 맛있어 세 그릇을 비운 뒤 저녁 식사를 마쳤다. 타코도 나초도 멕시코 음식들은 기막히게 맛있었다.
"돕 뚜뚜두뚜뚜두 뚜둡, 뚜두두 뚜두두 뚜둡, This hit, That ice cold, Michelle Pfeiffer, White Gold!"
배가 가득 찼을 때 Uptown Funk 노래가 스피커를 통해 크게 울려 퍼지기 시작했다. 테리 아주머니가 말한 댄스 타임이 시작되었다. 하이커 한 명이 망설임 없이 나와 어설픈 춤을 추기 시작하더니 손수건을 받아 갔다. 그리고 차례대로 사람들이 나와 춤을 추기 시작했다. 체면 차리느라 어물쩍거리지 않고 신나게 즐기는 분위기가 좋아 나도 나가서 한바탕 춤을 춘 뒤에 손수건을 받아 왔다.
"진아. 니도 다녀온나. 괜찮다."

"아니. 그냥 안 받을래."
"으이구, 자."

아닌 것 같으면서도 남들 앞에 설 때는 부끄럼이 많은 은진이를 대신해 한 번 더 춤을 추고 왔다. 어느새 기부함에도 하이커들의 마음이 가득 찼다.

미국은 기부, 팁 문화가 잘 조성되어 있었다. 그래서 트레일 엔젤의 집에 가면 기부함이 있었고 적게는 5달러, 많게는 20달러 정도 하이커들이 기부하는 모습을 자주 볼 수 있었다. 트레일 엔젤들의 자비로 많은 하이커들을 돕는 것에는 현실적 무리가 있어 좋은 방법이었다.

노래가 끝나자 시끌벅적하던 카사 데 루나도 조금은 차분해지고 하이커들은 떠날 채비를 했다. 준비를 먼저 끝낸 하이커들 한 무리가 먼저 출발했고 한 팀, 한 팀 출발해 모두 다 떠나보낸 뒤 마지막으로 우리도 길을 나섰다.

내가 앞장을 서고 은진이가 뒤에 붙어서 걸었다. 최대한 떨어지지 않도록 간격을 유지하며 걸으려고 했지만 잘 오고 있는가 싶어 뒤돌아보면 은진이는 저만큼이나 뒤에 있었다. 그렇게 기다리고 떨어지기를 반복하자 "오빠, 우리 그냥 자고 내일 걸으면 안 될까?" 하고 은진이가 물어왔다.

여섯 시간은 걸으려고 생각했는데 '원래 계획대로 잘 안 되는 법이니까' 하며 마음을 내려놓았다.

"그래. 그러자. 일단 텐트 칠 만한 곳까지는 가자."

은진이가 고개를 끄덕이는 걸 확인하고 다시 앞장서서 걸었다.

밤에 걸으니 목이 마르지 않는 점은 좋았다. 낮에 보이지 않던 꼬리가 긴 쥐도 보였다. 하지만 이내 아무런 경치도 볼 수 없었고 3초에 한 번씩 보이던 도마뱀들도 자취를 감추자 섭섭했다. 땡볕 아래 걸어야 했지만 낮의 사막이 더 좋았다.

다행히 얼마 되지 않아 텐트 세 동이 나타났다. 시끄럽지 않도록 조금 거리를 두고 우리도 잠자리를 마련했다. 그들도 우리처럼 낮에 걷는 게 더 좋은 모양이었다. 밤하늘에 수놓인 은하수와 별은 아름다웠다.

새로운 동행

"오빠, 발목이 안 좋아서 걷기가 힘들 거 같은데…."

출발 날 아침 은진이는 울먹이며 말을 꺼냈다. 정말 발목이 아파서 그런지 걷고 싶지 않아서 그런지 정확한 마음은 알 수 없었지만, 매번 이틀만 쉬는 것이 아니라 좀 더 푹 쉬고 싶지 않았을까 하는 생각이 들었다.

"진아, 그러면 래(Rae) 할머니한테 혹시 일주일 정도 있어도 되냐고 물어볼 테니까, 된다고 하시면 케네디 메도우에서 만날까?"

은진이는 고개를 끄덕였다. 밖을 나가 보니 할머니는 TV를 보고 계셨다.

"할머니 진이 발목이 안 좋아서 아무래도 걷기가 힘들 것 같은데 저는 오늘 출발하고 진은 여기서 혹시 일주일 더 머물러도 될까요?"

예상치 못한 부탁에 할머니는 당황하는 표정을 지어 보였지만 이내 처음 만났을 때처럼 환하게 웃으시며 긍정의 답변을 주었다.

"좋아. 나도 외로운 참이었으니깐, 일주일 뒤에 진은 내가 케네디 메도우까지 태워 줄게. 대신에 차비만 좀 주면 될 것 같구나."

천만다행이었다. 혼자 모텔에서 지내도 마음에 걸렸고, 일주일을 같이 쉬고 가려니 걸음이 느린 터라 마음이 불안했다.

"진아, 할머니가 괜찮다고 하시는데 여기서 지내도 괜찮겠나?"

영어를 하지 못하는 은진이와 한국어를 하지 못하는 할머니와의 일주일간의 동거도 걱정도 됐지만 둘의 조합이 재미있을 것 같기도 했다.

"응. 보디랭귀지가 있잖아."

은진이의 대답에 마음에 조금 놓였다.

"참, 그리고 할머니가 케네디 메도우까지 태워 준다고 하시니까. 태워 주시면 차비 꼭 드리고 돈 아끼지 말고 있는 동안 할머니랑 맛있는 것도 많이 먹어."

"응. 오빠도 조심히 다니고 일주일 뒤에 보자."

은진이는 표정이 밝아 보였다.

생각보다 일이 잘 풀려 가벼운 마음으로 배낭을 메었다. 떠나기 전 은진이를 꼭 안아 주고 할머니의 차에 올라탔다. 고개를 돌려 새카맣게 탄 은진이의 모습을 보니 혼자 두고 가는 것이 마음에 걸렸다. 우리가 하는 일은 밖에서 볼 때는 낭만이었지만 안에서 겪는 것은 대부분이 고생이라 늘 마음이 아팠다.

"호, 진 걱정은 하지 마. 그리고 무사히 완주하길 바라."

"할머니 고마워요. 할머니도 건강히 지내세요!"

인사를 나누고 마지막 포옹을 나눌 때 키가 큰 할머니의 품에 안겨야 했다. 시크한 성격의 할머니는 빨간 차에 올라타 흙먼지를 휘날리며 빠르게 사라졌다.

사막의 마지막 구간, 모하비에 올라섰다.

인디언들의 언어로 바람의 언덕이라 불린 테하차피(Tehachapi)는 실제로도 바람이 강해 풍력 발전소가 크게 들어서 있었다. 이곳에서 만드는 전기를 LA에 판매한다고 했다. 래 할머니도 풍력 발전소에서 오랜 기간 근무를 하다가 퇴직 후 정원을 가꾸고 도자기를 만들며 노후를 보내고 계셨다.

강력한 바람이 경사진 오르막을 오르는 데 저항을 더해 걸음이 무거웠다. 힘겨운 걸음걸음 끝에 오르막의 끝에 서자 긴 평지 길이 앞선 고생을 보상해 주었다. 꽤나 긴 시간 동안 마주치는 사람 없이 혼자서 걸어야 했다.

"안녕하세요."

몇 시간을 혼자 걷다가 처음으로 하이커 두 명을 만나니 반가워 먼저 인사를 건넸다. 그들이 쉬고 있는 그늘 옆으로 숨어 들어갔다.

"안녕하세요. 전 주디스라고 해요. 남자친구는 폴이에요."

연인으로 보이는 남녀 하이커 중 여자가 인사를 받아 주었다.

"저도 여자친구랑 PCT 중인데 발목이 안 좋아서 테하차피에서 일주일 쉬고 케네디 메도우에서 만나기로 했어요."

은진이와 나도 연인이 PCT를 하고 있는 것이었지만 다른 연인이 PCT를 하는 모습을 보니 예뻐 보이기도, 대단해 보이기도 했다.

"우리는 PCT를 하다가 만났어요. 전 독일에서 왔는데 처음에는 서로 심심해서 얘기도 나누고 밥도 같이 먹고 했는데 시간이 지나고 보니 어느새 이렇게 되었네요."

주디스가 눈썹을 으쓱하며 장난스레 이야기했다. PCT를 하면서 커플들이 많이 생긴다고 했다. 육체적으로 고통을 같이 이겨내는 사이는 정신적 유대감이 끈끈해지는 법이었다.

"두 사람 너무 보기 좋아요. 많이 싸우지는 않아요?"

말없이 듣고만 있던 폴이 그제야 입을 열었다.

"엄청 싸우죠. 그런 날은 따로 걷고 심지어는 서로 어디서 잤는지도 모르죠. 그렇게 며칠을 서로 어디서 걷는지도 모르다가 만나면 아무 일 없었다는 듯이 사이좋게 걷죠."

한번 헤어져 따로 걸으면 드넓은 대자연 속에서 어디 있는지조차 알기가 힘든데 떨어져 걷다가도 다시금 자연스레 만나서 걷는 것 자체가 내겐 그 둘이 인연이라고 느껴졌다.

한국에서는 다툰 일이 기억에 전혀 없을 정도로 은진이와 잘 지냈는데 PCT에서는 내가 원래 이런 사람이었나? 싶을 정도로 바닥을 자주 보이며 다퉜다. 어쩌면 은진이와 나는 PCT 오기 전까지는 서로의 바닥을 보여 주는 상황에 함께 있었던 경험은 없었을지도 몰랐다.

또 누군가의 말처럼 사람 사이에는 적당한 거리가 필요한 일인지도 몰랐다. 그러고 보니 이 길 위에 은진이가 없다는 사실이 쓸쓸하기도 했지만 마음의 홀가분함이 느껴지기도 했다.

"근데 보통 싸우면 큰 이유가 없지 않아요?"

"그렇죠. 그냥 사람이 다른 거죠. 당연히 그럴 수도 있는 건데 내 생각, 생활 방식과 다르다고 감정을 내세우니 싸움이 되죠. 다 아는데 안 되는 거죠."

둘은 서로를 응시하더니 입술을 맞대었다. PCT 위의 연인들과 만나 이야기를 나누다 보니 공감되는 부분이 많아 마음의 위로가 되었다.

'남들도 우리와 비슷하게 사는구나….'

'No reliable water for 40 miles.'

60㎞ 동안 안정적인 물 공급원이 없다고 했다. 1㎞를 걸으며 보통 1.5L를 보통 마셨으니 최소 9L의 물을 지고 가야 했고 하루 만에 걸을 수 없기에 밤에 먹을 물까지 생각하니 트레일 엔젤의 워터캐시가 없다면

사실상 불가능한 구간이었다.

앞선 10㎞, 35㎞ 지점 두 포인트에 워터캐시가 있다는 정보가 있었지만 언제나 캐시는 캐시일 뿐이었다.

"나는 오늘 밤에 출발할 거야."

"나는 새벽 일찍 출발할 거야."

하이커들은 60㎞의 긴 거리 동안 물 없는 이 구간을 무사히 넘기기 위해 해를 피해 각자의 방식으로 걷기로 했다.

'나는 새벽 일찍 일어나서 가야겠다. 마지막 고비다. 이것만 이겨내면 사막도 끝이다.'

세 개의 알람을 5분 간격으로 맞춰 놓고 머릿속으로 '제발 일찍 일어나자'는 주문을 되뇌고 이른 잠을 청했다.

텐트 안으로 드는 밝은 햇살에 눈을 떴다.

'아….'

눈을 뜨자마자 시간이 꽤 되었을 거라는 생각이 들었다. 손목을 들어 시계를 보니 8시 30분을 가리키고 있었다. 평소에는 새벽에 자주 깨던 잠도 알람까지 맞췄는데 못 듣고 숙면을 취해 버렸다.

텐트 문을 열고 나서니 어제 빽빽하게 차 있던 캠프 사이트의 텐트들은 하나도 보이지 않고 황량한 흙바닥만 나를 반겨 주었다. 먼저 떠난 하이커들이 야속하게 느껴졌다. 낮잠을 다시 자고 이글거리는 태양을 피해 저녁에 출발하는 나이트 워킹도 생각했지만 지난번의 나이트 워킹의 만족스럽지 못한 기억에 이내 마음을 접었다. 갈증에 허덕이더라도 아무것도 보지 못하는 밤에 걷는 것보다 그래도 풍경을 보며 걷는 낮이 더 좋았다.

'어떻게 되더라도 일단 물을 많이 마시고 챙겨서 가자.'

무모했지만 한 달간의 사막에서의 경험 덕분에 자신은 있었다. 출발 전 배 안 가득 물을 채웠고 가진 물통을 모두 가득 채워 배낭에 넣어 6㎏의 무게를 더했다. 배낭의 묵직함이 온몸을 바닥으로 잡아당겼다.

오전 9시. 해는 높이 솟아 있었다. 한동안 숲이 만드는 그늘이 이어져 다행이라 생각했지만 산허리를 하나 지나고 나니 앞은 온통 듬성듬성 낮은 초목만이 있는 사막 산이 펼쳐졌다.

다행히 10㎞ 지점에 도착했을 때 워터캐시의 물통엔 물이 가득 들어 있었다.

'이럴 줄 알았으면 실컷 마실 걸 그랬네.'

아쉬운 생각이 들었지만 있을지 없을지 모르는 워터캐시라 마음 놓고 실컷 마실 수는 없는 것이 현실이었다. 아껴 마셨던 1L를 물통에 채우고 다시 넣을 수 있을 만큼 최대한 배 안에 물을 채웠다.

6월 말, 이제는 사막의 낮에는 극한의 더위가 기승을 부렸다. 멀리 보이는 지평선의 끝에 아지랑이들에 피어올랐고 끊임없이 흘러내리는 땀에 눈이 따가웠다. 이미 축축해진 소매로 눈가를 닦아내었다. 온몸이 소금에 절인 젓갈 같았다.

'안녕하세요.'

커다란 선인장 나무인 조슈아 나무 밑 그늘에 해를 피해 숨어 있는 하이커들에게 힘없는 눈인사를 했다.

'저 사람들도 출발한 지 얼마 안 됐나?'

가는 길에는 어젯밤 같은 곳에 있던 하이커 중 일부 하이커들이 나무 밑에서 쉬거나 외부 텐트로 그늘막을 만들어 무더위를 피하고 있었다.

드디어 3자리에서 4자리로 단위가 올라 1,000㎞ 지점을 지났다. 걸어서 1,000㎞를 오다니 믿기지가 않았지만 아직 3,300㎞의 길이 더 남아 있다는 생각에 막막함이 앞섰다.

'도저히 안 되겠다. 일단 쉬자.'

오후 3시가 되어 워터캐시가 있다는 35㎞ 지점을 5㎞ 앞두고 멈춰 섰다. 남은 물은 이제 1L, 늦은 점심을 먹고 나니 0.5L가 남았다. 5㎞를 걷기에는 턱없이 부족한 물이었다.

'모르겠다. 일단 자자.'

조슈아 나무 그늘 아래 매트를 깔고 누웠다. 모든 것이 뜨거운 사막은 불어오는 모래바람조차 열기를 가득 품고 있었다. 저 멀리 아지랑이가 피어오르는 것을 보며 그대로 깨고 싶지 않은 꿈속으로 빠져들었다. 달콤했다.

"형."

오랜만에 들리는 한국말에 잠에서 깨어나 희미하게 눈을 떴다. 눈앞에는 지훈이가 있었다. 꿈을 꾸는 건 아닌가 하는 생각에 고개를 흔들어 정신을 차려 눈을 크게 뜨고 다시 쳐다봐도 지훈이가 맞았다.

"지훈아, 니가 왜 여기에 나와?"

지훈이는 삼총사와 같이 800㎞ 지점의 하이커 타운에서 처음 만났다. 삼총사는 한국인 대학생 친구 3명으로 한국에서부터 같이 왔고 지훈이와는 PCT를 하며 만나 같이 다니는 중이라고 했다. 5월 중순에 시작해 우리보다는 3주가 늦었는데 800㎞ 만에 우리를 따라잡았다. 그렇게 잠시 만난 후 우릴 앞질러 갔으니 다시 볼 수 없을 지훈이의 등장이 의아했다.

"테하차피에서 설사병 나는 바람에 며칠 쉬느라 애들은 먼저 가고 전 좀 늦어졌어요. 다 나은 건 아니라서 괴로워요. 형."

지친 표정으로 말했다. 나도 혼자 걷는 이유를 이야기해 주자 지훈이는 대뜸 물어왔다.

"형 그러면 케네디 메도우까지 같이 걸을까요?"

"나야 땡큐지."

그렇게 처음으로 은진이가 아닌 다른 동행이 생겼다.

"형 먼저 가실래요? 전 조금만 쉬다가 갈게요."

"그래. 그러면 워터캐시 있다는 데서 만나자."

"네, 있다가 봐요."

워터캐시까지 5㎞를 물 없이 버틸 생각으로 입 안에 남은 0.5L의 물을 털어 넣고 길을 나섰다.

오후 5시. 해는 조금씩 기운이 빠져 하늘은 서서히 붉게 물들어 갔지만 하루 종일 태양빛을 받은 모래가 내뿜는 열기는 여전히 뜨거웠다.

"하…아, 하…아."

입 안이 마르지 않도록 힘을 주어 입을 다물었지만 야속한 오르막은 자꾸만 저절로 입이 벌어지게 만들었다. 그동안의 경험을 통한 노하우로 수건으로 입을 막아 보았지만 이미 땀이 다 말라 버린 건조한 수건은 오히려 입 안의 수분을 빼앗아 갈 뿐이었다.

'안 되겠다.'

채 1㎞를 걷지 못하고 금세 찾아온 갈증에 더 이상 걸을 수가 없었다. 앞쪽을 바라보니 하이커가 보여 그를 목표 삼아 걸었다. 마침내 그의 옆에 도착하고서는 그의 얼굴이 아닌 배낭 옆에 끼워진 물통을 바라보았다.

'어떡하지….'

그의 물통도 비어 있었다. 인사를 할 힘도 없어 바닥에 퍼질러 앉았다. 뒤를 보니 지훈이가 천천히 올라오고 있었다. 조금 어지럽기도 무기력하기도 했다. 자꾸만 눈이 감겼다.

"형."

다시 지훈이가 부르는 소리에 눈을 떴다. 아주 긴 잠을 잔 것 같았는데 시계를 보니 5분이 채 지나지 않았다.

"지훈아 혹시…."

말이 끝나기도 전에 지훈이가 말했다.

"형, 저 물 있으니깐 드세요. 아까 물통 빈 거 봤어요."

'이 자식….'

지훈이의 1L짜리 물통에는 물이 가득 차 있었다. 이곳에선 되도록이면 자신의 힘으로 해결해야 했지만 도움을 받지 않을 수 없는 상황이었다.

"고맙다."

염치없고 미안했다. 지훈이의 물을 반을 받아 또 겁 없이 벌컥벌컥 마셨다. 그제야 살 것 같다는 생각이 들었다.

"오늘 물 얼마나 가지고 출발했는데?"

"저요? 2L 정도요."

난 7L를 넘게 마셨는데도 부족한데 믿기지 않았다.

"오늘 하루 종일?"

"네. 전 평소에도 물을 많이 안 마셔서 사막 동안 계속 물 많이 안 가지고 다녔어요."

"진짜 부러운 몸이네."

수분이 보충되었을 때 빨리 떠나야 해서 짧은 대화를 마치고 다시 떠날 채비를 했다.

남은 4㎞, 1시간만 어떻게든 버티면 됐다. 사막에서 첫 물 고비 때와 비슷한 상황이 생기자 당시 큰 도움을 줬던 존과 새라 생각이 났다.

'남매는 벌써 시에라를 걷고 있겠지? 여기만 지나면 이제 고비는 정말 끝이다. 힘내자.'

"지훈아, 먼저 출발할게."

오른팔을 배낭 어깨끈에 집어넣고 배낭을 허벅지에 올린 뒤 나머지 왼팔도 어깨끈에 집어넣었다.

"으라차차!"

그리고 허벅지 반동을 이용해 배낭을 메고 출발 준비를 마쳤다.

1㎞를 걸으며 흘린 땀으로 젖은 수건을 입 안에 물었다. 긴급 수혈은 됐지만 갈증은 여전했고 몸 전체에 수분이 부족했다. 분명 한참은 걸은 것 같았는데 겨우 200m를 걸었다. 10번을 넘게 중간중간 남은 거리를 확인하고서야 마지막 500m를 앞두고 있었다.

그리고 저 멀리 사람들의 모습이 희미하게 보이기 시작했다. 끝없을 것 같은 4㎞가 끝이 나고 희망도 보이기 시작했다.

'마지막 500m.'

벗어나려 해도 제자리걸음을 하는 런닝머신 위를 걷는 것 같은 기분이었다. 저 멀리 사람들의 모습이 천천히 아주 천천히 조금씩 커져 갔다. 그리고 마침내 물이 가득한 수십 개의 정수기 통을 볼 수 있었다.

'살았다. 드디어 끝났다.'

깊은 안도의 한숨을 내쉬자 단내가 진동을 했다.

"고생 많았어. 마음껏 즐기렴!"

먼저 와 있던 하이커들이 다 같이 박수를 쳐 주었다. 정수기 통에서 물통으로 물을 가득 옮긴 뒤 그대로 입 안으로 쏟아부었다. 식도를 타고 넘어가는 촉촉한 물의 기운이 그대로 느껴졌다. 온몸이 수분을 그대로 빨아들이는 느낌마저 들었다. 얼마 되지 않아 지훈이도 도착해 물을 벌컥벌컥 마셨다. 탄산음료도 좋았지만 그래도 물맛이 제일이었다.

드디어 끝날 것 같지 않았던 기나긴 사막의 끝이 보이기 시작했다. 정말 트레일 천사들의 도움이 없었다면 절대 지날 수 없는 악마의 구간이었다.

"형, 일어나세요."

은진이와는 내일 만나기로 했지만, 오늘 조금만 무리를 하면 사막이 끝나고 시에라가 시작되는 케네디 메도우에 들어갈 수 있었다.

5시 30분. 사방이 깜깜해 시계에 불을 켜 보니 이른 아침이었다. 은진이와 다닐 때는 빨리 일어나도 8시였는데, 두 달 가까운 시간 동안 그렇게 습관이 들어 버리고 나니 일찍 일어나려고 해도 몸이 말을 듣지 않았다.

"지훈아 도저히 못 가겠다. 먼저 갈래?"

짧은 순간 고민을 했지만 나약한 의지가 강한 습관을 이겨내지 못했다.

"알겠어요. 전 오늘 케네디 메도우 갈 건데 형도 들어와서 같이 맥주 마셔요."

"그래. 저녁에 보자."

지훈이의 짐 싸는 소리를 들으며 다시 잠이 들었다.

8시 30분. 바깥은 3시간 전과 다르게 이미 환한 세상이었다.

'그냥 따라갈 걸 그랬나.'

이미 밝아진 세상을 보고 있자니 게으름을 부린 것에 조금 후회가 밀려왔다.

밤새 덮은 침낭을 색(Sack)에 구겨 넣어 배낭의 맨 아래 두고 그 위에 조리도구와 음식을 담은 디팩(D-Pack)을 넣고 또 그 위에 옷가지와 마지막으로 꺼내기 쉽게 점심거리를 넣었다. 배낭을 밖으로 빼고 텐트를 접어 배낭 위에 얹어 짐 싸는 것을 마무리했다. 허리에 히프색을 차고 배낭을 멘 뒤, 커다란 카메라를 목에 걸어 렌즈를 히프색 위에 얹었다. 마지막으로 하이킹 폴을 두 손에 쥐고 오늘의 출정 준비를 마쳤다.

'아이스크림 먹고 싶다. - 지훈'

로그북에 지훈이의 흔적이 있었다. PCT에는 중간중간에 로그북이 있었다. 앞서간 친구의 위치를 알 수도 있었고 혹시라도 불의의 사고를 당하면 마지막 로그북의 기록으로 사라진 하이커를 추적을 할 수 있었다. 2시간을 앞서갔으니 대략 8㎞ 차이가 났다. 생각보다 큰 차이는 없었지만 컨디션이 좋지 않은 탓에 케네디 메도우는 내일 들어가기로 마음먹었다. 이런 페이스면 지훈이는 그의 말대로 오늘 케네디 메도우로 들어갈 것으로 생각됐다.

지훈이와 다니면서 중간에 마을에 들러 통닭에 맥주, 아이스크림도 사 먹고 토르티야 쌈에 견과류와 참치를 넣고 피넛버터도 잔뜩 발라 점심을 먹었고, 좋아하는 여행 얘기도 많이 나누었다.

특히 이집트의 다합은 다이빙과 망고의 천국이라는 얘기에 언젠가는 꼭 가야겠다고 다짐했다. 짧았지만 은진이가 없는 자리에 새로운 동행의 인연이 닿은 것은 참 고마운 일이었다. 뒤에서 지훈이가 걷고 있는 모습을 보는 것만으로도 가슴이 따뜻해지기도 했었다. 그런 그의 빈자리가 조금은 크게 느껴졌다.

 케네디 메도우를 10㎞ 앞두고 큰 강이 흐르는 곳 바로 옆에 오늘의 잠자리를 마련했다. 큰 강이 있어서 사막이 끝나 감을 느끼는 건지, 사막이 끝나 감을 알고서 만난 큰 강이 새로운 영역이 시작됨을 알려 주는 건지 알 수 없었지만 중요하지는 않았다. 다만 사막에서 큰 물줄기가 시원하게 흐르는 것은 언제나 마음에 청량감을 주었다.
 며칠간 저녁을 먹으며 오손도손 이야기를 나누던 친구가 사라지자 외로움이란 불청객이 찾아왔다. 심심함에 저녁을 먹고 일찍이 잠자리에 들었는데 일순간 갑자기 밖이 소란스러워졌다.
 텐트 문을 열고 나가니 옆에 텐트를 친, 하루를 같이 마무리한 세 친구가 짐을 싸고 출발할 준비를 하고 있었다.
 "무슨 일 있어요? 이 밤중에 왜 짐을 싸요?"
 그들은 겁에 질린 표정으로 다급하게 대답했다.

"지금은 사라졌는데 조금 전에 곰이 나타났어요. 저희는 케네디 메도우로 들어가려구요."

'아… 짐 싸기도 귀찮고 몸도 안 좋은데.'

머릿속으로 빠르게 계산을 해 봤지만 도저히 걸을 힘이 없어 그냥 머물기로 했다. 다행히 옆에 다른 하이커도 그냥 자겠다고 해서 두려움도 외로움도 조금이나마 덜 수 있었다.

침낭을 뒤집어쓰고 잠을 청하려고 했지만 조금만 부스럭거리는 소리에도 움찔움찔하며 신경을 곤두세워야 했다. 두 시간을 넘게 잠을 자지 못하고 뒤척이다 피곤함에 지쳐 잠에 곯아떨어졌다.

1,100㎞의 끝없을 것 같던 참 지겨운 사막이었지만 헤어짐이 다가오니 아쉬운 마음이 들었다. 이제는 사막에서의 걸음에 적응해 물을 배분해 마시고, 이따금 트레일 엔젠들의 콜라와 길가에 수많은 도마뱀도 이제는 모두 안녕이었다.

"오빠! 왜 차 타고 왔어!"

일주일 만에 만나는 은진이는 안타까운 표정을 지어 보였다.

케네디 메도우에는 하이커들이 쉴 수 있는 커다란 상점이 있는데 전통적으로 하이커가 사막을 끝내고 상점에 들어서면 먼저 도착해 있던 하이커들이 사막 구간을 무사히 마친 하이커에게 다 같이 박수갈채를 보냈다. 하지만 내가 도착했을 때는 그 누구도 눈길조차 주지 않았다.

'이게 말로만 듣던 인종차별인가?'

"오빠, 여기 차 타고 들어오면 박수 안 쳐 준대."

"아 그래? 알잖아. PCT 길 아닌 데는 100m도 걷기 싫은 거."

PCT 길에서 상점으로 가려면 1㎞ 정도를 벗어나 걸어야 했는데 1,000㎞를 넘게 걸었지만, PCT가 아닌 길은 100m도 걷기가 싫어 지나가는 차를 얻어 타고 들어왔다.

"진아 다리는 괜찮나?"

"응. 괜찮다. 이거 봐라. 오빠 주려고 햄버거도 사 왔다."

은진이는 버거킹에서 사 온 햄버거를 내밀며 웃어 보였다. 햄버거를 받아 우악스럽게 입 안에 구겨 넣었다. 1,100㎞를 걸은 데 대한 은진이의 보상이 마음에 들었다. 땀방울들이 빠진 공간을 육즙이 대신해 채워 주었다.

지훈이와 일본인 오사무 아저씨의 얼굴도 보였다. 지훈이는 어제 들어와서 쉬었고, 오늘 아저씨와 함께 출발할 거라며 금세 자리를 떴다.

4월 28일 출발 전, 샌디에이고에서 보내 놓았던 소포를 찾았다. 시에라에서 쓸 곰통과 한국 라면들을 보자 마음이 든든했다. 어제 본 것처럼 이제 시에라에서는 후각이 발달한 곰 때문에 곰통에 음식을 보관하는 것이 의무였다.

이제 새로운 영역의 보이지 않는 문을 열어야 했다.

처음이라 미숙했고, 미숙했기에 아름다웠다. PCT의 첫 여정, 사막 구간이 끝이 났다.

CHAPTER 2
Heaven
SIERRA

천상으로의 입성

　미국에는 자연경관이 가장 빼어난 국립공원, 국유림 그리고 백패킹, 승마 등에 한해서만 출입이 가능한 황무지 등이 있는데 PCT는 대부분 황무지를 걸었다. 새로운 영역에 들어갈 때면 항상 커다란 나무판 위쪽에는 상위 범위인 국유림이 정자체로, 그 하위 범위인 황야는 흘림체로 적힌 안내판이 나타났다.

사막에서도 황무지와 황무지로 넘어갈 때마다 조금씩 달라지는 풍경에 설렘과 기대감이 있었는데, 이번엔 사막에서 산악으로 완전히 그 색이 달라질 것이었다. 드디어 모두가 최고라 말하던, 우리가 그렇게 바라던 시에라 구간에 들어섰다.

"와~ 진아 앞에 나무 봐라. 살아 있네."

언제 사막이 있었냐는 듯 시야 앞쪽으로 멀리 빽빽하게 줄지어 선 나무들이 산을 가득 채우고 있었다. 초록의 숲은 심신에 편안함을 주었다. 건조함 가득한 사막의 황토와 대비되는 초록은 활력 넘치는 생명력을 품고 있었다.

"오빠, 물줄기 흐르는 것 좀 봐."

일주일에 한 번도 보기 힘들었던 사막의 약한 물줄기와 달리 시작과 동시에 시작되는 강력한 물줄기에 스캇 아저씨의 말이 생각났다.

'시에라는 최고지. 무엇보다 어디서든 맑고 시원한 물이 흐르거든. 그래서 물을 1L 이상 가지고 다닐 필요가 없어.'

사막에서도 종종 나무가 울창한 산을 만날 때면 그늘 아래를 시원하게 걸을 수 있었지만 늘 언제 끝날지 모르는 불안감에 온전히 즐기지 못했었다. 하지만 이제 마음 놓고 높은 고도와 나무 그늘이 만드는 선선함을 즐기면 됐다.

"캬~ 진아, 진짜 시원하다."

배낭을 던져 놓고 흐르는 물에 세수를 하며 은진이에게 말했다. 은진이도 곧 배낭을 내려놓고 얼굴에 찬물을 적시더니 얼얼한 표정을 지어 보였다.

정수 없이 물을 받아 마시자 식도를 타고 넘어가는 차가움에 한기가 들어 몸이 부르르 떨렸다. 하지만 다시금 물 걱정 없이 걸을 수 있음이 반가웠다.

작은 산을 몇 개 넘고 10㎞의 긴 오르막을 지나 정상에 닿았다. 정상이라고 생각했지만 곧 고산의 잔디 가득한 넓은 평지가 시작되었다. 그리고 저 멀리 더 높은 산들이 보였다. 앞으로 우리가 쉴 새 없이 오르내려야 할 산들이었다. 어젯밤 사막과의 이별을 아쉬워하던 내 마음은 온데간데없었다. 불과 하루 만에 한 달을 넘게 걸어온 사막은 그 어느 곳에도 없었다.

첫날은 특별한 일 없이 조금 일찍 걸음을 마무리했다. 텐트 사이트에는 돌을 쌓아 만든 커다란 캠프파이어가 있었고, 돌들은 새카맣게 그을려 있었다. 우리를 앞서간 수많은 선배들의 손을 탄 그 캠프파이어 자리에 나뭇가지를 주워 PCT 이후 처음으로 캠프파이어를 만들어 보았다. 멍하니 불만 바라보다 때에 맞춰 나뭇가지를 넣어 주는 불놀이에 시간 가는 줄 몰랐지만 산중에 찾아온 추위에 금세 텐트로 들어가야 했다.

은진이가 없는 일주일 동안 누렸던 자유가 끝이 났다. 은진이가 특별히 무언가를 제한하거나 해 달라는 것도 없었지만 내 마음속에서는 항상 은진이에게 맞춰 이렇게 혹은 저렇게 해야 한다는 거리들을 만들었다. 그래도 결국은 마음을 나눌 누군가가 있다는 것이 더 감사한 일이었다. 소중함은 부재만이 제일 절실히 느끼게 만들어 주었다. 부재에도 소중함을 느끼지 못한다는 말은 결국 그 존재는 생각보다 중요한 것이 아니란 뜻이었다.

최고봉 휘트니산

알래스카의 데날리를 제외하고 미 본토 내에서는 4,418m의 휘트니산이 하늘에 가장 가까웠다. 남쪽이 고도가 높고 북쪽으로 갈수록 고도가 낮아지는 시에라에서 휘트니산은 초반에 위치해 있었다.

휘트니산은 PCT 길에서 벗어나 있어 따로 시간을 내서 올라야 했다. 대다수의 하이커가 그러하듯 물론 우리도 하루를 내어 최고봉에 도전하기로 했다.

휘트니산을 10㎞ 앞둔 곳에 전진기지를 마련하고 하루 푹 쉰 뒤 다음 날 출발해 휘트니산에 도전할까도 생각했다. 하지만 케네디 메도우에서 하루밖에 쉬지 않았던 터라 마을에 하루라도 빨리 들어가고 싶은 마음에 조금 욕심을 냈다. 동이 틀 무렵 출발해 점심이 되기 전 전진기지에 텐트만 치고 길을 나섰다.

길 위를 하염없이 걷다 보면 불쑥불쑥 아주 어릴 적부터 시작해 이젠 삶에서 잊혀진 사람들과 삶의 의미에서부터 사랑, 행복과 같은 삶의 중요

한 단어의 의미까지 많은 생각들이 찾아왔다. 그렇게 생각이 꼬리에 꼬리를 물면 하루 종일 한 가지 혹은 두 가지에 대해서 깊이 생각할 수 있었다. PCT는 내겐 걸음이라기보다는 사색에 가까웠다.

휘트니산 정상을 오르는 내내 평소에는 잘 생각나지 않던 상준이 생각이 불현듯 났다. 그렇게 상준이와 함께 휘트니를 오르기 시작했다.

"야, 지금이다. 일로 와 봐라."
"안 웃길 거 같은데."
"다들 취했고 재밌으니깐 빨리 온나."

대학교 1학년, 택견 동아리에서 적응하지 못하는 나를 상준이는 열심히 챙겨 주었다. 대학 생활의 꽃인 축제 주막에서 상준이는 형들과 누나들이 많은 자리에 나를 끌고 갔다.

"형, 성호가 원빈 성대모사 하는데 진짜 웃겨요."

동기들 앞에서만 보이던 성대모사였는데 상준이가 먼저 분위기를 만들어 주었다.

"뭔데? 해 봐라?"

시선이 집중되는 부담도 술기운이 덜어 주었다.

"웃기지 마! 형이 뭔데? 형이 나한테 해 준 게 뭔데? 대강 먹어!"

술에 취해서인지 다들 낄낄거리며 즐거워했다. 이후로 계속되는 상준이의 도움으로 동아리에 적응을 했고 자리를 잡았다. 제대를 하고 동아리 회장을 맡게 되었을 때 동아리에 발길을 주지 않던 상준이는 다시 활동을 시작해 옆에서 힘이 되어 주었다. 그런 상준이가 하늘나라에 간 지도 벌써 수년이 지났다. 보고 싶었다. 가끔씩은 친구가 살아 있다면 삶에 얼마나 큰 활력이 되었을까 하는 생각을 하기도 했었다.

4,000m가 넘는 고산은 만만치 않았다. 고도가 높아질수록 줄어드는

산소에 숨이 찼고, 낮아지는 기압에 머리가 아파 왔다. 한 걸음 한 걸음 천천히 그리고 온전히 땅을 밟아 밀어내었다.

"진아. 이제 마지막 구간이네. 먼저 간다."

"응. 먼저 가서 기다려."

은진이를 뒤로하고 눈길을 헤쳤다. 7월이 다 되어 갔지만 아직 고산의 눈은 녹지 않아 발자국을 따라 걸어야 했다. 눈 속에 깊이 파인 발자국을 따라갔음에도 어느새 사라지는 발자국에 몇 번 길을 헤매고 나서야 대피소가 있는 정상에 닿을 수 있었다.

"상준아!!! 상준아!! 잘 지내나?"

까까머리에 길고 새하얀 상준이의 얼굴이 스쳐 지나갔다. 항상 '이게 다 정성호 따문이다.' 라며 버릇처럼 장난스레 말하던 상준이의 말도 생각이 났다. 그렇게 하루 종일 생각났던 상준이의 이름을 큰 소리로 부르고 나니 이상하게도 더 이상 생각이 나지 않았다. "야호~ 아~아~!"

은진이는 도착하자마자 전방을 향해 함성을 질렀지만 마음과는 달리 목소리가 갈라졌다. 그동안 풀 곳 하나 없이 얼마나 많은 시간 참고 쌓고 여기까지 온 것일까. 은진이의 마음이 조금이나마 풀리길 바랐다.

해가 뜰 때 시작했는데 어느새 돌산 뒤로 해가 넘어가 세상은 온통 빨갛고 노랗게 변해 가고 있었다. 전진기지에서 시작할 때 휘트니산 정상을 밟고 저녁쯤에 다시 도착할 수 있을 거라고 생각했는데 고산의 등산은 만만치 않아 발걸음을 재촉해야 했다.

'왜 이러지? 미치겠네….'

내리막을 시작하고 얼마 되지 않아 거짓말처럼 갑자기 오른쪽 무릎이 시려 왔다. 바위산 큰 바위들의 높은 간격을 무릎이 그대로 받다 보니 무리가 간 것 같았다. 확인차 무릎을 돌려보니 특정 각도가 되자 찬물을 붓는 것처럼 확 시린 느낌이 들었다.

'아… 욕심내지 말걸.'

하루 일찍 마을에 들어가려다 언제 회복될지 모르는 부상을 입어 버렸다. 뒤늦은 후회감이 밀려왔지만 우선 텐트까지 가는 것 외에는 별다른 방법이 없어 절뚝이며 꾸역꾸역 걸음을 채웠다. 내려가는 길은 항상 오르는 길보다 시간이 많이 걸리는 기분이 들었다. 내리막이라 빨리 내려갈 수 있을 거라는 기대에 속력이 따라가 주지 못한 탓이었다. 무릎이 아프니 더욱 길게 느껴졌다.

한참을 걸은 것 같았는데 지도를 보니 아직도 한 시간은 넘게 걸어야 했다. 아픈 무릎을 계속 써야 한다는 사실이 걱정되었고 무엇보다도 오늘 아픈 것보다 앞으로가 걱정되었다.

'절대 하루아침에 나을 거 같지는 않은데….'

"오빠. 괜찮아?"

한참이나 뒤처져 오지 않는 나를 기다리던 은진이가 절뚝이는 내 걸음걸이를 보고 물었다.

"진아, 갑자기 이러네. 일단은 숙소까지는 어떻게든 가야지."

'은진이는 무슨 생각이 들까? 이럴 때마다 얼마나 힘 빠질까?'

입장을 바꿔 생각해보니 은진이에게 그저 미안했다.

남은 거리는 하이킹 폴에 의지해 팔 힘으로 걸어 내려왔다. 출발할 때 활기차고 분주했던 캠핑장에도 밤이 찾아와 있었다. 다들 이미 잠자리에 들었는지 텐트는 많았지만 불빛도 소리도 전혀 새어 나오지 않았다. 둥근 달만이 쓸쓸히 우리의 텐트를 밝혀 주고 있었다.

"오빠, 라면 끓여 올 테니까 잠시만 기다려."

"응. 미안해."

하루 종일 같이 고생했음에도 은진이만 또 수고로움을 보태야 했다. 누워서 무릎을 펴 보려 애썼지만 각도가 조금만 높아져도 시린 무릎이 온몸을 뒤틀리게 만들었다.

라면을 먹고 겨우 잠이 들 수 있었다. 하지만 잠결에 나도 모르게 움직인 무릎에 여지없이 정신이 번쩍번쩍 들기를 몇 번이나 반복해야 했다.
 난 괜찮을까? 우린 괜찮을까?

기적의 완치

"하지 말라니까요!"

빠르게 쫓아오는 두 사내에게서 벗어나려 열심히 뛰었지만 금방 잡혀 버렸다. 한 명은 내 상체를 끌어안고 다른 한 명은 하체를 끌어안아 힘을 전혀 쓸 수 없었다. 힘이 얼마나 센지 발버둥 치려 해 보았지만 꼼짝도 하지 못했다.

"누구세요? 저한테 왜 이러시는 거예요?"

어딘가에서 갑자기 또 다른 한 사내가 칼을 들고 와 내게로 다가왔다. 그는 무릎을 꿇더니 내 아킬레스건을 그대로 칼로 그어 버렸다. 피가 사방으로 튀었다.

"아!!!"

움찔하며 움직인 무릎에 정신이 번쩍 듦과 동시에 엄청난 고통을 그대로 느꼈다. 밤새 거의 잠을 제대로 못 자다가 아침이 되어서야 겨우 잠이 들었는데 그 짧은 순간 동안 아주 기분 나쁜 꿈을 꾸었다.

"오빠, 꿈꿨어?"

"응. 무서운 꿈 꿨는데 움직이는 바람에 아파 죽겠네."

비명 소리에 잠이 깬 은진이를 다시 재우고서 냉찜질을 하러 냇물로 향했다.

아킬레스건이 완파되면서 6개월을 기다렸고, 사막에서도 아파 5일을 내리 쉬었고… 나로 인해 계속 문제가 생겼다. 차라리 화라도 내면 덜 미안할 텐데 은진이는 싫은 내색을 전혀 하지 않았다. 그래서 더 고맙고 또 미안했다.

뉴스에서도 축구 선수들이 무릎을 한번 다치면 기본 수개월은 재활하는 데 시간을 보내던데… 괜찮아진다고 하더라도 앞으로 3,000㎞ 이상은 걸어야 한다는 생각에 절망감이 온몸을 감쌌다.

점심을 먹고 나서도 계속 냉찜질을 해 주었다. 그렇게 조심스럽게 무릎을 폈는데 여전히 무릎은 시렸다.

'빨리 낫지는 않겠지… 큰일이네….'

지금 당장 무릎이 아픈 것도 문제였지만 가진 식량이 이제 바닥을 드러내 마냥 산중에 있을 수만도 없는 상황이었다. 한 번 부르는데 수백만 원 하는 헬기를 부르지 않는다면 절뚝이며 걷는 것 외에는 딱히 방법이 없는 깊고 깊은 산중이었다.

물속에 발을 계속 담갔다 뺐다를 반복했다. 그러는 중에도 혹시나 하는 마음에 간간이 무릎을 접어 보려 했지만 차도는 없었다.

"진아!"

텐트가 있는 곳까지 크게 소리를 질러 은진이를 불렀다.

"왜?"

은진이도 크게 소리쳐 답했다.

"이것 봐라."

무릎을 접었다 펴 보였다. 세 시간을 쉬지 않고 계곡물에 다리를 담갔다 뺐다를 반복했는데 거짓말처럼 무릎이 일순간 괜찮아졌다. 믿기지 않았다. 큰 충격으로 다친 것도 아니고 며칠 동안 계속 무리를 한 것도 아니라 어제 하루 무리를 해서 일시적으로 아팠던 게 아니었나 하는 생각이 들었다. 그럼에도 고통이 너무 심해 쉽게 낫지 않을 거라고 생각했는데 천만다행이었다.

"오빠 괜찮아?"

"응. 신기하게 갑자기 괜찮아졌네. 오늘 조금 가도 될 거 같다."

은진이를 부르기 전 몇 번이나 확인하고 또 확인했지만 다치기 전처럼 멀쩡했다.

"그러지 말고 오늘은 그냥 쉬자. 그러다가 좀 괜찮아졌는데 또 탈 생길 수도 있잖아."

"그렇긴 한데 우리 지금 식량이 거의 바닥이라서 조금이라도 걷는 게 나을 거 같다. 대신에 조금만 이상하다고 느껴지면 바로 얘기할게."

사막과는 달리 시에라는 어느 곳에서든 물이 풍족했기에 물 포인트에 맞춰 걸을 필요 없이 언제든지 자리를 잡고 잠자리를 마련할 수 있었다.

그렇게 오후 늦게 걸음을 시작했다. 무리하지 않는 선에서 천천히 걸으며 가끔씩 몸을 점검했다. 15㎞를 걷고 시에라의 첫 번째 패스, 고도 4,000m의 포레스터 앞쪽에 자리를 마련했다. 고산이라서 그런지 돌바닥이라 텐트 못을 박기가 힘들었고 주변에는 눈 쌓인 곳도 많았다. 오랜만에 깊숙이 넣어 둔 패딩점퍼를 꺼내 입고 고산의 밤을 보내야 했다.

"야 이 PCT 괴물 같은 놈아!"

포레스터 패스 정상에 올라 소리를 질렀다. 주변에 다른 하이커들도 3명이 있었지만 모두 파란 눈동자를 가진 그들은 알아듣지 못하고 정상에서 고함을 치는 정도로만 생각하는 듯 웃어 보였다.

그 누구도 나를 이곳에 밀어 넣거나 걸어 보라고 권유조차 하지 않았다. 온전한 나의 의지로 시작했고, 그동안 즐거운 일도 많았지만 힘든 일도 참 많았다는 생각이 들었다. 그래도 한번 털어내고 나니 속이 후련했다. 그리고 또 계속 걸음을 이어 가야 했다.

산 너머에는 7월이 다 되어 가는데도 여전히 눈이 잔뜩 쌓여 있었다.

해가 잘 드는 곳과 잘 들지 않는 곳의 차이가 엄청나게 컸다. 하이커들이 눈썰매를 타고 내려가 만들어진 고속도로에 우리도 엉덩이를 붙였다.

"아!"

빠른 속도로 내려가다 그만 돌부리에 엉덩이가 스쳐 지나가 고함을 질렀다. 그럼에도 뒤를 돌아보니 수백 걸음은 절약한 것 같아서 되려 기분이 좋아졌다.

점심은 걸러야 했다. 정확히 말하자면 먹을 것이 없어 굶어야 했다. 시에라에 들어오고 나서 오르막 경사가 심해진 만큼 소비되는 열량이 많아져 먹는 양이 훨씬 늘었다. 산에 넘치는 물로 배를 잔뜩 채워 보았지만 허기는 사라지지 않고 배만 볼록해졌다. 그나마 어제 몸이 괜찮아져 걸어놓은 덕택에 조금만 힘을 내면 마을에 들어갈 수 있었다.

고산의 시에라는 마을과 마을 사이의 거리가 멀고 마을에 한 번 나가려고 하면 PCT 길에서 벗어나 적게는 수 ㎞, 많게는 십수 ㎞를 걸어야 해서 접근이 쉽지 않았다. 길어도 5일에 한 번은 마을에 들어갈 수 있던 사막과는 달리 시에라 길면 일주일 이상 마을에 들어갈 수 없어 음식을 넉넉하게 들고 다녀야 했다. 사막에서는 물이 문제가 되어 물을 많이 지고 다니고 물 포인트에서 맞춰 걸어야 했다면 시에라에서는 음식이 문제가 되어 또 배낭의 무게를 늘려야 했다. 어느 곳에서나 넘어야 할 산은 있기 마련이었다.

케어사지 패스 정상에 오르자 시에라의 전경이 드넓게 펼쳐졌다.

'이제 진짜 시에라인가 보구나.'

아직까지는 고도가 높아 회색의 바위산이 풍경의 대부분이었는데 점차 고도가 낮아지자 이제는 높이 솟은 회색의 바위산 정상부에 간간이 자리한 하얀색의 눈과 그 앞에 펼쳐진 넓은 호수의 파란색, 그리고 침엽수림의 초록색이 조화로웠다. 천상의 절경은 눈을 호강시키는 데 부족함이 없었다.

 정상을 넘어 기나긴 내리막을 끝을 내고 세 번에 걸친 80㎞의 히치하이킹 끝에 드디어 음식이 있는 우리의 시에라 첫 마을 비숍으로 들어갈 수 있었다.

인생사 새옹지마

　눈 앞에 펼쳐진 좋은 일에 기뻐하고 환호하며 좋지 않은 일에 좌절하고 슬퍼하는 게 당연한 것이 사람이겠지만 생을 길게 보면 지금 일어난 일이 득이 되었다가 시간이 지나 독이 되기도 했고, 독이 되었다가 또 시간이 지나 득이 되기도 했다.
　비숍에 도착했을 때는 해가 다 진 후 가로등과 간판만이 마을을 밝히는 밤이었다. 다행히 마을 안에 캠핑장이 있어 그쪽으로 발걸음을 옮겼다. 넓은 부지 위 수많은 캠핑 트레일러들 가운데 자리한 리셉션 안으로 들어갔다.
　"안녕하세요. 캠핑장 이용하는 데 얼마예요?"
　"25불이요."
　TV를 보고 있던 아주머니는 내 물음에 눈길 한 번 주지 않고 퉁명스럽게 대답했다.
　"체크인은 안 해도 되나요?"
　"이틀 묵을 건데 그냥 내일 하세요."
　"네?"
　"못 알아들어요? 내일 하시라구요."
　아주머니의 한마디 한마디에 사람을 묘하게 기분 나쁘게 하는 기운이 서려 있었다.

지친 몸에 무거운 마음을 더해 텐트 사이트를 향했다. 매일 짓는 집이라 뚝딱 하고 금세 만들 수 있었지만 가끔씩은 매일 하는 그 일이 죽기보다 하기 싫은 날이 있었다.

"오빠. 오늘은 가만히 앉아 있어 봐. 나 혼자 쳐 볼래."

내 마음을 아는지 은진이는 웬일로 혼자서 텐트를 쳐 보겠다고 했다.

"할 수 있겠나?"

"날 뭘로 보고?"

옆에서 항상 보조만 하다가 혼자서 치는 데도 능숙하게 잘 해내는 은진이를 보니 흐뭇한 미소가 지어지며 힘이 났다. 좀 전의 속상했던 마음은 어느새 사라지고 웃으며 손을 잡고 저녁거리를 사러 갔다.

전날 저녁거리만 조금 사서 온 탓에 다음 날 본격적으로 마트 구경에 나섰다.

"오빠, 아이스크림 먹고 싶은데 금방 녹겠지?"

"응. 밖에 날씨가 너무 더워서 금방 녹긴 할 텐데 캠핑장 아주머니한테 한번 부탁해 보지 뭐."

산에서는 한 번도 느끼지 못했는데 마을 안은 커다란 찜통 같았다.

"근데 아주머니 어제 너무 틱틱거리면서 이야기해서 좀 그럴 거 같은데."

"아니다. 그래도 혹시 모르니까 한번 사서 가 보자."

월남쌈 해 먹을 재료와 맥주 그리고 커다란 아이스크림까지 사서 캠핑장으로 향했다. 역시나 아이스크림은 순식간에 녹아 달달한 국물이 되어 있었다.

"아주머니 안녕하세요. 아이스크림이 너무 먹고 싶어서 사 왔는데 오는 길에 금방 다 녹아 버렸네요. 죄송하지만 냉동실에 아이스크림 좀 맡길 수 있을까요?"

"자리 없어요. 그러게, 생각도 없이 막 사 오래요?"

아주머니의 대답을 듣자마자 온몸에서 뿜어져 나오는 열기를 꾹 눌러야 했다.

"알겠습니다."

돌아서서 나오는데 괜히 속상한 마음이 들었다. 그냥 돌아가기에는 기가 너무 죽어 캠핑장을 돌아다녀 보았다. 캠핑장에는 단기간 놀러 오는 사람들도 있었지만 커다란 트레일러를 세워 놓고 그 안에서 생활을 하는 은퇴한 할아버지, 할머니들이 많았다. 전기와 물을 사용할 수 있으니 매달 자릿세를 내면서 그곳에서 사는 것이었다.

"안녕하세요."

이곳저곳 돌아다니며 밖에서 불러 보았지만 외출을 했는지 돌아오는 대답이 없었다.

"안녕하세요."

아무런 소득 없이 뒤돌아서는데 누군가가 급하게 대답해 뒤돌아보니 안경을 끼고 익살스러운 표정을 한 할아버지가 웃고 있었다.

"무슨 볼일이 있을까?"

"아, 다름이 아니라 아이스크림이 너무 먹고 싶어서 사 왔는데 오는 길에 다 녹아 버려서요. PCT 하이킹 중이라 냉장고가 없어서 그런데 괜찮으시면 아이스크림 한 시간만 맡길 수 있을까요?"

"물론이지. 어서 들어와. 난 마크란다."

"전 호라고 해요. 정말 고맙습니다."

마크 할아버지는 안쪽으로 들어오라며 손짓했다.

"여기 넣어 둬. 그리고 오늘 우리 저녁에 파티 있는데 괜찮으면 놀러 올래?"

"정말요? 좋죠. 고맙습니다. 여자친구도 같이 와도 돼요?"

"손님은 많을수록 좋지. 그러면 있다가 6시쯤에 오렴. 고기 구워 놓고 있을게."

PCT를 걸으러 온 것이었지만 무작정 걷기만 싶었던 것은 아니었다. 미국에 온 만큼 미국인들과 어울리고 그들의 문화를 온전히 느끼고 싶었지만 그동안 기회가 잘 없었다.

"진아, 아이스크림 맡기러 갔는데 할아버지가 오늘 저녁에 파티 있다고 놀러 오라더라."

"진짜?"

"우리도 드디어 미국인들의 파티에 어울려 보는 건가? 점심에 월남쌈은 조금만 먹자."

"근데 오빠, 한국에 있으면 할아버지, 할머니 파티에 초대받았다고 이렇게 좋아할까?"

"하하. 그렇네. 그래도 좋다. 진아."

"응. 먹고 좀 쉬다가 가자."

점심은 간단히 먹고 사 온 맥주를 들고 할아버지의 트레일러로 향했다. 트레일러 앞에는 할아버지와 할머니들 모두 열 분 정도가 파티를 즐기고 있었다.

"호! 여기 이 친구들이 PCT 하는 젊은이들이라구."

마크 할아버지는 내 어깨를 감싸며 친구들에게 우리를 소개시켜 주었다.

"반갑습니다. 저는 호, 여자친구는 진이라고 해요."

"네, 반가워요. 어서 와서 고기 좀 먹어요."

테이블에는 바비큐와 맥주가 가득 있었다.

"PCT 하이킹 한다면서요?"

"네. 시작한 지 두 달 정도 됐어요."

"멕시코 국경에서 시작한 거죠? 정말 대단하네요. 나도 조금만 젊었으면 도전해 볼 텐데."

"지금도 충분히 젊으신 거 같은데요?"

"정말요? 하하하."

저녁 식사 시간에는 PCT에 관한 이야기와 북한 문제에 대한 이야기가 주를 이뤘다. 미국에서 어른들과 대화할 때 좋았던 점은 권위의식이 전혀 없다는 것이었다. 대부분의 사람들이 가벼운 농담을 던지는 것을 즐겼고 사람을 편하게 만들어 주었다. 비단 생김새 다른 이방인인 나에게만 그런 것이 아니라 미국의 젊은이들과 할아버지들도 이야기 나눔에 있어서 거리낌 없이 느껴졌다.

"너희들의 대서사시 같은 여행을 꼭 완주하기를 바라."

좋은 기분 덕에 빨리 취해 이제 그만 텐트로 돌아가겠다고 하자 할아버지는 나를 꼭 안아 주며 이야기했다. 그러고는 미리 싸 놓은 고기와 쪽지를 건네주었다. 쪽지에는 할아버지의 전화번호가 적혀 있었다.

'완주하면 꼭 연락 줘. 궁금할 거 같거든. 화이팅!'

텐트로 돌아오는 발걸음이 가벼웠다.

캠핑장 주인아주머니의 불친절함에 기분이 좋지 않았지만 결과적으로는 아주머니 덕분에 좋은 사람들을 만날 수 있었다. 긴 인생에 순간의 일로 너무 슬퍼할 일은 없었다. 아름다운 밤이었다.

"진아 니도 너무한 거 아니가?"

쌓였던 감정이 폭발하자 컨트롤이 되지 않았다. 어제의 좋았던 감정들은 온데간데없이 하루 만에 평화는 사라졌다. 보통 사소한 일들을 자꾸 짚고 넘어가는 것이 스스로도 쪼잔하게 느껴지고 상대방에게도 별일 아닌 것으로 자꾸 이야기하는 모양새가 되다 보니 그냥 넘어가게 되었다.

조금씩 쌓이고 쌓여 임계점에 닿아 버리니 걷잡을 수 없게 되었다.

관계는 쉬우면서도 참 어려웠다. 서로의 성향과 기질이 다르고 또 서 있는 곳이 다르다 보니 생각이 다를 수밖에 없었고 온전히 상대방의 입장이 되지 않으면 이해가 되지 않았다.

"복귀할 때마다 이러면 어쩌자는 건데?"

굳은 표정의 은진이는 아무 말이 없었다.

"솔직히 니도 오고 싶어서 온 것도 아니고, 막상 와 보니까 매일 30㎞씩 걷기만 하고 이야기할 사람도 없고, 내가 잘 들어 주는 것도 아니고, 앞으로 또 얼마나 더 걸어야 할지 보이지도 않고 다 알겠는데 내가 니한테 억지로 와 달라고 했나? 니가 오케이해서 같이 온 거 아닌가? 니도 니 선택에 책임을 져야 하는 거 아닌가?"

한번 말을 내뱉고 나니 자동연사 소총처럼 은진이에게 갈겨 댔다. 마을에서 쉬고 복귀하는 날마다 그랬다. 딱딱하게 굳어 버린 표정에 말을 걸어도 쳐다보지도 않고 대답도 없었다. 그럴 때마다 욱하면서 올라오는 감정을 누르고 또 눌렀다.

물론 같이 와 준 것만 해도 고마운 일이었고 은진이가 옆에서 참 많은 힘이 되어 준 것도 맞지만 복귀할 때마다 죽을상을 하는 얼굴을 보는 게 감당하기 버거웠다.

"그래… 알았다."

조금씩 맺힌 눈가의 눈물이 중력을 이겨내지 못하고 얼굴을 타고 흘러내렸다.

"뭘 아는데? 울면 다가? 울면 끝나는 문제가?"

박지 말아야 할 쐐기를 박아 버렸다.

"오빠, 사람이 해야 할 말을 할 줄 아는 것도 능력이지만 하지 말아야 할 말을 참을 수 있는 것도 능력이야."

은진이는 온도 없는 눈빛으로 쳐다보며 말했다. 그러곤 싸 놓았던 배낭을 메고 유유히 사라졌다. 은진이의 잘못이라고 생각했는데 어느 순간 모두 내 잘못이 된 것 같은 기분이 들었다.

'에휴….'

복귀를 해야 했지만 씁쓸한 기분 탓에 하루 미루기로 했다. 가만히 누워 있으니 조금만 참을 걸 그랬나 하는 생각도 스쳤지만, 곰곰이 생각해 보니 앞으로 수없이 많을 트레일로의 복귀를 생각해 보니 은진이의 못마땅한 얼굴을 볼 자신이 없었다.

'아니 지만 힘든가? 텐트며 침낭이며 식기류며 공용 물건은 내가 다 들고 말이라도 단 한 번도 자기가 든다고 해 본 적도 없고. 아… 열받네.'

미운 생각이 들자 섭섭한 것만 생각이 나 부아가 치밀어 올랐다.

'어제 너무 즐겁게 보낸 게 또 독이 됐나 보구나. 인생사 정말 새옹지마네.'

밤새 잠을 설치다 새벽에 겨우 잠이 들었다. 눈을 떴을 땐 지독히도 맑은 하늘이 더 슬프게 느껴졌다. 기분이 좋을 때는 먹구름 가득한 하늘에서 내리는 비도 즐거웠고, 기분이 좋지 않을 땐 맑은 하늘의 햇살도 우울했다.

배낭 안에 차곡차곡 하나씩 짐을 넣은 뒤 마지막으로 텐트를 접었다. 다시 산중으로 향할 준비를 마쳤다.

'연락해 보고 갈까? 그냥 갈까? 또 같은 문제의 반복일 텐데 더는 이렇게는 지내기 싫으니까….'

고민 끝에 그냥 나서기로 했다. 두 번에 걸쳐 차를 얻어 타고 3일 전 하이킹을 마친 지점에 그대로 돌아왔다. 내 옆에 은진이가 없어졌다는 사실을 제외하고는 모든 것이 그대로였다.

어릴 적 아빠와 엄마가 싸운 날에는 학교에 가도 하루 종일 우울했었다. 그 시절의 내가 머릿속에 스쳐 지나갔다. 나는 다를 거라고, 어른이 되면 나는 여자친구를 이해를 많이 해 줄 거라고, 나는 양보를 많이 할 거라고 생각했는데 막상 그 나이가 되어 보니 똑같았다.

'은진이는 뭐 하고 있을까? 어디에 있을까?'

계속 마음이 쓰였고 쐐기를 박은 마지막 말이 머릿속에서 맴돌아 후회됐지만 이미 물은 엎질러졌다. 삼 일 전 빠르게 걸어 내려온 길을 반대로 천천히 올랐다.

"왜? 무슨 일인데?"

시작한 지 얼마 되지 않아 맞은편에서 파랭이는 죽을 듯이 인상을 쓰고 걸어오고 있었다.

"난 트레일 오프해야 할 것 같아."

"왜?"

"고산 지나면서 폐에 문제가 생긴 거 같아. 너무 아파서 더는 못 걷겠어."

문득 사막의 5월 말 어느 날, 아직 시에라의 눈이 녹지 않아서 먼저 도착한 하이커들은 눈이 녹을 때까지 대기를 하거나 노스 캘리포니아를 먼저 시작한다며, 우리가 도착할 때쯤에는 눈이 녹아서 걸을 만할 거라고 기뻐하던 파랭이의 모습이 떠올랐다.

시에라의 첫 구간은 4,000m가 넘어가는 높은 고산이었기에 어떤 사람들은 고산증으로 고생하기도 했다. 산의 고도가 높을수록 산소가 희박해지고 기압이 약해지다 보니 어떤 사람들은 어지럼증을 느끼고 구토를 하기도 하고 무기력해지기도 하고 식욕을 잃기도 했고, 파랭이처럼 심각한 문제를 겪는 사람도 있었다. 다행히 은진이와 나는 별문제가 없었다.

"어서 병원에 가 봐. 여기서 조금만 내려가면 히치하이킹할 수 있을 거야."

"응. 호, 건강 조심해."

"그리고 사실 진과 싸워서 나 혼자 트레일로 올라왔는데 혹시라도 마을에서 진을 만나면 맘모스 레이크에서 기다리라고 이야기 좀 해 줘."

"그래. 나 간다."

온통 자신을 파란색으로 꾸민 파랭이는 터벅터벅 걸어갔다. PCT를 시작한 이후 처음으로 보는 트레일 오프였다. 이후 온통 파란색을 한 사내는 PCT에서는 더 이상 볼 수 없었다.

"야!! 김은진!!"
고개를 들었을 때였다. 멀리서였지만 주황색 티셔츠에 검은색 레깅스 그리고 초록 배낭이 눈에 꽂히듯이 들어왔다.
"야!!!!"
평소 같으면 알량한 자존심을 내세우며 이리저리 계산했을지도 모르지만 아무 생각도 들지 않았다.
배낭을 내팽개치고 은진이에게로 달려갔다. 어릴 땐 그렇게 울고 싶어도 눈물이 나지 않았는데 서른이 넘어갈 때쯤부터는 감정이 동하는 일이 있을 때면 뜨거운 것을 삼키지 못하고 왈각왈각 눈물을 쏟아 냈다. 은진이의 얼굴이 보이는 순간 올라오는 눈물을 주체할 수 없었다.
"니 도대체 뭔데? 어디서 잤는데? 먹는 건 어쨌는데?"
"오빠랑 싸우고 나온 날 나는 그냥 복귀했어."
마을을 떠난 지 나는 2일, 은진이는 3일이 되었으니 이틀 만에 하루 차이의 거리를 따라잡은 셈이었다. 아마도 은진이도 내가 따라잡길 바라며 천천히 걸었을 것 같았다.
"뭐라고? 그럼 먹는 거랑 자는 건?"
음식을 해 먹을 코펠과 버너 그리고 텐트, 침낭 모두 나에게 있었기에 당연히 산으로 복귀하지 않았을 거라 생각했었다.
"먹는 건 과자랑 초콜릿바 사 온 걸로 먹었고, 자는 건 그냥 매트 깔고 옷 덮고 잤지."
"미쳤나? 산에 곰 돌아다니는데 제정신이가? 내 안 만났으면 어떡하려고 혼자 산에 들어왔는데?"

"엉…엉…엉."

은진이는 그제야 숨넘어갈 듯 꺼이꺼이 울기 시작했다. 머릿속에 '쟤랑은 죽어도 같이 못 살 것 같다'라는 생각은 씻은 듯 사라지고 그 자리에 '내가 죽일 놈이구나'라는 생각이 대신했다.

언젠가 무심결에 봤지만 마음속 깊이 새겨진 글귀가 있다.

'자극과 반응 사이에는 공간이 있다.'

공간의 크기를 결정하는 것은 자극하는 사람이 아닌 반응하는 사람에게 달려 있다. 자극은 내가 결정할 수 없지만 반응은 내가 결정할 수 있다. 그래서 반응에 두는 공간의 크기가, 반응하는 방식이 그 사람이 어떤 사람인지 설명해 주었다.

자극의 반응으로 화를 낼 수도 있고 상대방의 입장에 서서 좀 더 생각하고 상대의 속마음을 알아볼 수도 있다. 내 감정을 먼저 앞세우기보다 상대방의 감정을 먼저 생각할 수도 있다. '니가 먼저 날 이렇게 자극했잖아'라고 말하기보다, 마음속에 쌓아 두기보다는 그때그때 '이런 부분은 내가 힘이 드니 조금 바꿔 주면 좋겠다. 너는 나로 인해 힘든 부분은 없나?'라고 말할 수도 있었을 텐데 하는 생각이 은진이의 마음을 다치게 하고 난 뒤에 들었다.

그날 은진이가 산이 아닌 다른 도시로 갔었더라면, 중간에 만나지 못하고 지나쳤다면 지금쯤 우리는 어떤 삶을 살고 있을까? 나는 어떤 삶을 살고 있을까? 나에게 PCT는 무슨 의미가 되어 있을까?

PCT, 이 길 위의 모든 일들도 하나의 삶이었다.

굶주림

 마을까지는 아직 이틀을 더 걸어야 했는데 그새 또 음식이 다 떨어져 갔다. 비숍에서 여유분으로 이틀 치 음식을 더 챙겨왔는데도 그랬다. 식량 배분을 잘해야 했지만 먹고 뒤돌아서면 다시 배가 고파 먹고 또 먹은 탓이었다.
 빠진 음식의 무게만큼 배낭이 가벼워져 남은 이틀은 먹는 양을 줄이고 최대한 마을에 빨리 들어가려고도 생각해 봤지만 먹지 않고 걸으려 하니 다리에 힘이 들어가지 않았다. 다행히 PCT 길에서 조금 벗어나 걸어야 하기는 했지만 근처에 뮤어 렌치 산장이 있어 들르기로 했다. 또 산장에는 JMT를 하는 하이커들이 식량 조절에 실패해 음식을 두고 가는 경우가 많다고 하여 기대해 볼 만했다. 작은 희망과 목표가 생기자 걸음에 힘이 실렸다.

 "진아 꽝이다. 하나도 없다."
 산장에 도착했을 때 하이커 박스 앞에 하이커들은 마치 길고양이 같았다. 그들을 보자마자 마음은 접었지만 혹시나 하고 열어 본 뚜껑 안은 휑했다. 음식이 부족하기는 다른 하이커들도 매한가지였다.
 "진아, 여기 음식도 안 판다네. 여기 숙박하는 사람들한테만 판다고 하네."
 콜라를 사 먹고 싶었지만 산장에는 콜라도 없고, 음식도 산장을 이용하는 사람들에게만 판다는 말에 희망의 작은 불씨는 그대로 꺼져 버렸다.

"일단 오늘은 여기서 쉬자. 더 못 걷겠네."

별다른 방법이 없어 일단은 쉬기로 했지만 오늘 저녁, 내일 점심을 먹으면 더 이상 먹을 음식이 없어 머릿속이 복잡해졌다.

"오빠, Guthook에 보니까 오후에는 음식이 없고, 보통 아침 8시쯤 하이커들이 출발할 때 음식을 두고 간다네. 거기에 희망을 좀 걸어 보자."

"그래 그러자."

텐트를 치고 마지막 남은 라면과 지퍼백에 든 쌀 한 톨까지 털어 코펠에 넣었다. 음식을 못 구하면 이틀간 굶으며 수십 ㎞를 걸어야 했다. 다행히 한국에서 챙겨 온 대용량 라면스프는 아직 넉넉했다.

"오빠, 이거 봐라."

다음 날 텐트를 접는 사이 은진이는 해맑게 나타났다. 한 손에는 초콜릿이 든 작은 지퍼백이 들려 있었다. 쓰레기도 줄이고 짐도 효율적으로 싸기 위해서 대부분의 하이커들은 음식을 지퍼백에 나눠 담았다.

"턱도 없네. 히히. 진아 잠시만."

"왜?"

"있어 봐."

어젯밤 우리 텐트 근처에 잔 커플은 단기로 캠핑을 온 사람들로 보였다. PCT 하이커와 아닌 사람들은 외관에서부터 구분이 명확했다. 거지처럼 보이면 100% PCT 하이커였다. 혹시라도 어젯밤 아침에 음식을 구하지 못할 경우를 대비해 생각해 둔 방법을 쓰기로 했다.

"안녕하세요. 죄송한데 먹다 남은 음식이 좀 있나요?"

텐트 밖에서 짐을 정리하고 있는 여자에게 다가가 용기를 내어 물어보았다.

"혹시 여분의 음식을 말하는 거예요?"

나는 left-over food를 말했지만 그녀는 extra food를 이야기했다. '여분의'라는 뜻의 extra라는 단어를 생각하지 못해 '먹다 남은'의 뜻이 있는 left-over를 얘기했는데 듣고 보니 거지처럼 느껴졌겠구나 하는 생각이 스쳤다. 하지만 먹다 남은 음식도 아무렴 괜찮았다.

"네. 맘모스 레이크까지 들어가려면 이틀은 더 가야 하는데 음식이 다 떨어져서 산장으로 왔는데 숙박하는 사람들한테만 음식을 판다고 하더라구요."

"음… 그럼 남편과 상의해 보고 줄게요. 음식이 많기는 해서 조금만 기다려 주세요."

"네. 고맙습니다."

우리 자리로 돌아와 은진이에게 소식을 전하고 그들을 기다렸다. 혹시라도 미안하다며 안 된다고 할까 봐 기다리는 시간에도 불안에 떨어야 했다. 하지만 몇 분 후 그녀는 품에 음식을 잔뜩 들고서 나타났다.

"저희는 음식이 많이 필요 없어서 이거 다 드셔도 돼요."

그녀가 건넨 음식에는 커다란 소시지, 간식거리들, 산에서 물만 넣고 끓여 먹을 수 있는 고열량 음식도 있었다. 이틀은 충분히 먹고도 남을 만큼의 양이었다.

"정말 감사합니다."

"아니에요. 꼭 무사히 완주하길 빌어요."

"정말 고맙습니다."

그들의 구원에 꺼졌다고 생각했던 희망의 불씨가 활활 타올라 이제는 마을까지 걱정 없이 먹고 걷기만 하면 됐다.

10개가 넘는 패스가 있는 시에라 구간은 길이가 약 700㎞로 초반 남쪽은 4,000m 이상으로 북쪽으로 올라갈수록 점점 고도가 낮아지는 남고북저의 지형이었다. 이제 반 정도를 걸어 고도도 3,500m 아래로 낮아져 있었다. 천상의 시에라도 끝나감이 느껴져 아쉬움이 들었다.

작년에 시에라 구간에서 일본인 2명이 도강을 하다 물에 휩쓸려 사망했다고 했다. '도대체 산에서 어떻게 사람이 물에 빠져 죽지?'라는 생각에 도무지 믿을 수 없었지만 시에라에는 정말 많은 물줄기가 있었다.

겨우내 산중에 내린 눈이 여름이 되면 한 번에 녹으면서 엄청난 물줄기를 만들어냈다. 매해 전년에 내린 눈의 양과 녹는 시점에 따라서 물살의 강약이 다르기는 했지만 대체로 여름 내내 강했다. 그래서 3,000m가 넘는 고산에서도 수많은 강과 계곡을 도강하는 일이 많아 젖은 신발을 신고 다니는 일이 부지기수였다. 특히 바위나 나무로 임시다리를 만들어 놓기는 했지만 둥근 나무다리를 건널 땐 가끔씩 아찔한 순간들이 있었다.

"안녕하세요. 한국 사람이에요?"
한국인으로 보이는 아주머니가 먼저 인사를 건네왔다.
"네. 안녕하세요."
서양인들은 한국 사람, 중국 사람, 일본 사람을 구분하지 못했다. 100% 정확한 건 아니었지만 우리는 생김새, 옷차림, 느낌 등을 종합적으로 판단해 나름대로 구분이 가능했다. 그럼에도 혹시나 아닐 수 있기에 '한국 사람이에요?'라고 한국어로 묻기도 'Are you Korean?'이라며 영어로 묻기도 꼴이 좀 우스운 것 같아 물어보지 않고 혼자서 속으로 '한국 사람인가?' 하고 유심히 살피다 눈빛을 거두었다.

"근데 왜 이렇게 되셨어요?"
아주머니는 물에 빠진 생쥐처럼 다 젖어 있었다.
"아니 조금 전에 나무다리 건너다가 빠졌지 뭐예요. 휴… 하이킹 폴도 한쪽 잃어버리고 침낭도 신발도 텐트도 다 젖어서 지금 말리는 중이에요. 오늘 많이 걸으려고 했는데… 맘대로 안 되네요."
오랜만에 듣는 부산 사투리가 정겨웠다.
"그래도 천만다행이네요. 물살이 엄청 세던데 배낭까지 메고 있었으니 위험할 수도 있었을 텐데."
"그러게요. 참 아까 지나간 여자분이랑 혹시?"
"네. 여자친구예요. PCT 하면서 한 번도 못 뵌 거 같은데 언제 시작하셨어요?"

"전 모하비에서부터 시작했어요."

"혼자서 계속하신 거예요?"

"네. 일이 있어서 멕시코 국경에서 시작은 못 했는데 벌써 한 달도 넘었네요."

사막에서 만났던 누나도 그렇고 아주머니도 그렇고 작은 나라에 참 대단한 사람들이 많다는 생각이 들었다.

"역시 타국에서는 한국 사람 만나는 게 제일 힘이 되네요. 여자친구는 30분 전쯤에 지났으니까 어서 쫓아가 봐요. 또 봐요."

"네. 고맙습니다. 조심히 다니세요!"

아주머니를 뒤로하고 은진이를 쫓아 부지런히 걸었다.

1시간 뒤, 산의 정상에서 무릎 사이에 고개를 파묻고 잠을 청하는 은진이를 볼 수 있었다.

"진아! 어휴 여기 모기 봐라. 괜찮나?"

은진이는 모기떼에 둘러싸인 제물이 되어 있었다.

"포기했지, 뭐."

졸린 눈을 비비며 고개를 들어 손을 뻗는 은진이를 잡아 일으켰다. 시에라에서는 모기를 달고 다녀야 했다. 특히나 호수 근처에서 쉴 때면 쉴 새 없이 '윙~윙~' 하는 모기들 때문에 헌혈은 각오해야 했다. 눈앞에서 박수를 한 번 치면 5마리의 모기가 잡히기도 했다. 그래서 의도치 않게 모기가 많은 구역에서는 쉴 수 없어 3~4시간을 쉬지 않고 걷기도 했다. 이제는 그렇게 오래 걸어도 거뜬한 철인이 되어 있었다.

오늘의 잠자리를 향해 또 열심히 내달렸다.

맘모스 레이크의 레이몬드

맘모스 레이크에 도착했다. 인터넷으로 숙소를 알아보니 성수기 휴양지라 그런지 하루에 기본 20만 원은 잡아야 했다. 마을에서의 하루 숙박비는 마을에서 이틀 동안 실컷 먹고도 일주일 치 산속에서 먹을 수 있는 식량을 살 수 있는 돈이라 쉽사리 예약을 할 수 없었다.

"안녕하세요. 혹시 이 근처에 캠핑할 만한 곳이 있나요?"

"저도 잘 모르겠네요."

큰 마트에서 나오는 사람들을 붙잡고 물어보았지만 휴가철을 맞아 놀러 온 외지인이 대부분이라 다들 미안하다는 대답뿐이었다.

"진아, 이번에는 아무래도 숙소를 잡아서 자야 할 거 같네. 일단 30분만 더 물어보고 안 되면 숙소 잡아서 들어가자."

"응."

다시 마트 앞에 서서 지역 주민으로 보이는 사람들에게 물어보았지만 모두 관광객이었다.

"안녕하세요. 전 로렌이라고 해요. 혹시 도와 드릴 일 있을까요?"

연이은 실패에 힘이 빠져 있을 때 금발의 큰 키에 마른 몸매, 인형 같은 얼굴을 한 여자가 우리에게 다가와 물었다.

"안녕하세요. 저희는 PCT 하이커예요. 이 근처에 캠핑할 만한 곳이 있는지 사람들에게 물어보는데 다들 모른다고 하네요. 혹시 근처에 캠핑장이 있을까요?"

"음… 저는 여기 살기는 하는데 캠핑장은 잘 모르겠네요. 저는 집이 좁아서 안 되고 제 친구가 근처에 사는데 혹시 잘 수 있는지 좀 물어볼게요. 호스팅도 하고 그러거든요."

"정말요? 고맙습니다."

그녀는 물어보고 연락을 따로 주겠다며 내 전화번호를 받아서 사라졌다.

"진아, 친구한테 우리 잘 수 있는지 물어보고 연락 준다네. 제발 됐으면 좋겠네."

"오빠, 너무 기대하지는 말고 일단 기다려 보자."

은진이는 불확실한 일에는 조금 보수적이었고 난 조금 기대를 많이 하는 편이었다. 서로의 방식으로 그녀의 답장을 기다렸다.

'연락이 올까? 오지 않을까? 된다고 할까? 안 된다고 할까?'

불안과 기대가 동시에 머릿속을 채웠다. 기다리는 동안에도 마켓 앞에는 수많은 사람들이 다녀갔다. 다들 가족끼리 친구끼리 여름 휴가철을 맞아 놀러 온 모습이 참 행복해 보여 그동안 보지 못한 가족들과 친구들이 그리워지던 참이었다.

'친구가 된다고 하네요. 레이몬드예요. PCT 하이커라고 얘기해 뒀으니 알아볼 거예요.'

휴대폰의 진동이 울려 눈을 지그시 감고 화면을 켰다. 천천히 눈을 떴는데 반가운 소식이 와 있었다.

"오! 예스! 원더풀."

"오빠, 된대?"

문자를 보자마자 나도 모르게 소리가 났다. 미국에서 지낸 지 두 달이 넘었다고 감탄도 미국스럽게 변해 있었다.

"안녕하세요. 혹시 호 맞나요?"

그는 어떻게 생겼을까 궁금해하며 두리번거리길 10분쯤 지나자 큰 눈에 선한 인상의 사내가 먼저 말을 걸어왔다.

"네 안녕하세요. 레이몬드예요?"

"맞아요. 로렌한테 이야기 들었는데 잘 곳이 필요한 거 맞죠?"

"네. 맞아요."

"저희 집에서 머물면 되고 집은 이 근처예요. 일단 저 따라오세요."

레이몬드의 집은 통나무집으로 영화 세트장처럼 내부가 아기자기했다. 레이몬드는 원래 샌디에이고에서 한국인 변호사 밑에서 일을 하다가 도시 생활이 지겨워져 이곳으로 이사 온 지 1년이 되었고 리조트에서 매니저를 하고 있다고 했다.

"킴치찌개? 맞나요?"

"네. 맞아요."

"한국인 변호사 집에서 가끔 밥을 같이 먹었는데 맛있더라구요."

"그럼 저희가 마트 가서 혹시나 김치 팔면 오늘 저녁에 만들어 드릴게요."

"좋죠."

레이몬드는 놀란 토끼 눈을 하며 환하게 웃어 보였다. 은진이와 배낭만 내려 둔 채로 곧장 마트 사냥에 나섰다.

"진아 여기 김치가 다 있네. 근데 작은 건데도 8천 원이나 하네."

"그래도 오랜만에 우리도 김치찌개 먹고 좋네."

"그래 과감하게 사자."

고기, 김치, 두부, 월남쌈 재료, 메론, 포도, 체리, 비싼 술까지 아낌없이 카트에 담았다.

"진아 근데 레이몬드가 우리한테 이렇게까지 해 주는 게 아마 로렌을 좋아해서 그런 거 아닐까?"

"그럴지도 모르지."

"그래도 아무리 로렌이 좋아도 나는 전혀 모르는 사람은 못 재워 줄 거 같은데 미국은 진짜 신기하다."

"오빠, 기분 좋아지니까 또 말 많아진다."

은진이가 말해 주기 전까지는 몰랐지만 나는 기분이 좋으면 주절주절 말이 많아졌다.

레이몬드는 소파에 앉아서 티비를 보고 우리는 그의 주방에서 스테이크, 월남쌈, 김치찌개까지 했다. 마치 집주인과 손님이 바뀐 것 같은 풍경이었다.

"음~ 맞아요. 킴취찌개!"

"맛있어요?"

"네. 샌디에이고에서 먹은 그 맛이네요."

"레이몬드, 근데 로렌이랑은 어떤 사이예요?"

"아~ 여기 처음 왔을 때 친구가 없어서 심심했는데 우연히 만났죠. 둘은 로렌을 어떻게 알게 된 거예요?"

"우리는 로렌이 오갈 데 없어 마트 앞에 서 있는데 먼저 다가와서 말을 걸어 주더라구요. 참 고마웠어요."

"그녀는 참 착하죠."
레이몬드의 눈에는 애정이 흘러내렸다.
"참, 전 내일 오후에 출근이라서 나가 봐야 하는데 혹시 며칠 있을 거예요?"
"저희 하루만 더 있어도 될까요?"
"물론이죠. 알아서 동네 구경도 하고 밥도 해 먹고 그래요. 그리고 내일 독립 기념일이라 공짜 핫도그와 아이스크림도 나눠 줄 거예요. 비행기 쇼도 있으니까 구경 다녀와요. 오늘 너무 잘 먹었어요."
셋 다 독한 술을 마신 탓에 졸음이 쏟아져 일찍이 잠자리에 들었다.

"오빠, 나는 이번에 LA에 들러서 구경하고 싶은데."
레이몬드가 말한 공짜 핫도그와 아이스크림도 먹고 비행기 쇼 구경까지 마치고 집으로 돌아오는 길에 은진이는 조심스럽게 말을 꺼냈다.
"그래? 음… 나도 같이 가면 좋은데 생각보다 많이 늦어져서 못 갈 거 같은데 괜찮나?"
"응. 괜찮다."
어릴 적 친구네 집에서 자고 와도 된다는 허락을 받은 아이마냥 신나 보였다.
"진아, 지도 보니까 일주일이면 케네디 메도우 노스에 도착할 수 있을 거 같은데 일주일 뒤에 거기서 볼까?"
"그래. 그러자."
은진이는 LA까지 가는 차편, 숙박, 놀러 갈 곳을 찾느라 바빴다. 분주한 은진이를 보니 같이 구경 가고 싶다는 생각도 들었지만 휴가를 가질 여유도 없었고 무엇보다 구간을 스킵하고 싶지 않았다. 다시 걸을 일 없을 PCT의 길을 되도록이면 한 구간도 놓치고 싶지 않은 마음이었다.
다음 날 은진이 혼자서 레이몬드 집에서 잘 수 없어 마을 안 도미토리에서 자기로 해 데려다주고 산으로 복귀했다.

은진이가 없는 세 번째 여행이 시작되었다.

세계 3대 트레일 중 하나인 존 뮤어 트레일, JMT는 요세미티 밸리에서 시작하는 첫 구간의 30㎞가 PCT와 길이 달랐고 대부분은 길이 겹쳤다. JMT는 보통 북쪽에 위치한 요세미티 밸리에서 시작해 남쪽에 위치한 미 대륙 내 최고봉, 휘트니산을 찍고 휘트니 포털에서 끝을 내고 PCT는 대부분의 사람들이 남쪽에서 북쪽으로 올라가는 게 차이점이었다.

요세미티는 애플의 컴퓨터 OS버전의 이름으로 쓸 만큼 워낙 유명한 곳이라서 이전부터 들러 보고 싶은 생각이 있어 PCT 길에서 빠져 JMT 구간을 걷기로 했다. 그래서 전날 은진이와 헤어지기 전 요세미티 하루를 더해 8일 뒤 케네디 메도우 노스에서 만나기로 했다.

'와, 사람 진짜 많네.'

요세미티 밸리로 들어갈 수 있는 투올로미 메도우 도로에는 차들이 끝없이 줄 서 있었다. 유명 관광지라는 사실은 알고 있었지만 긴 도로에 차가 꽉 막힐 만큼 사람들이 많을 거라고는 생각조차 하지 못했다.

둥글고 커다란 바위산을 돔(Dome)이라고 불렀는데 돔들이 늘어선 모습은 신기하고 낯선 풍경이었다. 그 커다란 돔을 사람들은 암벽등반을 한다고 했다. 기이하고 아름다운 풍경이 있는 만큼 사람들의 발걸음이 많은 모양이었다.

'뭔가 왜 이렇게 마음 한쪽이 불편하지?'

사람 없는 자연만이 가득한 곳에서 두 달을 지내다 갑자기 사람이 많은 곳을 오니 심장박동이 달라짐이 느껴졌다. PCT를 하면서 나도 모르는 사이 자연에 가까워진 모양이었다. 아니, 사람과 멀어진 모양이었다.

몇 시간을 걸어 관광지에서 벗어나 산이 다시 깊어지자 사람들이 점점 없어졌다. 그제야 마음이 조금 안정된 기분이었다. 그렇게 요세미티 깊은 곳에 꽁꽁 숨어 첫날 밤을 보냈다.

다음 날 JMT의 시작점인 요세미티 밸리에 도착하니 다시 수많은 사람들이 있었다. 요세미티는 한국과 비교를 하자면 설악산과 느낌이 비슷했다. 하프돔, 네바다 폭포, 요세미티 폭포 모두 웅장하고 아름다웠지만 큰 감격은 없었다. 원래라면 쉴 새 없이 사진 찍느라 바빴을텐데 몇 장만 달랑 찍고 도망치듯 요세미티를 빠져나와 도로를 향했다.

'아… 갈 수 있으려나.'

히치하이킹을 시도한 지 30분이 훌쩍 지났는데도 차가 한 대도 서지 않았다. PCT 길에서 요세미티까지는 산길로는 35㎞를 걸으면 됐지만 차로 돌아서 가려고 하면 100㎞ 가까운 거리를 가야 했다.

다시 35㎞를 걸어서 갈 수는 없었다. 그러고 싶지도 않아 필사적으로 손을 흔들었지만 문명인 가득한 곳에서 난 완벽한 이방인이고 원시인이었다.

히치하이킹을 시도한 지 다시 30분이 더 지나 차 안의 남자가 눈길을 길게 주고 갔다. 그에게 시선을 따라가니 50m쯤 앞선 곳에 차를 세웠다. 혹시나 출발할까 걱정이 되어 바닥에 내려 둔 배낭을 서둘러 메고 그를 향해 달려갔다.

"안녕하세요. 혹시 가시는 곳까지 태워 줄 수 있어요?"

"네. 근데 어디까지 가세요?"

"저는 투올로미 메도우까지 가야 해요."

"음… 일단 타세요."

그는 혼자서 여행을 하는지 트렁크며 뒷좌석에 먹거리들이 가득했다.

"저는 벨기에서 온 미하엘이라고 해요. 친구가 이번에 미국에서 결혼을 하는데 결혼식 전에 미국 여행을 하고 싶어서 조금 일찍 와서 서부 횡단 여행 중이에요."

"아 그럼 친구는 벨기에 사람이에요?"

"네. 친구가 미국에 놀러 와서 미국인 여자친구를 만들더니 결혼해서 미국에 살 거라네요. 하하. 근데 하이킹하는 거예요?"

"네네. 저는 PCT를 하는 중인데 요세미티가 궁금해서 왔다가 다시 복귀하려는데 차가 1시간 만에 겨우 잡혔네요. 정말 고맙습니다."

"여행자의 마음은 여행자가 알죠. 근데 PCT가 뭐예요?"

미하엘에게 PCT에 대해 간단하게 설명해 주자 PCT에 대해 처음 듣는 여느 사람과 같이 놀랐다.

"그러면 일은 어떻게 하고 온 거예요?"

"휴가를 길게 쓸 수가 없어서 그만두고 왔죠."

"쉽지 않은 결정이었을 텐데 정말 대단하네요."

"고맙습니다. 결정하기까지 시간이 오래 걸렸어요. 하고는 싶지만 소중한 일상을 내려두고 꼭 해야만 하는 일은 아니었으니까요."

미하엘과 한국과 벨기에에 대한 이야기, 여행 이야기, 차 안에서 끊임없이 오랜 친구를 만난 듯이 이야기를 주고받다 보니 100㎞를 금방 온 것 같았다.

"여기네요."

"고마워요. 미하엘, 반가웠어요."

"아니에요. 참, 먹을 건 충분해요?"

끝까지 배려심이 깊은 미하엘이었다.

"있지만 주면 감사히 받죠."

"저는 마트에 가기가 쉬우니 필요한 거 챙겨 가세요."

초코바와 빵 조금을 집었다. 그와 헤어짐이 아쉬워 사진을 같이 찍고 진한 포옹을 하고 헤어졌다.

다시 돌아온 투올로미 메도우에는 여전히 사람이 많았다. 하지만 PCT 길로 들어서자 금세 인적이 드물어졌다. 잠깐의 일탈을 마치고 다시 일상으로 돌아온 듯한 기분이 들어 짧은 꿈을 꾼 것 같았다.

은진이를 다시 만나러 북으로, 우리 여행의 종착지를 향해 조금씩 조금씩 발걸음을 옮겼다.

몽환

든 자리는 몰라도 난 자리는 금방 티가 난다고 했던가. 은진이의 부재가 처음엔 자유였는데 이제는 외로움과 허전함, 그리고 그리움으로 바뀌어 있었다.

은진이가 떠나며 만든 빈 공간에 새로운 손님이 들어왔다.

'몽환.'

은진이가 없는 두 번의 하이킹에서 사람들을 자주 만날 수 있었고 동행이 생기기도 했다. 하지만 시에라 깊은 산중에서는 하루에 한 번도 사람을 보지 못하는 때도 있었다. 현실과 꿈의 경계가 무너진 것 같았다.

'난 지금 어디에서 무엇을 하고 있는 것일까?'

이틀째 말 한마디 해 보지 못하고 혼자서 산중을 걷기만 하고 있었다. 달라지는 풍경에도 계속 제자리를 맴돌아 미로를 헤매는 것 같았다.

'찰싹'

분명한 것은 지금 이것이 현실이라는 것이었지만 명백한 증거는 없었다. 현실인지 꿈인지에 대한 의심이 끊이질 않았다. 손바닥으로 있는 힘껏 볼때기를 때려 보았지만 턱만 얼얼했다. 한동안 아픈 턱을 어루만지며 뒤늦게 후회를 했지만 이 순간마저도 꿈같이 느껴졌다.

외롭지 않을 때에는 극한의 고독을, 극한의 외로움을 느껴보고 싶었었다. 그 속에서 나는 어떻게 반응할까? 무슨 생각을 할까? 하지만 지독한 고독과 외로움의 끝에는 결국 사람이 보고 싶었고 그리웠다. 그리고 생각지 못했지만 현실감은 타인을 통해 느낄 수 있었다. 사람이 혼자 살 수 없다는 것은 비단 물질적인 것뿐만이 아니었다.

은진이가 보고 싶었다. 복스런 동그란 얼굴이 보고 싶었고, 이따금 던지는 농담이 그리웠고 걷기 싫어 짜증 가득한 얼굴마저도 그리웠다. 지금쯤 무얼 하고 있을까. 혼자서 구경 다니는 게 외롭거나 심심하진 않을까. 욕심을 조금 내려놓고 같이 구경을 갈 걸 그랬나.

아니다. 살아가며 느끼지 못할지도 모르는 이런 감정을 가져 보는 게 좋은 일인 것일지도 모른다. 같이 있으면 짜증스런 얼굴 보는 게 또 쉬운 일만은 아니다. 오만 가지 생각이 꼬리에 꼬리를 물었다.

생각의 끝에 선 결론은 계속 걸어야 한다는 것뿐이었다.

'No water for 10miles.'
마지막 계곡에서 16㎞ 동안 물이 없을 거라고 했다. 시에라에 들어온 이후 1L 이상 물을 들고 다닌 적이 없었는데 처음으로 물 없는 긴 구간을 만났다.

사막에서는 흔히 있는 일이었지만 어느새 또 사막은 잊혀지고 시에라에 적응된 몸이었다. 더 걸을 수 있는 체력은 됐지만 물을 많이 지고 가고 싶지 않아 조금 일찍 보금자리를 마련했다. 텐트를 치고 저녁을 준비하는 사이에도 몇몇의 하이커들이 옆을 지났다.

'도대체 저 사람들은 어디 있었던 거야?'
며칠간 사람을 보지 못했는데 한 시간 사이 많은 하이커들이 텐트 앞을 지나는 것이 신기했다. 우리들은 조금의 차이로 서로의 존재를 느끼지 못하며 걷고 있었다. 지나는 사람들을 구경하며 저녁 준비를 했다. 3개월 가까이 산에서는 매일 라면을 먹은 뒤 밥을 말아 먹었는데도 전혀 질리지가 않았다. 한국에서 가져온 대용량 라면스프 두 봉지가 큰 힘이 되어 주었다.

"아!!! 씨."

양반다리로 앉아 라면을 끓이다가 저려 오는 다리를 펼치려는 순간 그만 코펠을 차 버려 라면이 그대로 엎어져 버렸다. 심지어 마지막 끼니였다.
'꼭 은진이가 없을 때만 밥을 걷어차는 걸까? 도대체 왜? 참 신기하네….'
흙 위에 펼쳐진 내 마지막 식량을 한동안 허탈하게 바라보았다.

'아… 안 되겠다.'
잠시 동안의 고민 끝에 면발과 밥알에 달라붙은 흙을 털어내고 그대로 냄비에 담았다. 냇가에 가서 흐르는 계곡물을 받아 조심히 씻어냈다. 건더기만 건져내고 다시 라면 국물을 끓인 뒤 퉁퉁 불어 버린 라면과 밥을 넣었다.
'더럽게 맛없네, 진짜.'
주워 담긴 했지만 애초에 밥알은 거의 없어 얼마 되지 않아 금세 또 배가 고파왔다. 돈이 있을 땐 먹고 싶은 것도 없지만 돈이 없으면 뭐든 맛있어 보이는 것처럼 음식이 하나도 없으니 배가 고파 잠은 오히려 더 오지 않았다.
'LA에 한식당이 많다는데 내일 은진이가 맛있는 거 사 오겠지? 삼겹살

좀 사 오면 좋겠네.'
굶주림에 오지 않는 잠을 억지로 청해야 했다.

"호!!!"
다음날 아침 텐트를 걷고 있자니 뒤에서 누군가 큰 목소리로 나를 불렀다. 고개를 돌려보니 맘모스 레이크에 들어가기 전 음식이 다 떨어져 들렀던 뮤어 트레일 렌치에서 담배를 나누어 피웠던 존이었다.
"헤이 브로~ 오랜만이야. 혹시 담배 있나?"
"그러게. 나도 다 떨어지고 잎밖에 없는데….
미국의 담뱃값은 비싸서 담뱃잎과 종이를 따로 사서 말아 피웠다. 그래서 담뱃잎이 먼저 떨어지는 경우는 산중에 잘 없기는 했지만, 하루 종일 땅바닥만 보며 걷다 주운 꽁초 담뱃잎을 모아 말아 피우고, 종이가 먼저 떨어지면 일기장을 찢어 말아 피웠지만 연기 때문에 한 모금을 채 마시지 못하고 버렸다. 그래서 차라리 담뱃잎이 먼저 떨어지는 편이 나았다.
"와우! 나한테 종이 딱 한 장 남았는데."
존은 품속 지퍼백에 고이 모셔 둔 귀하디귀한 종이 한 장을 행여나 찢어질까 조심스레 꺼냈다. 나도 며칠간 피우지 못한 담배를 피울 수 있다는 생각에 얼른 담뱃잎을 꺼냈다.
오랜만에 피우는 담배는 구수했다. 타들어 가는 모습에 안타까움이 더해졌고 존과 서로 세 모금을 피고 주고받기를 몇 번 지나지 않아 필터만 남아 버렸다.
"호, 이따가 케네디 메도우에서 만나. 먼저 갈게."
성격 좋은 존은 주먹으로 내 가슴팍을 살짝 밀고는 길을 떠났다. 존이 떠나고 텐트를 치고 떠날 채비를 마쳤다.

오늘은 8일 만에 은진이를 만나는 날이었다. 얼른 들어가 짝꿍 은진이를 보고 싶었다.

　아침에 눈을 떴을 때 허기지지 않아 다행이라 생각했지만 걷기 시작하자 금세 배가 고파 오기 시작했다. 뒤늦게 존에게 식량을 좀 달라고 할 걸 하는 생각이 들었지만 이미 그는 오르막을 넘어가 사라지고 없었다.

　'아… 배고파.'

　시에라에서 처음으로 나무가 없는 민둥산을 걸었다. 배가 고프니 민둥산에 난 희미한 PCT의 오르막길이 한없이 멀게만 느껴졌다.

　'아… 안 되겠다.'

　몸 어느 부위 하나 힘이 들어가지 않았다. 혹시나 하고 마지막 계곡 옆에 있던 큰 초록 잎들을 뜯어 씻은 뒤 배낭 위 수납공간에 담아 온 것을 꺼냈다.

　'어휴 써! 더럽게 맛없네.'

　한 입 베어 물고 씹으니 씁쓸한 향이 입 안 가득 퍼졌다. 씹으면 씹을수록 입 안은 텁텁함으로 채워졌다. 목구멍으로 차마 넘어가지 않는 잎들을 물과 함께 삼켰다. 그렇게 4장의 잎을 먹고 나니 그것도 음식이라고 힘이 조금 나기 시작했다.

　정상에 오르자 나무가 없는 대머리 산의 전경이 시원했다. 이제 능선을 지나 내리막을 내리면 케네디 메도우 노스로 갈 수 있는 도로인 소로나 패스에 닿을 수 있었다.

　'아… 배고파.'

　아직 2시간은 족히 걸어야 했지만 이제부터는 내리막이라 걱정은 덜했다. 쓰라린 속을 물로 달래 보았지만, 힘이 하나도 없어 터벅터벅 좀비처럼 걸어 내려왔다.

　또 한 고비를 넘겼다.

땅 위의 천상 시에라, 안녕

은진이가 LA에서 사 온 삼겹살과 막걸리, 한국 음식들로 둘만의 파티를 가진 후 시에라의 마지막 구간을 시작했다.

'121㎞'

이제 4일이면 천상의 절경인 시에라도 끝이 난다. 의무적으로 곰통을 들고 다니는 구간도 소로나 패스에서 해제되어 트레일 헤드에 두고 길을 나섰다.

어젯밤부터 날이 흐리더니 아침에도 구름이 온통 하늘을 뒤덮고 있었다. 트레일 헤드로 복귀해 걷기 시작한 지 얼마 지나지 않았는데 결국은 비가 되어 내리기 시작했다. 캘리포니아의 날씨는 항상 기가 막히게 좋아 PCT를 시작하고 2달 만에 만나는 비였다.

"진아, 기다려 볼까? 그냥 오늘 텐트 칠까?"

빗발이 더 굵어지기 전에 결정을 내리는 편이 좋을 것 같았다.

"오빠, 비 많이 올 거 같은데 텐트 치자."

잎이 무성한 나무 아래, 경량의 2인용 좁은 텐트였기에 텐트에 등산 스틱과 판초우의로 배낭을 숨길 수 있는 공간도 마련해 보호 기지를 만들고 나니 든든한 우리만의 보금자리가 되었다. 하지만 예상과는 달리 1시간이 지나자 구름이 걷히더니 해가 나기 시작했다. 비에 대한 경험의 부족이었다.

"오빠, 비 그쳤는데?"

"에라이 모르겠다. 진아, 그냥 오늘은 쉬자."

텐트를 한번 치면 다시 걷는 것보다 짐을 다시 싸는 게 더 귀찮았다.

"그래. 히히."

배낭에 가득 찬 한국 음식들, 한국 음식이라고 해 봐야 조금 다양해진 라면뿐이었지만 행복한 고민 끝에 짜파게티 2개를 골랐다. 나무 아래 덜 젖은 나무들을 모아 불을 지폈다. 식사 준비를 하는 내내 솔솔 나는 면 삶는 냄새가 침샘을 자극했다.

늘 마을에 들어와서 쉬는 때 외에는 걷기만 한 산이었는데 처음으로 아무것도 하지 않고 휴식을 취하는 공간으로서의 산은 또 다른 매력이 있었다.

소나기로 인해 가진 작은 이벤트는 소소하지만 큰 행복이었다. 문명에서 아무것도 아닌 일들이 PCT에서는 큰 행복이 되기도 했다.

PCT의 길은 대부분 어깨너비로 한 사람만 다닐 수 있을 정도로 좁았다. 시에라의 오르막에서 마주 오는 사람을 만날 때면 오르막을 오르는 사람에게 길을 내어 주는 것이 보통이었다.

땅만 바라보며 오르막을 오르다 인기척이 느껴져 고개를 드니 노신사 한 분이 옆으로 비켜서 있었다.

"땡큐 썰!"

"예 썰! 노 프로블름 썰!"

나도 모르게 힘을 실어 말한 '썰'에 그는 내 말투를 따라 하며 환하게 웃어 보였다.

"하하하. 매우 관대하시네요."

"이 정도야 뭐. 조심히 다니렴!"

"고맙습니다. 할아버지도 조심히 다니세요."

아주 잠깐 사이에 할아버지 덕분에 좋아진 기분으로 거뜬히 오르막을 올랐다.

며칠 전 첫 비를 맞이하고 계속 하루에 한 번씩 소나기를 만났다. 오르막을 오른 지 얼마 되지 않아 또 먹구름이 가득 끼기 시작했다.

"진아, 또 비 오려나 보다."

그동안은 나무 아래 숨어서 그칠 때까지 기다리는 게 다였지만 오늘은 웬일인지 은진이가 판초우의를 꺼내서 그 안에 숨어들자고 했다.

"오빠, 왜 진작에 생각 못 했나 몰라."

"천잰데?"

판초우의 안의 작은 공간에서 점심거리를 꺼내어 토르티야에 피넛버터를 잔뜩 묻혀 견과류를 가득 넣어 먹었다. 식사를 마치고 얼마 되지 않아 세차게 내리던 비는 그쳐 다시 길을 나섰다.

소나기로 인해 나무들이 젖는 바람에 매일같이 피우던 불도 며칠째 피우지 못하고 밤새 습기로 가득 찬 침낭 안으로 들어야 했다. 9월이 되면 찾아올 비의 PCT가 조금씩 걱정되기 시작했다.

"안녕하세요."

은진이를 먼저 보내 놓고 젖은 텐트를 말리면서 늦장을 부리다 보니 1시간이나 늦게 출발했다. 급한 마음에 평소보다 속력을 높여 걸었다. 앞을 걷고 있던 하이커와의 간격이 점점 좁혀지더니 어느새 그를 앞지르던 차였다.

"네. 안녕하세요."

"잠깐만 이야기할 수 있을까요?"

보통은 자연스럽게 기회가 닿으면 이야기를 나누게 되는데 일부러 이야기를 하자는 사람은 처음이라 거부할 수가 없어 배낭을 내려놓았다.

"전 한국에서 온 호라고 해요."

이제는 이름과 국적을 소개하는 게 자연스러운 서양인들을 많이 닮아 있었다.

"노아예요. 전 스위스에서 왔어요."

"근데 무슨 일 있어요?"

"아뇨. 별일은 없는데 그냥 누군가와 이야기를 좀 하고 싶었어요."

그의 얼굴에는 지쳐 보이는 기운이 역력해 보였다.

"전 올해 가을에 대학을 가서 입학 전에 PCT를 해 보고 싶어서 왔는데 4개월밖에 시간이 없다 보니 여기까지 하루도 쉬지 않고 걸어왔어요."

"정말 하루도 안 쉬고요? 여기까지 오는 데 며칠 걸렸어요?"

그가 손가락을 접으며 일수 계산을 했다.

"55일 걸렸네요."

"와… 우리는 80일 정도 걸렸는데…."

같은 거리를 걷는데 우리와는 25일이 차이가 났으니 그가 정말 미친 듯이 걷기만 했구나 하는 생각이 들었다.

"정말 하루도 안 쉬었어요. 마을에 들어가는 날에는 그날만 쉬거나 재보급만 마친 뒤 다시 복귀해서 걸었어요. 두 달째 이렇게 지내니 몸도 마음도 모든 것이 탈진이에요. 전 이제 시에라만 끝나면 스위스로 돌아가려구요."

"그래도 아직 두 달 정도는 남은 거 아니에요?"

"그렇긴 한데 이렇게 걷기만 하는 게 제게 무슨 의미가 있나 싶어요."

그는 휴대폰에 PCT 시작 전 자신의 사진을 보여 주었다. 지금의 모습과 비교도 할 수 없을 만큼 뚱뚱했는데 그는 홀쭉이가 되어 있었다.

"그렇게 생각할 수밖에 없겠네요. 그럼 앞으로는 어떻게 할 거예요?"

"일단은 레이크 타호 마을에 들어가서 좀 쉬면서 스위스로 들어가는 비행기를 알아봐야죠."

"정말 수고 많았어요. 내일이면 마을 들어가니깐 조금만 더 힘내세요."

"고마워요. 호. 건강히 다녀요!"

늘 남들보다 뒤처지는 것 같아서 불안하고 초조한 마음이 강했는데 어쩌면 느려도 끝까지 가는 게 우리에게 더 적합한 것 같다는 생각이 들었다.

그와 30분을 넘게 이야기를 나누다 보니 앞서가 기다릴 은진이가 걱정이 되어 다시금 발걸음을 재촉했다.

1시간을 조금 넘게 걷자 은진이가 얼마나 앞서 있을지 혹시나 못 보고 지나친 건 아닌지 걱정이 슬슬 되기 시작했다. 그때쯤 길가에 앉아 무릎 사이에 얼굴을 파묻고 자고 있는 은진이를 볼 수 있었다.

"진아."

선잠이 들었는지 자신을 부르는 소리에 바로 고개를 살며시 들어 보였다.

"자리 좋은 데 맡아 놨네. 오늘은 여기서 자자."

은진이는 힘없이 고개를 끄덕였다. 옆쪽에는 단기 등산을 온 아저씨들 무리가 있었다. 자세히 보니 이틀 전 PCT 길 근처의 주차장에서 만나 맥주를 나눠 주었던 아저씨들이었다. 차 한 대는 그곳에 두고 다른 차를 타고 이동해 우리와는 반대 방향으로 걷고 있다고 했다.

아저씨들과 잠깐의 대화 후 저녁 준비를 했다. 이틀간 나무에 불을 지펴 저녁을 했었다. 항상 마을에 들어갈 때마다 이소가스를 샀고, 이번에는 케네디 메도우 노스에서 살 수 있거나 하이커 박스에서 구할 수 있을 거라 생각했는데 구하지 못한 탓이었다. 나무를 태워 밥을 하니 코펠 밑이 새카맣게 다 타 버려 설거지하는 데 애를 먹었고 종종 내리는 소나기에 나무도 젖어 있어 불을 지피는 게 여간 귀찮고 힘든 일이 아니었다.

"안녕하세요. 저희가 이번에 이소가스를 못 사서 그런데 이소가스 좀 빌려주실 수 있어요?"

"물론이지. 얘들아, 우리 이소가스 하나 빌려준다?"

"그래."

아저씨들은 기꺼이 이소가스를 빌려주었다.

"아…."

안 좋은 일은 꼭 겹쳐서 발생했다. 스토브와 이소가스를 연결하다 그만 스토브 나사 선이 나가 버려서 결합이 되지 않았다.

'기왕 신세 진 거 조금만 더 지자.'

아저씨에게 사정을 이야기했더니 너털웃음을 지으며 기분 좋게 스토브까지 빌려주었다. 이제 내일이면 사우스 레이크 타호를 들어갈 수 있어 은진이가 사 온 한국 라면을 세 개 넣어서 코펠 가득 먹었다.

"여기 우리가 안 쓰는 스토브 있는데 이거 너희들 가져. PCT 하면 밥해 먹는 게 제일 중요하잖아."

저녁을 먹고 캠프파이어 앞에 은진이와 불구경을 하며 앉아 있을 때였다. 이소가스와 스토브를 빌려준 아저씨가 스토브를 건네며 말했다.

"저희 이번에 사우스 레이크 타호 들어가는데, 가서 사면 돼요. 말씀만이라도 고맙습니다."

"우리는 스토브가 많기도 하고… 그냥 써도 돼."

"고맙습니다."

아저씨의 마음이 너무 고마웠다. PCT를 하며 참 많은 도움을 받았고 그럴 때마다 가슴 뭉클해지는 때가 많았다. 누군가의 마음을 내어 받는 일은 언제나 축복이었다.

오랜만에 내리지 않은 비에 만든 캠프파이어 앞에서 몸도 마음도 따듯해졌다.

반복은 숙련을 선물해 주었다. 이제는 야생에서의 생활에도 익숙해져 하이킹 고수가 되어 감이 느껴졌다. PCT의 천상의 절경, 시에라도 어느새 우리들의 뒤에 있었다.

CHAPTER 3
창림(蒼林)
NORTH CALIFORNIA

이별재회

사우스 레이크 타호(South Lake Tahoe)는 꽤 큰 마을이라 생각했던 맘모스 레이크보다 훨씬 더 큰 휴양 도시였다. 산만 있던 맘모스 레이크와는 달리 산중에 거대한 호수가 있어 보트, 카약 등 다양한 수상 레저도 즐길 수 있었다. 그래서인지 산과 물을 즐기러 오는 방문객들의 발걸음이 끊이질 않았다.

사우스 레이크 타호에 들어왔을 땐 큰 도시에서 어디로 가야 할지 몰라 도로 가 옆 나무 그늘에 퍼질러 앉아 버렸다. 사전에 구해 놓은 트레일 엔젤 리스트가 있어 위에서부터 순서대로 연락을 돌려 보았지만, 불행히도 대부분 '여름 휴가 중이라 집에 없네요'라며 미안하다는 답장을 보내왔다. 하릴없이 나무 그늘에 앉아 아직 오지 않은 답장을 기다렸다. 하지만 한 군데 한 군데 계속 거절의 답장이 오자 희망의 불씨는 점점 꺼져 갔다.

'좋아요. 집에 마당이 있는데 그곳에서 텐트를 치면 돼요.'

몇 번의 거절로 점점 작아진 기대감에 반비례해 기쁨은 훨씬 컸다.

"진아, 어떤 사람이 자기 집 마당 있는데 거기서 자도 된다고 하네!"

"다행이네. 어디라는데?"

"주소는 받았는데 일단 찍어 보고 이동하자."

고개를 끄덕이는 은진이의 손을 잡아 일으켰다. 리스트에서 전화번호를 찾아보니 우리의 구세주 이름은 더글라스였다. 우체국에 들러 여름방학을 맞아 미국에 들어오는 삼촌에게 부탁한 택배를 찾아 더글라스의 집으로 향했다.

커다란 나무들이 만드는 길옆으로 마당 넓은 집들이 줄지어 서 있었고 한없이 평화로워 보이는 동네의 길 끝에 더글라스의 집이 있었다. 우리가 경험한 미국은 넓은 도로에 넓은 마당의 집 그리고 낮은 건물들 덕분에 하늘을 쉽게 볼 수 있어 시원시원해 좋았다. 더글라스의 집은 대문이 따로 없어 바로 건물로 들어설 수 있었다. 집과 집 사이 좁은 틈을 지나자 머리를 깎지 않은 긴 장발의 잔디밭이 넓게 펼쳐져 있었고, 한쪽에는 아늑해 보이는 통나무 집이 있었다.

"안녕하세요. 혹시 더글라스의 집이 맞나요?"

통나무 집 앞에서 크게 소리를 치니 이내 사람이 나왔다.

"네, 맞아요. 호와 진 맞죠? 반가워요. 여기에 텐트를 치고 지내면 돼요. 있는 동안 편하게 지내세요."

미국 범죄 드라마에 나오는 형사처럼 강한 인상을 가진 더글라스가 부드러운 목소리로 말했다.

"고맙습니다."

더글라스의 안내를 받아 넓은 잔디 마당 구석 쪽에 자리를 잡았다. 텐트를 치고 바닥에 누우니 딱딱한 흙바닥과 달리 잔디 덕분에 보이는 것보다 훨씬 편안해 침대에 누운 것 같은 기분이 들었다. 아무 곳에서나 텐트를 칠 수 있는 산과는 달리 마을에 들어와 오갈 데 없는 우리에게 잠잘 곳이 있다는 것은 마음의 훌륭한 안식처가 되어주었다.

텐트를 치자마자 언제나 기분 좋은 택배 개봉식을 가졌다. 삼촌에게 여름방학을 맞아 미국으로 들어오시기 전 한국에서 신발을 하나 주문해 부탁했던 터였다. 사막과 시에라를 무사히 걷게 해 준 신발이었지만 1,700km를 넘게 신었더니 쿠션은 진작에 다 죽었고 무엇보다도 냄새가 고약해 견딜 수가 없었다. 새 신발을 신어 보니 쏙 마음에 들었다.

'성호야 많지는 않지만 맛있는 거 사 먹고 힘내서 꼭 완주하렴.'
신발 속을 보니 삼촌이 보낸 용돈이 들어 있었다.
'역시 삼촌의 센스는….'
삼촌의 인자한 미소가 떠올랐다.
여름 휴가를 따로 가질 생각은 없었는데 총 4일을 쉬었다. 쉬는 동안 사우스 레이크 타호에서 유명하다던 일식 뷔페와 중식 뷔페도 원 없이 먹고 레이크 타호에 수박을 사 들고 가 물놀이도 즐기고 하루 종일 늘어져 영화를 보고 잠도 자며 꿀 같은 휴식을 보냈다. 항상 길게 느껴졌던 산의 일주일과 달리 도시에서의 4일은 금세 지나 버렸다.
두 달 가까운 시간을 걸었음에도 아직 캘리포니아를 벗어나지 못했다. 좁고 긴 캘리포니아주의 2,700㎞는 정말 상상도 할 수 없을 만큼 길었다. 그래도 이제 길고 긴 캘리포니아의 마지막 구간, 노스 캘리포니아가 시작되었다.

시에라에서 산 정상을 따라 스카이라인을 걸었다면 노스 캘리포니아에서는 북미의 거대한 나무들이 빽빽한 산중을 걸어야 했다. 굵은 나무줄기에 붙어 자라는 연두색의 이끼들이 시에라와는 또 다른 풍경을 선사해 주었고, 간혹 나무 사이를 비집고 들어오는 오후의 금빛 햇살은 아름다운 세상을 살아감에 감사함을 느끼게 해 주었다.
은진이의 하이킹 실력은 진작에 나를 앞섰다. 항상 아침에 내가 늦게 출발하고 저녁에 먼저 도착해서 기다렸는데 어느새 같이 출발해도 앞서 걷는 은진이를 쫓아가기 바빴고, 하루를 마무리할 때는 목이 좋은 곳에서 무릎 사이에 얼굴을 파묻고 자는 은진이를 보는 일이 잦았다.

파란색 통 넓은 바지에 옥색 반팔 티셔츠 그리고 살이 보이는 곳은 모두 새카맣게 탄 한 여인이 내 앞에 흙먼지를 휘날리며 걸어가고 있었다.

'겨우 따라잡았네.'

문득 은진이의 모습을 바라보고 있자니 짠한 마음이 들었다.

'내가 아니었다면 은진이 인생에 여기서 거지처럼 이러고 있을 이유가 있을까?'

내가 초라하거나 없어 보이는 건 속상하고 말 일이었지만 은진이가 그렇게 보이니 가슴을 바늘로 찌르는 것같이 아프고 속상했다.

사우스 레이크 타호에서 옷가게를 들른 날이 생각이 났다. 레깅스 두 개로 번갈아 입던 은진이의 레깅스 하나에 커다란 구멍이 생겨 버렸다. 3달을 매일같이 입었던 터라 지금까지 버틴 게 신기할 정도였다.

"오빠, 그냥 이거 사면 된다."

곁에서부터 싼티가 흘러내리는 5달러 바지를 하나 집으며 은진이가 이

153

야기했다.

"진아 아무리 그래도 이건 좀 그렇다. 그냥 좋은 거 사라, 괜찮다. 그 정도로 안 아껴도 된다. 왜 자꾸 최고 싼 것만 사는데 속상하게."

"아니다. 뭐, 산에서 지내면 금세 또 더러워질 텐데."

"그래도 재질이 너무 구리잖아. 그냥 좀 좋은 거 사자. 이거 괜찮네."

"오빠. 그럼 이번에는 이거 사고 PCT 끝나면 괜찮은 거 살게."

은진이는 끝내 파란색 바지를 샀고 바지통이 나팔바지처럼 넓어 양말 속으로 바지를 집어넣고 다녔다. 너무 촌스러워 웃기기도 했지만 한편으로는 고맙고 한편으로는 미안함에 감정이 복잡해졌다. 그렇게 이어간 생각이 PCT 오기 전 이별의 시간까지 이어졌다.

"오빠, 그럼 우리 헤어지는 거가?"

"…."

아무 말도 할 수 없었고 할 말도 없었다. 큰 의미를 두고 시작한 관계도 아니었다. 크게 싫지도 크게 좋지도 않았지만 같이 있는 것은 즐거웠다. 하지만 거기까지였다. 그래서 2년간 PCT와 세계 일주를 해야겠다고 마음먹었을 때 내 옆자리에 은진이의 자리는 없었다.

혼자만의 여행을 결정하고 은진이에게 얘기했을 때 별다른 대화는 없었다. 그렇게 어영부영 시간을 보내던 중 여행 날짜가 점점 다가오자 어느 날 은진이가 먼저 물어보았다.

"그래. 그만 만나자."

차마 떨어지지 않는 입을 열어 이별의 말을 뱉고 나니 마음은 더 확실해졌다.

"오빠, 그럼 그냥 여행 끝날 때까지 기다리면 안 될까?"

"진아, 니 인생에서 2년이란 시간은 귀한데 책임지지도 못하는 나를 기다리는 건 아니라고 생각해."

"괜찮다. 내 선택이 기다리겠다는 건데 어떤데?"

"아니. 내 마음이 불편해서 그러지는 않았으면 좋겠다."

눈물이 많은 은진이는 처음 이야기를 꺼낼 때부터 눈물범벅이었다. 그런 은진이의 얼굴을 보고 있자니 즐거웠던 지난 시간들이 떠올라 이를 꽉 물었지만 나도 눈물이 쏟아져 나왔다. 그럼에도 기다려 달라거나 같이 여행을 가자는 말은 나오지 않았다.

한동안은 헤어지고도 오랜 친구처럼 자주 만났지만 서서히 뜸해지기 시작했다. 은진이가 없어도 아무 문제 없다고 생각했었는데 나도 모르는 새에 은진이에게 서서히 물들어 있었던 모양이었다. 오랜 시간을 두고 천천히 물들어 버린 것은 반대로 물을 빼려면 물들인 시간만큼은 시간이 필요한 법이었다.

"진아, 오늘 저녁에 한잔할래?"

오랜 공백을 끝내고 은진이에게 전화를 걸었다.

"그래. 어디서 볼까?"

"6시에 두정동으로 갈 테니깐 전화하면 나올래?"

"응."

시간에 맞춰 약속 장소로 가니 은진이가 기다리고 있었다. 처음 만날 때 얼굴에 살이 포동포동하던 것이 어느새 살이 많이 빠져 있었다. 3년을 붙어 있다가 헤어지고 3주를 떨어져 지내다가 오랜만에 보니 변화가 선명하게 느껴졌다.

"진아, 세계 일주도 같이 하고 PCT도 같이 할래?"

"오빠는 헤어질 때도 그러더니 왜 다 오빠 마음대론데?"

"그러지 말고 생각해 봐라. 응?"

"알았어. 생각해 보고 얘기해 줄게."

며칠 뒤 은진이는 좋다고 이야기했다. 내 마음속에서도 은진이를 책임져야겠다는 생각이 자리 잡기 시작했다.

그렇게 PCT 길 위를 걸은 지도 2개월이 훌쩍 지났다. 낭만적이기보다는 대부분은 싸움이었다. '내가 얘랑 결혼해서 살 수 있을까?' 하는 걱정이 앞섰고 '얘라고 왜 내가 힘들지 않을까?', '얘가 아닌 다른 사람이라고 문제 하나 없이 행복하기만 할까?'라는 생각으로 마음을 또 달랬다. 그렇게 풀고 나서 텐트 옆에서 곤히 자는 모습을 보면 마음 한편이 아려 오는 일이 많았다. 애증이었다. 남녀 관계가 그런 것이라 생각했다.

Hoc quoque transilit

'반드시 캐나다 국경까지 간다.'

멕시코 국경에서 출발하며 처음 했던 내 굳은 다짐과는 달리 정신적 고비가 찾아오는 일이 잦아졌다.

"그게 중요한가요? 지금 이만큼 걸어왔고 앞으로도 계속할 의지가 있다는 게 중요한 거죠. 남들이 어떻게 하느냐는 별개의 문제인 거 같아요. 중요한 건 자기 자신이죠."

마을에서 복귀한 지 얼마 되지 않았지만 금세 에너지가 고갈되었다. 시에라까지는 마을에 다녀오면 채워지는 에너지로 일주일을 산에서 보내는 게 거뜬했지만, 이제는 산에 올라오면 며칠 지나지 않아 마을에서 채워 온 에너지가 금세 고갈되었다. 스스로 이 길을 걷는 이유를 만들어내야 했고 원동력과 자부심을 만들어 불어넣어 줘야 했다. 그러던 차에 다른 하이커들은 훨씬 잘 걷고 있노라며, 내가 하는 이 일이 남들이 다 하는 별것 아니라는 기운 빠진 소리에 등산을 온 할머니가 얘기해 주었다.

'그래. 처음의 마음을 잊지 말자. 이 길을 다 걸어 캐나다 국경에 닿으면 더 성숙한 사람이 되어 있겠지. 힘내자.'

하지만 할머니에게 위로를 받고 기운을 차려 걷기 시작한지 얼마지 않아 다시 우울감이 찾아왔다.

'내가 도대체 왜 이러지?'

맑은 하늘 아래서 그렇게 원하던 일을 하고 있음에도 이유 없이 찾아오는 우울감을 받아들이기가 힘이 들었다. 몸이 아픈 것도 아니고 이제 걷는 것에는 익숙해질 대로 익숙해져 별다른 문제가 없음에도 한없이 기분이 처지는 나 자신이 이상하게 느껴졌다.

'이것저것 일이 많이 터질 때는 제발 좀 평화로웠으면 좋겠다는 생각이 들더니 아무 일 없으니 오히려 우울감이 드는구나.'

사람의 마음은 단순한 것 같으면서도 참 복잡했다. 일단은 그냥 버티는 것 외에는 다른 방법은 없었다. 언젠가는 지나갈 이 우울감마저도 즐기고 느껴 보기로 했다. 유명한 말처럼 이 또한 지나갈 테고 이런 기분의 경험마저도 삶의 보탬이 될 것이라 믿었다.

오전 내내 해가 쨍쨍하던 하늘에 갑자기 먹구름이 잔뜩 끼더니 금세 비가 쏟아지기 시작했다. 케네디 메도우 노스에서 만난 소나기 때의 일이 생각나 자리를 잡으려다 나무 아래 숨어서 그치기를 기다렸다.

다행히 비는 30분이 오더니 그치고 다시 해가 나기 시작해 거대한 무지개를 선물해 주었다.

"헬로우."
"헬로우."
'중국인인가?'
중국인처럼 보이는 한 남자가 물을 가득 채운 4L 우유통을 들고 걸어가며 인사를 했다.
'중국인은 역시 특이해.'
간단히 인사를 나누고 그를 지나쳐 앞으로 치고 나갔다.

다음 날, 어제 본 그 동양인은 또 4L의 물통을 손에 들고 가고 있었다.
"헬로우. 웨얼 알 유 프롬?"
한 번 마주한 얼굴이라 반가운 마음에 먼저 말을 꺼냈다.
"아 엠 프롬 사우스 코리아."
"아! 안녕하세요. 저도 한국 사람이에요."
"반가워요. 여자친구랑 같이 다니시죠?"
이전까지 굳어 있던 그의 표정이 환하게 밝아지며 물어왔다.
"네. 맞아요."
"안 그래도 여자친구 옷 입은 거 보고 한국 사람은 절대 아닐 거라고 생각해서 말을 못 걸었거든요."
우리와 그 사이에 서로의 국적에 대해 알 수 없는 두뇌 싸움 끝에 서로 중국인이라고 생각한 것이었다.
"하하하. 그래요? 언제 시작하신 거예요?"
우리는 의식하지 못했지만 옥색 티셔츠에 촌스러운 파란색 바지를 보면 충분히 중국인이라 생각할 수 있을 것 같았다.

"전 멕시코 국경부터 시작한 건 아니고 사우스 레이크 타호에서 시작했어요. 지금 2주 동안 연습 겸 계속 이 구간 왔다 갔다 하고 있어요. 멕시코 국경에서 시작했어요?"

"네. 지금 3달 정도 된 거 같아요."

"대단하네요. 근데 2주 해 보니까 너무 힘드네요. 오기 전에는 매일 캠핑하면서 미국인들이랑 이야기도 하고 재미있을 거라고 생각했는데, 만나는 사람도 없고 걷기만 하네요. 생각하고는 너무 많이 달라요."

그랬다. PCT를 걷는 것도 삶의 한 부분인지라 달콤함은 순간이었고 대부분은 외롭고 괴로웠다.

"그건 아마도 오기 전에는 순간순간 재밌는 장면들만 생각해서 그런 거 같아요. PCT에서 90%는 혼자서 걷는 거 아닌가 싶어요. 저도 다른 사람 만나는 일 없이 매일 여자친구랑만 지내고 특별한 일은 잘 없거든요."

"휴… 그래도 노스 캘리포니아는 다 걸어 보려구요."

"걷다 보면 재미있는 일들도 생길 거예요. 조심해서 다니세요!"

"네. 고마워요. 꼭 완주하세요."

오랜만에 만나는 한국인과 한국말로 나누는 대화가 즐거웠다. 앞서서 기다릴 은진이를 쫓아 열심히 발걸음을 이어갔다. 이후 그를 다시 보지 못했지만 그가 PCT에서의 재미를 충분히 찾고 돌아가길 바랐다.

하이커들은 PCT를 하며 보통 3~4켤레의 신발을 신는다고 한다. 대략 1,000㎞를 걸으면 신발을 바꾸는 꼴이었다. 신발 하나로 거의 2,000㎞를 왔으니 다른 하이커들보다 더 독하게 신은 셈이었다.

숙모는 미국에 사셨고, 삼촌은 한국에서 학생들을 가르치는 일을 하고 있어 방학이 되면 미국에 오셨다. 첫 마을에서 산 신발이 이미 다 닳고 닳아 한국에서 들어오는 삼촌께 부탁해 한국의 등산화를 하나 받았다. 한국에서 산 신발은 디자인은 좋았으나 오래 신기에는 불편했고, 장거리 하이킹에 특화된 미국 신발은 발이 편했지만 내구성은 좋지 않았다.

걷는 양이 많다 보니 매일같이 발이 퉁퉁 부어 삼촌에게 부탁한 한국 등산화는 일부러 두 사이즈 더 크게 주문했다. 하지만 20㎞를 넘게 걸으면 그때부터 발이 아파 와 더 걷기가 힘이 들었다. 그 이상을 걸을 때는 쿡쿡 쑤셔 오는 고통을 이겨내고 나머지 10㎞를 채워 30㎞를 걸었다. 그렇게 며칠을 반복하고 나자 발에 이상이 생길까 걱정이 됐다.

'몸이 주는 신호에 귀 기울이자.'

그간의 경험으로 이제는 몸이 아파 오면 주문처럼 되뇌는 말을 다시 한 번 떠올렸다. PCT에서는 무거운 배낭의 무게가 그대로 발에 실린 채로 하루 종일 걷다 보니 발이 편한 게 제일 중요했는데 괜히 조금이라도 돈을 아끼려다 이중으로 쓴 셈이 되어 버렸다.

"진아, 아무래도 마을에 가서 신발을 바꿔야 할 것 같네. 20㎞만 넘어가면 발이 너무 아파서 걷지를 못하겠다."

"그래. 그럼 바꿔야지. 그럼 트러키(Truckee)로 들어가야 하나?"

지금까지는 20㎞를 걸은 뒤 발이 아팠지만 점차 발이 아파 오는 시점이 줄어들 것이었다. 그리고 이번에 트러키를 그냥 지나면 신발을 살 만한 다음 마을은 또 일주일 뒤에 있었다.

"응. 신발 가게 있을 만한 곳이 트러키밖에 안 보이더라."

"그래, 그러자."

일정에 없던 마을 방문이었다. 신발도 신발이었지만 또 마을에 들러 떨어진 에너지를 채울 생각을 하자 기분이 업됐다.

트러키로 들어갈 수 있는 도로 앞의 맥줏집은 하이커들에게 1L의 무료 맥주를 주었다. 오전부터 부지런히 걸었기에 점심이 되기 전에 도착할 수 있었다. 언제나 유명 포인트에는 산에서 보이지 않다가 도무지 어디서 나타난 건지 알 수 없는 하이커들이 많이 있었다.

"피자랑 맥주 주세요!"

단순히 맥주만 마시고 갈 하이커들은 없을 테니 기발하고 기발한 아이디어였다. 그들의 선의를 즐기고 히치하이킹을 해서 마을로 들어갔다.

트러키는 크지는 않지만 대형마트, 아웃도어 스토어, 약국, 스타벅스, 피자가게 등 있을 것들은 다 있었다. 우리에게는 대형마트만 있으면 사실 완벽한 마을이었다.

먼저 언제나 눈이 즐거운 아웃도어 스토어 구경에 나섰다. 정작 필요한 신발은 뒤로하고, 새로 나온 스토브, 코펠, 텐트 등을 다 둘러보고 나서 마지막으로 신발 코너로 향했다.

PCT 하이커들은 알트라나 살로몬 두 브랜드를 많이 신었다. 알트라는 발볼이 넓어 발이 숨 쉴 공간이 많아 좋았고, 살로몬은 내구성이 강한 장점이 있었다. 역시나 하루에 수십 km를 걷는 우리에겐 발이 편한 게 제일이라 전에 신었던 알트라로 한 치수 크게 골랐다.

"저기 이거 혹시 양말 몇 개 챙겨 가도 괜찮을까요?"

신발을 고른 후 통에 담긴 많은 양말을 가리키며 물었다.

"물론이죠."

하루 종일 걷다 보니 신발도 문제였지만 사실은 양말이 더 큰 문제였다. 흙길을 걸으면 언제나 신발 속에서 노는 작은 돌들에 쓸려 구멍이 나면 한국에서 챙겨 온 반짇고리로 기워서 신고 또 구멍이 나면 기워서 신고 다녔다. 거기에다 땀에 젖어 흙과 뒤엉키다 보니 빨아도 딱딱하게 굳어진 양말은 사실 기능을 거의 하지 못했다. 은진이와 각자 3켤레를 챙겨서 배낭에 담았다. 알뜰한 편이었지만 지지리 궁상을 떠는 거 같다는 생각이 들었지만 그럼에도 새 양말은 언제나 기분이 상쾌했다.

노스 캘리포니아는 사막과 시에라에서와는 달리 큰 마을과 마을 사이 작은 마을들이 많았다. 기존에는 일주일 단위로 마을을 들어갔다면 이제는 작은 마을들도 되도록이면 모두 들렀다. 하이킹 실력이 많이 늘어 마을을 목표로 조금 무리하면 3일 걸릴 거리를 이틀로 당길 수 있어 하나의 원동력으로 삼을 수 있었다.

어젯밤에는 오랜만에 하이커들이 가득한 곳에 자리를 마련했다. 밤늦게 도착했을 때는 이미 하이커들은 잠자리에 들어 소리가 나지 않게 조심조심 텐트를 쳤다. 아침에 일어났을 때는 그 많던 하이커들은 다 떠나고 우리만 남아 있었다.

"진아, 대박 전부 다 여기 있었네."

작은 커뮤니티인 시에라 시티의 슈퍼마켓 앞에 도착하니 수많은 하이커들이 마트 옆 벤치에서 맥주를 마시고 있었다.

"진짜 그렇네. 다들 부지런 떨어서 여기 오려고 했나 봐."

"그러게. 사람 마음 다 똑같은가 보다."

하이커들의 얼굴을 한번 훑어보고 배낭을 내려놓을 때였다.

"호, 어서 와. 여기 아이스크림이 공짜니까 어서 가서 먹으렴."

배낭에 짐을 줄이는 대신 지퍼백을 안고 다녀서 트레일 네임이 Z-Bag인 사내가 인사를 건넸다. 처음에는 커다란 가방을 안고 다니길래 '미친 사내가 아닌가?' 했었는데 이제는 그의 품에 가방이 없으면 어색했다. 은진이가 없이 걸었던 사막의 마지막 구간인 모하비에서 만난 이후로 종종 마주쳤는데 영어가 어색한 내게도 자주 말을 걸어 주고 웃어 주는 친구였다.

"어젯밤에 그 많던 텐트들이 아침에 눈 뜨니까 싹 사라졌더라구. 다들 여기 와서 맥주 한잔하려고 그랬구나."

"하하. 우린 지쳤으니까."

Z-Bag의 말을 따라 마트 안으로 들어갔다. 냉동고에는 '내게는 손해지만 너희는 이득이니까'라며 아이스크림을 마음껏 먹어도 좋다는 인심 좋은 주인아저씨의 말이 적혀 있었다. 아이스크림 3개를 내리 먹었지만 여전히 가득 찬 냉동고는 화수분 같았다.

소소한 이벤트로 또 기운을 찾고 하루를 또 보냈다. 1,100㎞의 사막은 첫 구간을 지나는 설렘과 긴장, 그리고 갈증을 이기려는 의지가, 천상을 걷던 시에라는 절경의 아름다움과 산중 캠핑의 재미가 있었다. 하지만 3개월이 넘게 반복되는 야외 생활에 하이커들은 지쳐 갔다. 그래서 시에라만 마치고 더 이상의 의미가 없다며 트레일 오프를 하는 하이커들도 많다고 했다.

지루했고 무의미하게 느껴지기도 했다. 시간 낭비같이 느껴지기도 했고 산은 그만 다니고 다른 미국의 도시들도 구경 가고 싶기도 했다. 하지만 마크 할아버지가 말한 '대서사시' 여행의 끝을 보고 싶었다. 인고의 시간을 마치고 나서 이 길의 끝에 섰을 때의 내 감정이 궁금하기도 했다.

'반드시 캐나다 국경까지 간다.'

다시 또 나에게 주문을 걸었다.

여장부 케이트 할머니

시에라 시티에서 하루 묵고 며칠 뒤 꽤 큰 도시인 퀸시(Quincy)에 도착했다. 확실히 마을을 자주 가니 심적 위로가 많이 되었다. 어느 순간부터는 산을 걷기 위해 PCT를 하는 건지 마을을 가기 위해 PCT를 하는 건지 구분이 되지 않았다.

Guthook App에는 트레일뿐만이 아니라 마을에 대한 하이커들의 정보도 있었다. 트레일 엔젤들에 대한 이야기나 맛집, 하이커 박스가 있는 장소 등 자잘한 정보들까지 있었지만 왜인지 퀸시 마을에는 트레일 엔젤에 대한 정보가 전혀 없어 무작정 마을 도서관으로 향할 수밖에 없었다.

"혹시 마을 안에 캠핑할 만한 곳이 있을까요?"

출입구 바로 옆 데스크에 앉아 에어컨 바람을 쐬고 있는 젊은 사서에게 물었다.

"글쎄요. 저도 잘 모르겠네요."

큰 기대를 하지 않았지만 역시나 아무런 수익 없이 뒤돌아서야 했다.

"잠깐만!"

우리를 부르는 것 같은 소리에 뒤돌아보니 할머니가 눈빛을 건네고 있었다.

"난 케이트(Cate)라고 한단다. 괜찮으면 우리 집에서 지낼 생각 있니?"

"네?"

놀란 토끼 눈을 하자 할머니는 말씀을 이어갔다.

"얘기하는 걸 들었는데, 우리 집에 방이 남거든. 고민이 잠시 됐는데 왠지 그러고 싶은 마음이 들어서. 둘만 괜찮다면 우리 집에서 쉬려무나."

"정말요? 고맙습니다."

할머니는 잠시만 기다리라며 손에 든 책 대여를 마치고 차에 우리를 태웠다. 케이트 할머니의 집으로 가기 전 사우스 레이크 타호에서 미국 한인마트 사이트를 통해 주문해 놓았던 한국 음식을 찾아서 할머니의 집으로 향했다. 미국 내에서 H-Mart는 온라인으로도 주문이 가능한데 오만 가지 한국 음식이 있어 미숫가루, 떡, 고추장, 라면, 누룽지 다양하게 주문해 둔 참이었다.

"윌!"

집에 도착해 할머니는 대장부 같은 목소리로 누군가를 찾았다. 케이트의 집은 크지는 않았지만 아늑하고 깔끔했다.

"왜 불러?"

집 안에서 할아버지가 나와 우리를 보고서 놀랐다.

"이 친구들이 PCT를 하는데 우리 집에서 이틀 재울 거야."

"그래."

할아버지는 상의도 없이 낯선 사람을 집에 데려와 재우는데도 군말 없이 할머니의 결정을 따랐다.

"얘들아 여기는 내 남편 윌리엄이고 컨트랙터로 일하고 있단다."

"안녕하세요. 저는 호, 여자친구는 진이에요. 근데 컨트랙터가 뭐예요?"

"집을 지을 때 배관공, 목수, 타일러가 다 따로 있잖아. 그 모든 일을 하는 사람을 컨트랙터라고 해."

할아버지는 친절하게 설명해 주었다.

"그럼 할아버지 혼자서 집을 다 짓는 거예요?"

"그래. 지금 이 집도 내가 지은 건데 다음 주에는 임대를 해 줄 거라 이사를 곧 가야 해. 이 동네에만 내가 지은 집이 4채가 있단다."

"할아버지, 엄청난 능력을 가지셨네요."

"하하. 일단 짐 좀 풀고 씻으렴."

"네. 고맙습니다. 있다가 저녁은 저희가 한국 음식 재료를 좀 가지고 있는데 한국 음식을 만들어 드릴게요."

"좋지."

마을 안 공원에 텐트를 치거나 안 되면 숙소를 잡으려고 했는데 뜻하지 않은 행운이었다.

샤워를 마친 후 한국 음식으로만은 부족할 것 같아 고기와 새우, 쌈, 그리고 중국식 볶음면을 사서 집으로 들어왔다. 배낭 안에 있던 고추장을 꺼내 양파와 같이 제육볶음을 만들고 새우는 버터에 굽고 볶음면은 삶아 소스를 넣고 비볐다. 요리를 마치고 음식을 올려놓으니 큰 식탁은 출장 뷔페를 부른 것처럼 가득 찼다.

"저녁 준비 다 됐어요!"

"요리 실력을 한번 보러 가 볼까?"

할아버지와 할머니는 함박웃음을 지으셨다.

"여기 빨간 고기는 제육볶음이에요. 여기 야채에 고기와 밥을 넣고 싸서 먹으면 돼요."

할아버지와 할머니에게 먹는 방법을 보여 주니 금방 따라 하셨다. 쌈을 만들어 한 번에 입에 넣는 게 아니라 베어서 두 번에 나눠 먹다 보니 손은 금세 양념 범벅이 되어 버렸다. 그동안 트레일 엔젤들의 집에서 잘 때면 대부분 제육볶음을 해서 같이 저녁을 먹었는데 쌈 싸 먹는 법을 보여 주면 모두들 하나같이 손과 입 주변이 벌겋게 양념 범벅이 되었다.

"맛있구나. 그런데 너희는 북한에 대해서 어떻게 생각하니?"

당시 2번의 남북정상회담으로 2007년 이후 10년 만에 북한과의 관계에 훈풍이 불고 있었다. 그래서인지 미국인들은 북한에 대한 한국인의 생각을 많이 물었다.

"언제가 될지는 몰라도 통일이 되는 게 좋다고 생각해요. 하나의 나라가 되기 힘들다면 최소한 종전하고 서로 교류도 하고 지내는 게 좋지 않을까 싶어요."

"맞아. 우리도 남한과 북한이 잘 되기를 지지한단다."

"고맙습니다."

"두 분은 언제 만나신 거예요?"

"사실 우리는 각자 3번째 결혼이야."

두 분의 사랑 이야기를 들어 보고 싶어서 물어봤는데 예상을 깨는 답변에 실수를 했나 하는 생각이 들었다. 요즘 한국도 마찬가지지만 미국은 이혼이 정말 흔했다. 하지만 모두들 거리낌 없이 이야기했고 흠이라고 생각지 않는 것 같았다.

"두 분이 서로 너무 매력적이라서 그런가 봐요."

"하하. 우리는 여름에는 이곳에서 지내고 겨울이 오기 전 애리조나로 가서 지내. 그곳은 겨울이 따뜻하거든."

"매년 그렇게 하시는 거예요?"

"응. 둘 다 추운 걸 너무 싫어해서 겨울이 오기 전에 긴 여행을 떠나지."

다음 날은 할아버지, 할머니의 이삿짐을 옮겨 드리고, 저녁으로는 떡볶이를 해 먹었다. 케이트 할머니는 떡볶이 양념이 잘 밴 삶은 계란을 극찬했다. 특히 할머니는 누가 가르쳐 주지도 않았는데 떡볶이 양념에 노른자를 으깨어 비벼 먹는 스킬을 보여주어 은진이와 나를 놀라게 했다.

항상 풀이 다 죽은 얇은 매트에서 딱딱한 흙바닥을 온전히 느끼며 잠을 자다가 푹신한 매트리스에 누우니 항상 새벽에 깨던 것과는 달리 아침까지 푹 잘 수 있었다. 문명의 감사함도 야생에서 지내는 시간이 많기 때문이었다. PCT가 끝나고 다시 문명 안에 들어가면 내가 누릴 편리함에 대한 감사함은 금세 잊혀지겠지만 PCT는 잊고 지낸 것들의 감사함에 대해 많은 것을 알려 주었다.

두 번의 기적

이제 곧 하프웨이, PCT의 중간지점, 4,286㎞의 절반, 2,143㎞에 닿을 참이었다. 먼저 출발한 제프가 흙먼지를 날리며 앞장서고 있었다.
"호! 우리가 드디어 반을 왔어!"
어느새 멈춰선 제프가 뒤를 돌아보며 나를 크게 불렀다. 그가 멈춘 곳까지 가면 드디어 절반을 온 것으로 이제까지 해 온 것을 한 번만 더 하면 캐나다의 국경을 닿을 수 있었다. 물론 지금까지 해 온 걸음이 '한 번'이나 더 남아 있었다.
"와~"
시원하게 지른 소리에 제프도 따라 소리를 질렀다.
좁은 길을 따라 뜬금없이 'PCT midpoint, Canada 1325mile'이라고 적힌 작은 돌기둥이 외롭게 서 있었다. 나름 기념비적인 곳인데도 너무 소박했지만 화려하게 꾸며 놓을 필요도 없었고, 그렇게 하지도 않았다. 자연을 빌려 쓰는 것, 후세에 온전히 물려주는 것, 그게 자연을 대하는 미국인들의 방식이라 생각했다. 곧 은진이도 도착해 시원하게 함성을 발사했다.
"제프, 사진 찍어 줄까?"
1년 이상은 길렀을 듯한 긴 단발머리에 선글라스, 선명하고 멋진 다리 근육을 가진 제프는 젊은 시절의 브래드 피트를 떠올리게 했다.

"좋지."

바닥에 내려놓았던 배낭을 둘러멘 제프는 기념비를 잡고 포즈를 취했다. 선글라스를 썼다가 벗었다가 일어섰다 앉았다 여러 컷의 사진을 찍었다.

"호, 진이랑 같이 사진 찍어 줄까?"

"물론이지. 고마워."

"근데 니 선글라스 좀 빌릴 수 있을까?"

"자 여기."

"빌리는 김에 니 긴 머리카락도 좀 같이 빌리면 안 돼?"

"하하하. 자 가져가."

제프는 손가락 가위를 만들어 자신의 머리카락 자르는 시늉을 했다.

사진을 다 찍고 로그북을 펼쳐 보았다. 수많은 영어들 속 '처음 시작할 때 이곳을 지나면 눈물이 날 거라고 생각했는데 막상 지나니 아무런 느낌이 없다. 이상하다'라는 한국말이 보였다. 날짜를 보니 우리보다 일주일 앞섰지만 PCT가 끝날 때까지 문장의 주인공은 만나기 힘들 것 같다는 생각이 스쳤다.

나도 로그북 문장의 주인공처럼 절반 지점을 지났지만 아무런 느낌이 없었다. 너무 긴 거리에 현실감이 많이 사라진 탓이었다. 내가 느끼는 기분을 똑같이 느끼는 누군가가 있다는 사실에, 별것 아닌 문장에 마음의 위로를 받는 것 같았다.

'성호, 은진 하프웨이를 지나다.'

그동안 로그북에 잘 남기지 않던 글을 기념비적인 곳이라 짧게 남기고 남은 반절의 길을 걷기 위해 또 다시 걸음을 시작했다.

드디어 반만 더 걸으면 됐다.

하프웨이를 지난 지 얼마 되지 않아 체스터(Chester)라는 마을이 나왔다. 오늘은 절반 지점을 지났기에 은진이와 함께 작은 파티를 하려고 마을을 향해 열심히 걸었다.

2시간쯤 걸어 마지막 얕은 오르막의 끝에 도로가 나타났다. 히치하이킹을 시도했지만 30분이 넘게 꽤 많은 차들이 지났는데도 한 대도 서 주지 않았다. 이제는 손을 들어 시크하게 따봉을 하는 것이 아니라 열심히 팔을 흔들며 차를 잡아야 했다.

"오빠, 오늘 1시간의 법칙이 깨지겠는데?"

히치하이킹을 하면서 우리만의 법칙이 있었다. 아무리 차가 없는 곳이라도 1시간 안에는 히치가 되는 것이었다. 방향이 맞지 않아 태워 주지는 못하더라도 차는 섰었는데, 오늘은 1시간이 다 되어 가는데도 차가 한 대도 서 주지 않았다.

"기다려 봐!"

1시간의 법칙이 깨지고 나면 앞으로도 히치하이킹이 잘되지 않을 것만 같은 불안함에 더욱 열심히 손을 흔들었다. 마음을 비우고 있자니 50m 앞쪽에 차가 한 대 섰다.

"봐라. 1시간의 법칙 맞지?"

시계를 보니 58분 만에 차가 섰다. 은진이에게 윙크를 하고는 차를 세워 준 운전자의 마음이 바뀌기 전에 열심히 달렸다.

그는 차에서 내리자마자 트렁크 문을 열었다. 그에게 목적지가 어디까지인지 말하지 않았지만 이미 우리를 태워 줄 준비를 하고 있었다.

"오늘 자전거 대회가 있어서 참석하고 돌아오는 길이에요. 차가 좀 좁을 텐데 짐을 잘 넣어 봐요."

그는 큰 키에 말랐지만 온몸에는 근육이 단단하게 자리 잡고 있어 한 해, 두 해가 아니라 꽤 오랜 시간 자전거와 함께했음을 느낄 수 있었다.

"고맙습니다."

목적지를 얘기하지도 않았는데 얼떨결에 배낭을 싣고 출발했다.

"체스터 가는 거 맞죠? 저는 프랭크예요. 저는 교도관장을 맡다가 작년에 퇴직하고, 올해 처음으로 트레일 엔젤 일을 시작했어요."

"저희는 호와 진이에요. 오늘 PCT 절반 지점을 지나서 마을에 들러 먹을거리 좀 사서 둘이서 작은 파티를 하려고요."

"축하해요. 여기서 오늘 쉬면 내일이나 모레쯤이면 물 없는 구간이 꽤 길 텐데 거기에 마실 거리와 먹을거리가 있을 거예요."

"정말요? 어떻게 아시는 거예요?"

"하하 내가 가져다 놓으니까 알죠. 일주일에 한 번 정도 가져다 놓아요. 여름에는 금방 없어지던데 요즘은 하이커들이 북쪽으로 많이들 올라갔는지 음식이 남아 있는 경우도 많더라구요."

프랭크 아저씨와 이야기를 나눈 사이 금세 체스터에 도착했다.

"그럼 무사히 완주하길 바라요."

"고맙습니다!"

하이커들에게 베푸는 사람들의 친절에 익숙해진 터라 조금은 무미건조하게 차에서 내렸다.

"오빠! 큰일 났다."

차에서 내리고 얼마 되지 않아 은진이가 다급하게 말했다. 히치하이킹을 하는 사이 발이 아파 신발을 벗고 슬리퍼로 갈아신은 은진이가 신발을 깜빡하고 두고 내린 것이었다. 문제는 작은 마을이라 신발을 살 곳이 없다는 것이었다.

"흠… 진아 일단 마트 가 보자."

딱히 방법이 없어 일단은 장을 보면서 방법을 생각해 보기로 했다.

"근데 진아 프랭크 아저씨가 가져다주면 정말 대박이겠지?"

"그러게."

은진이는 카트에 오늘 파티를 즐길 음식을 담았고 체스터 정보를 얻기 위해 Guthook App을 켜 보았다.

"진아, 여기 근처에 하이커들이 갈 수 있는 교회가 있다는데 혹시 모르니까 거기 한 번만 들러 보자."

"그래. 오빠 수박도 담았다."

카트에는 수박, 통닭, 과자 그리고 맥주가 담겨 있었다. 미국의 대형마트는 한국보다 물가가 싸다는 생각이 들어 좋았다. 쇼핑을 마치고 작은 기대를 품고 교회로 발길을 향했다.

교회에는 몇몇의 하이커들이 있었고 한쪽 구석에 하이커 박스가 있어 뒤져 보니 신발이 꽤 많이 있었다. 물론 다 낡고 닳아 바닥이 거의 눌어붙은 짚신 수준이었지만 다음 마을까지는 충분해 보였다. 은진이에게 맞는 사이즈의 신발도 찾을 수 있었다.

"오빠, 그래도 다행이네."

"응. 그럼 다시 돌아갈까?"

"그래."

교회를 나와 다시 도로로 향했다. 트레일로 돌아가는 길은 히치가 쉬울 거라 생각했는데 마을에 들어올 때만큼이나 차가 잡히지 않았다.

"진아, 오늘 좀 안 풀리는 날인가 보다."

"그러게. 들어올 때도 그렇고 신발도 잃어버리고 갈 때 차도 안 잡히고."

"진아, 근데 프랭크가 돌아와서 신발도 주고 차도 태워 주는 일은 없겠지?"

"히히. 그렇기는 한데 오빠 그런 일은 없어. 포기해 이제."

"그래. 그건 기적이겠지."

히치하이킹을 시도한 지 30분이 넘어갈 때쯤 차 한 대가 앞쪽 멀리 섰다. 차를 놓칠세라 열심히 뛰어가니 키 큰 남자가 내렸고 그의 얼굴을 보자마자 온몸에 쭈뼛 소름이 돋았다. 프랭크였다.

"호!"

"프랭크!"

다시 한번 온몸에 소름이 돋았다. 10분 남짓 이야기를 나누고 헤어진 사람인데, 마치 다시 만난 연인처럼 서로를 부둥켜안았다.

"프랭크, 혹시 신발 때문에 온 거예요?"

"집에 도착해서 자전거 내리다 보니 신발이 있잖아. 하이커에게 신발은 제일 중요할 텐데 하는 생각이 들어서 바로 달려왔지."

"와… 안 그래도 진하고 프랭크가 돌아오면 기적이라고 이야기했었는데 정말 기적이 일어났네요."

프랭크는 수잔빌에 산다고 했는데 왕복 40㎞를 낡아 빠진 신발 하나 가져다주려고 일부러 들른 것이었다. '나라면 어떻게 했을까?' 생각해 보았지만 프랭크처럼 해 줄 수 없을 거란 생각이 들자 그의 마음이 더욱 고맙게 느껴졌다.

"하하. 어서 타."

프랭크를 처음에 만났을 때는 스쳐 지나가는 별 의미 없는 사람이었지만 이 사건으로 인해 아주 아주 오래도록 기억이 남는 사람이 되었다.

"프랭크, 정말 고마워요."

멀지 않은 거리였기에 금세 내리고 그와 기념사진도 남겼다. 그리고 그는 유유히 집으로 다시 돌아갔다.

앞서 걷고 있던 은진이가 되돌아오고 있었다.

"진아 왜?"

은진이는 검지손가락만 펼친 채 입 앞에 대고 조용하라는 신호를 보냈다.

"오빠, 앞에 곰 있어."

나지막이 속삭였다.

"장난치는 거제?"

"진짜라니까!"

은진이의 표정이 자못 진지해 장난이 아니라는 것이 느껴졌다.

"일단 가자. 곰은 새끼만 위협하지 않으면 괜찮다고 하더라."

"그래도 혹시나 배고픈 상태면 어떡해?"

"그건 우리 복이지 뭐."

"장난치지 말고!"

은진이를 달래 앞을 향해 걸었다. 얼마 되지 않아 은진이의 말대로 정말 곰이 있었다. PCT 길에서 30m 정도 떨어진 곳에서 어미 곰 한 마리와 새끼 곰 두 마리가 나무를 타며 놀고 있었.

곰은 달리기도 빠르고 수영도 잘하고 나무도 잘 타기 때문에 배고픈 곰을 만난다면 달리 방법이 없다고 했다. 무엇보다 사람을 잡아먹을 때는 죽이고 나서 먹는 게 아니라 산 채로 먹기 때문에 자신이 죽는 걸 지켜보며 죽기 직전까지 고통을 느끼다 죽는다고 했다.

빠르게 지나치려고 생각했는데, 막상 곰을 보자 두려운 마음에 곧장 방향을 돌려 원래 있던 곳으로 되돌아갔다.

"오빠, 우리 어떡하지?"

"모르겠다. 엄청 무섭네. 일단 조금만 기다려 보자."

곰이 보이는 적당한 거리에서 10분을 기다려 봐도 곰들은 한 나무 위에서 놀 뿐 멀리 갈 기색이 보이지 않았다. 후각이 발달했다는 곰들이 우리 냄새를 맡고 올 수도 있다는 생각에 차라리 빨리 지나가는 게 낫겠다는 생각이 들었다.

"진아, 마냥 기다리는 게 더 무섭다. 그냥 눈도 마주치지 말고 빨리 지나가자. 뒤에서 잘 따라와야 한데이."

"응."

빠르게 걸으며 곁눈질로 곰들이 있는 쪽을 쳐다보았는데 어미 곰이 동작을 멈추고 우리를 바라보는 느낌이 들자 온몸에 털이 곤두섰다. 겁이 나 고개를 돌리지 못하고 머릿속에는 빨리 곰에게서 벗어나야겠다는 생각뿐이었다.

"진아 잘 따라오고 있제?"

"응. 말 걸지 말고 빨리 가."

후각이 발달한 곰이라 30분을 뒤도 보지 않고 빨리 걸은 후에야 드디어 마음을 놓을 수 있었다.

그동안 하이커들에게 물어보면 다들 곰을 한 번씩 봤다는 말에 내심 부러웠는데 실제로 마주치니 오줌을 지릴 만큼 무서웠다. 울타리 없는 곳에서 곰을 마주할 수 있는 것 또한 PCT에서의 특별하고 소중한 경험이었다.

'1387.4의 기적.'

우리는 프랭크의 트레일 매직 있던 거리 1387.4mile을 그렇게 불렀다. 프랭크는 우리에게 두 번의 기적을 선물했다. 첫 번째는 신발의 기적, 두 번째는 1387.4의 기적이었다. 사막 이후로는 지금까지 오랜 구간 물이 없는 경우는 정말 드물었다. 하지만 노스 캘리포니아에 들어와서는 처음으로 20㎞가 넘는 구간 동안 물이 없었다. 프랭크는 이 구간 중간에 하이커들을 위해 먹거리와 마실 거리를 가져다 놓는다고 했다.

"진아 여기가 마지막 물 포인트라는데 혹시 트레일 매직이 없을 수도 있잖아."

"오빠 난 프랭크를 믿어. 그냥 갈래."

첫 번째 기적으로 프랭크에 대한 은진이의 신뢰는 하늘 높이 치솟았다.
"근데 없으면 10㎞ 넘게 물 없을 텐데."
"몰라. 난 프랭크를 믿어."
"에라 모르겠다. 그래, 그냥 가자. 난 5분만 더 쉬고 쫓아갈게."
마지막 물 포인트는 트레일에서 1㎞ 가까이 벗어나 있어 물을 뜨려면 왕복 2㎞를 걸어야 했고 프랭크의 트레일 매직은 2㎞ 앞선 지점에 있을 수도, 없을 수도 있었다. 며칠 전에 만났을 때 그가 가져다 놓는다고 했지만 혹시나 없다면 물 없이 10㎞를 더 걸어야 했다.
'있겠지? 있을 거야.'
머릿속에는 트레일 매직에 대한 생각뿐이었다. 물이 떨어져 목이 마르기 시작한 지도 꽤 오래되었기 때문에 만약에 없다면 다시 돌아오는 것 말고는 별다른 방법은 없었다. 그래서 나름의 큰 도박이었다.
'은진이가 보일 때가 됐는데….'
2㎞는 족히 걸은 것 같았는데 트레일 매직을 발견했어야 할 은진이가 보이지 않자 마음이 조금 불안해지기 시작했다.
"오빠!!!!"
'있구나!'
멀리서 은진이가 부르는 밝은 소리에 마음이 놓였다. 걸음을 재촉해 도착하니 커다란 아이스박스가 5개나 있었다. 그리고 나무에는 바나나와 오렌지 망이 주렁주렁 매달려 있었다.
"뭐야, 여기 동남아야?"
"오빠. 대박이지? 프랭크 진짜 손이 큰가 봐."
아이스박스를 차례대로 열어 보니 한 통에는 얼음물이 가득, 한 통에는 음료수가 가득, 한 통에는 먹을거리가 가득, 한 통에는 다시 음료수, 한 통에는 과일이 가득했다. 가져다 놓은 지 얼마 되지 않은 듯 아이스박스 5통 모두 가득 차 있었다. 이틀 전 우리에게 얘기했으니 아마 오늘 아침에 그가 가져다 놓고 떠났을 것 같았다.

"이거 족히 50만 원은 썼을 거 같은데. 진짜 대단하네."

"프랭크는 사랑이야. 오빠."

은진이는 웃음 가득한 얼굴로 말했다.

'야 이 자식들아. 너희 도착할 때 딱 맞춰서 가져다 놓을게.'

이틀 전 차를 우리를 내려 주고 환히 웃으며 떠나던 프랭크의 눈빛이 떠올랐다.

"진아. 이거 우리 실컷 먹고 저녁에 출발할까?"

"응. 좋지."

그렇게 매트를 깔고 둘만이 산중 파티를 열었다. 그렇게 3시간을 끊임없이 먹고 나니 출발하기 싫어졌다. 다시없을 호사에 미련이 남아 하루 자고 갈까 생각도 들었지만, 탄산음료 2개를 배낭에 넣고 몸을 일으켰다.

어느새 또 세상은 붉게 물들어 가고 있었다.

'마운틴 라이언을 조심하세요.'

달콤한 휴식을 마치고 출발한 지 얼마 되지 않아 마운틴 라이언 출몰 지역이라고 조심하라는 안내문이 보였다. 3,000~4,000m의 고도가 높은 시에라보다 1,000~2,000m로 고도가 낮은 노스 캘리포니아에 야생 동물이 더 많았다.

"진아, 간격 두지 말고 붙어서 가자."

"응."

해가 지기 시작하자 금세 밤이 찾아왔다. 이제부터는 작은 랜턴 하나에 기대어 밤과 맞서 싸워야 했다. 사막을 마지막으로 이후로 아주 오랜만의 나이트 워킹이었다.

가을이 다가오는 숲의 밤은 촉촉했다. 살갗이 드러나는 모든 곳을 습기가 촉촉히 적셔주었다. 끊임없이 들려오는 풀벌레들의 노랫소리가 아름다웠지만 마음속 한편으로는 계속 마운틴 라이언이라도 만날까 하는 걱정에 신경이 계속 곤두선 채로 걸어야 했다.

"진아. 혹시라도 마운틴 라이언 나타나면 내 바로 뒤에 숨어야 된데이."

"응."

말은 그렇게 했지만 사실 나도 딱히 방법은 없었다.

'하이킹 폴로 찌르고 돌 찾아서 머리를 찍어 버리자'라는 허술한 방법을 머릿속으로 시뮬레이션하며 두리번두리번 돌을 찾으며 걸었다.

목표보다는 적게 걸었지만 자정이 넘을 때까지 열심히 걸었다. 다행히 잠자리를 정할 때까지 아무런 일 없었다. 하루가 넘어간 새벽의 공기는 차가웠다.

은진이의 결심

버니 마을의 교회 체육관에는 하이커들을 위한 공간이 마련되어 있었다. 체육관 입구 의자에 앉은 마크 할아버지는 건물 주인장 노릇을 하고 있었다.

"호, 레딩에서 지금 산불 크게 난 거 알고 있니?"

"아니요. 처음 들어요. 근데 연기 때문에 숨쉬기가 힘들어서 불이 났을 수도 있을 거라고 생각했었어요."

"그래. 산불 규모가 엄청나다고 하더구나."

산중에만 있다 보니 세상의 소식은 전혀 알 수 없었다. 미국에서 유심을 따로 구입하지 않아 더욱 알 수 없었다. 그러고 보니 어느 순간부터 적어도 하루에 한 번은 마주치던 하이커들이 며칠째 전혀 보이지 않았었다. 그리고 하늘에는 연기가 가득해 해가 질 때면 불그스름한 노을이 아닌 검붉은색의 하늘을 보여 주었다. 멸망한 세상에 은진이와 나 둘만 있는 듯한 느낌이 들어 오싹한 기분이 들었다.

"많은 하이커들이 노스 캘리포니아는 점프하고 오리건으로 넘어가고 있어. 여기 버니에는 하이커들을 위한 커뮤니티가 있어서 마을 주민들이 하이커들을 오리건까지 태워 준다는구나.'

휴대폰 지도 앱을 켜서 버니에서 레딩까지의 거리를 보니 80㎞ 정도 떨어져 있었다. 꽤 먼 거리였지만 며칠 동안이나 계속 하늘을 메운 검은 연기에 작은 산불이 아니라는 게 느껴져 뉴스를 검색해 보았다.

'2018년 7월 말 레딩에서 미국 역대 6번째 규모의 대화재 발생, 6명 사망, 18명 실종, 주민 4만여 명 대피.'

그제야 사태가 심각함이 느껴졌다. 캘리포니아는 워낙 날씨가 좋은 곳으로도 유명해 자연 진화는 기대하기는 힘들었다.

"오빠, 우리 어떡하지?"

"진아, 일단 조금만 쉬면서 생각해 보자."

넓은 체육관 안으로 들어가자 산에서는 보이지 않던 하이커들 몇몇이 보였다.

대규모 산불을 피해 하이커들은 교회 체육관에서 사람들을 모아 오리건으로 점프하기 위해서 기다리고 있다고 했다. 산불은 쉽게 진정되지 않을 것처럼 보여 고민이 많이 되었지만 500㎞나 스킵을 하려고 하니 마음속에서 자꾸 거부감이 들어 주저하게 되었다.

'연기 때문에 걷는 것도 힘들던데 스킵을 할까? 하지만 언제 다시 또 와 본다고… 500㎞나 스킵하기는 좀 그런데.'

머리는 스킵해야 한다고 이야기했지만, 마음은 스킵을 하지 말라고 이야기했다.

쉬는 동안 버니 마을 안에서도 자연 발화가 일어나 연기가 마을을 가득 채웠고 불을 진압하려고 출동한 커다란 소방차 소리에 불안감이 증폭되었다.

"오빠, 오빠가 하자는 대로 할게."

출발 전날 저녁까지 고민을 내리지 못하고 있었는데 은진이가 먼저 얘기해 왔다.

"진아, 난 그래도 500㎞나 스킵하는 건 마음에 많이 걸려서 혹시라도 연기가 더 심해지면 그때 바로 내려와서 점프하자. 어때?"

결국은 마음의 소리를 따르기로 했다.

"응, 그러자."

은진이는 불만이나 투정 없이 묵묵히 내 의견을 따라 주었다.

빠짐없이 걷는다고 해서 큰 의미가 있는 것도 아니었지만 시간이 지나면 스킵했던 이 구간이 후회될 것 같아 일단 걸어 보기로 했다. 이제 우리는 2018년 PCT 하이커들 중 최후미의 그룹이 될 것이었다.

'시지프스의 형벌.'

한 사내가 산 아래에서부터 바위를 굴려 올린다. 그리고 정상에 닿자 무심한 바위는 굴러떨어져 다시 밑바닥에서부터 바위를 굴려 올린다. 그리고 그 의미 없는 일을 끝없이 무한 반복한다.

어느새 내가 시지프스가 되어 매일을 30㎞씩 무의미하게 걷는, 언제 끝날지 모르는 형벌을 받고 있었다.

PCT에 대한 간절함의 적극적 동기는 사라지고 후회하지 않기 위해 걷는다는 소극적 동기만이 남아 있었다.

'도대체 언제부터 내게 이 길을 걷는 것이 형벌이 되어 있었을까? 왜 사람은 하고 싶은 일만 해도 마냥 좋지 않은 걸까? 이걸 끝마친다고 해서 큰 의미가 있을까?'

머릿속을 파고드는 끝없는 질문에 머리가 아파 왔다. 즐거움 가득했던 처음과는 달리 캐나다 국경까지는 이 답 없는 질문에 대해 스스로를 설득하고 동기를 찾으며 걸어야 했다.

슬럼프였다. 모든 것은 마음에서부터 시작된다고 생각했다. 반복의 반복은 몸을 지치게 했고 세포 하나하나가 지겨움을 느끼고 거부 반응을 보였다.

'장거리 하이킹은 체력이 50%, 정신력이 50%야.'

몸이 힘들 땐 체력만 강하다면 정신력의 위기 따위는 오지 않을 거라고 생각했었는데 마음이 힘들 땐 할아버지의 말이 자주 생각났다. 육체적 고통은 사라졌다. 아니 고통을 고통이라 생각지 않는 쪽에 가까웠다. 대신 정신력이 흔들리는 시기가 잦았다. 하지만 슬럼프가 지나고 나면 고난을 먹고 성장하는 내공은 한층 더 강해져 있을 것이라 믿었다. 그러기 위해서는 지금까지 해 온 것을 한 번만 더 참아내면 됐다.

'반드시 캐나다 국경까지 간다.'

또 한 번 스스로를 설득했다.

은진이는 버니 마을에서 유심을 구입했다. 그래서 산중에서도 가끔씩 인터넷이 잡히는 곳에서는 뉴스를 볼 수도 있었고 인스타그램을 통해서 하이커들의 소식도 들을 수 있었다.

"오빠, 얘들 벌써 워싱턴 시작했네."

"어? 뭐라고?"

얘들이 누구인지 물어보지 않았지만 누구인지 알았다. 텐트에 누워 은진이의 휴대폰을 받아서 보니 한국에서 온 대학생 삼총사는 벌써 오리건까지 마치고 워싱턴을 시작했다. 900㎞ 지점에서 만나고 더 이상 보지 못했으니 우리가 1,400㎞를 걷는 동안 그들은 2,000㎞를 넘게 걸었던 것이었다.

"와…."

무력감이 온몸을 감싸기 시작했다. 그들은 이제 마지막 구간만 걸으면 끝이 나는데 우리는 아직 캘리포니아도 못 끝낸 상황이니 남은 길이 더욱 끝없이 멀게만 느껴졌다.

"오빠, 오빠는 하루에 얼마나 걸을 수 있겠어?"

"나는 40㎞는 걸을 수 있을 거 같은데. 근데 왜?"

"아니. 그냥 물어봤어."

우리가 하루에 40㎞를 걸으려면 해가 지고 나서도 더 걸어야 했다. 은진이는 밤에 걷는 걸 무서워해 항상 해가 지기 직전까지만 걷고 텐트를 쳐 아직까지 하루에 40㎞를 걸어 본 적은 없었다.

하루에 1㎞, 2㎞ 더 걷는다고 뭐가 그리 달라지겠냐고 생각했지만 그렇게 누적된 거리가 삼총사와 우리가 있는 곳의 거리 차이를 만들었다.

'지금처럼 걸어서는 완주는 꿈도 못 꿀 텐데…'

은진이를 압박한다고 해서 더 걸을 수 있는 것도 아니라는 생각에 늘 삼켜 왔지만 남은 거리와 우리가 하루 걷는 양을 나누어 보니 겨울이 오기 전 우리는 캐나다에 닿을 수 없었다. 매트 위에 누우면 거의 매일같이 기절하듯 잠이 들었는데 이상하게 잠이 오지 않았다.

"오빠, 나 포틀랜드에서 좀 지내고 싶은데 워싱턴 국경에서 만날까?"

마운트 샤스타(Mount Shasta) 마을에 들어와 쉬는 첫날 밤 은진이가 물었다. 사실 전날 밤 은진이가 얼마나 걸을 수 있겠냐고 물었을 때 알고 있었다. 그리고 일부러 더 많이 걸을 수 있다고 대답했다. 지금까지 몇 번의 구간 스킵은 있었지만 3주 이상을 쉬겠다는 말을 직접 들으니 괜히 많이 걸을 수 있다며 일부러 마음에 압박감을 준 것이 마음에 걸렸다.

"진아, 혹시 완주 못 할까 봐 그러는 거면 정말 괜찮다. 못해도 할 수 있는 데까지는 같이 하는 게 나는 더 좋다."

"오빠, 그게 아니고 나는 진짜 걷는 게 싫은 사람인 거 알지? 이제 걷는 것도 이제 지치고 좀 쉬고 싶기도 하고, 미국에 왔으니까 걷는 거 말고 미국 생활도 좀 해 보고 싶고."

한국에서도 등산이나 마라톤을 같이 했던 은진이는 항상 자신은 운동이 싫은데 이상한 남자 만나서 고생한다며 장난스럽게 진심을 말했었다.

마음에 걸리기도 했지만, 한편으로는 고맙고 완주를 할 수 있겠다는 희망도 조금은 보였다. 계속 같이했다면 스스로는 아니라고 부정했겠지만, 은진이에게 알게 모르게 계속 압박과 부담을 줬을 것이었다.

"진아, 그럼 그러자. 포틀랜드까지는 어떻게 가고, 방은 어떻게 하려고?"

"이제 알아봐야지."

마운트 샤스타 근처에 포틀랜드까지 가는 기차역도 있어 표도 예매하고, 방은 한인 카페를 통해서 3주간 지낼 방을 생각보다 빨리 구할 수 있었다. 모든 일이 순조롭게 풀렸다. 은진이는 미국 생활을 즐기고 나는 이제 열심히 걷기만 하면 됐다.

"진아, 최대한 빨리 갈게. 돈 아끼지 말고 맛있는 것도 많이 사 먹고 미국에서만 할 수 있는 건 꼭 다 해."

"응."

눈물을 흘리는 은진이를 뒤로하고 앞을 향해 걸었다.

야행

'52,832걸음.'

은진이가 포틀랜드로 떠난 후 혼자서 걷기 시작한 지 며칠이 지났다. 아직은 해가 시선보다 조금 위에 있는 시간, 지친 발걸음에 잠시 휴식 시간을 가지며 시계를 보니 5만 걸음을 조금 더 걸었다. 매일 자기 전에 몇 걸음이나 걸었는지 보고 자야지 하면서도 누웠다 하면 곧장 잠이 드는 바람에 매번 하루의 총 걸음 수를 보지 못했다. 해가 진 후에도 3시간에서 4시간은 더 걸어야 하니 하루에 적게는 6만 보, 많게는 8만 보는 걷는 셈이었다. 그렇게 하면 매일 45㎞ 이상을 걸을 수 있었다.

'이러니까 살이 찔 새가 없네.'

티셔츠 안으로 손을 넣어 이 걸음이 끝나면 다시 만날 수 없을 복근을 확인했다.

길었던 낮의 시간은 점점 줄어들고 있었고, 해가 지기 시작한다 싶으면 금세 사라져 버렸다. 해가 지면 땀에 젖은 옷이 온몸에 한기를 전해 부담이 되었다. 접었던 남방의 소매

를 내리고 새로 산 지 일주일 만에 옆구리가 터진 신발에 빽빽이 들어간 흙과 돌을 털어내고 다시 신발 끈을 바짝 조여 매고 밤의 걸음을 준비했다.
"으라차차! 힘내서 가 보자, 성호야!"
두 손에 꽉 쥔 하이킹 폴로 땅을 짓누르는 반동으로 몸을 일으켜 세웠다.

몇 시간 정신없이 걷는 사이 또 밤은 깊어졌다. 암흑보다 더 짙은 산중의 암흑, 어느새 세상의 빛은 사라지고 어둠이 그 자리를 빼곡히 채우고 있었다.
'쉬이이익'
바람에 흔들리는 나뭇잎 소리에 온몸에 소름이 돋았다. 금방이라도 무언가가 튀어나올 것만 같았다. 눈앞에 보이는 실체보다 머릿속에 그리는 상상 속의 비실체가 더 공포스러운 법이었다.
이제는 어느 정도 밤의 길을 걷는 것도 적응이 될 법했지만 여전히 머릿속에는 무서운 생각들로 가득했다. 게다가 아직까지 사라지지 않은 산불 연기가 달빛과 만나서 만들어내는 음습한 분위기가 주는 불쾌함은 이루 말할 수 없었다.
"좋으니 사랑해서~ 사랑을 시작할 때~ 네가 얼마나 예쁜지 모르지~"
무서움을 떨쳐내기 위해 일부러 더 크게 노래를 부르며 걸어 보았지만 내가 부르는 노랫소리 사이로 다른 소리가 비집고 들어올 것만 같아 오히려 더 무서웠다. 불안감에 노래를 멈추고 적막 속을 다시 걸었다.
'더 이상 공포가 나를 집어삼키지 못하게 하자.'
아무 뜻도 의도도 없는 자연을 있는 그대로 받아들이겠다고 생각을 바꾸자 안개처럼 공포감도 조금씩 걷혀 갔다. 아주 천천히 밤의 숲에 익숙해지고 있었다.
'어라.'
길가에 두꺼비가 한 마리 보이기 시작하더니 점점 더 두꺼비를 마주하는 간격이 줄어들기 시작했다. 발소리에 놀라 느림보처럼 도망가는 두꺼비들을 길동무 삼아 걸으니 심심하지 않았다. 그리고 머지않아 커다란 계곡물이 흐르는 곳을 만났다. 랜턴으로 물속을 비춰 보니 커다란 도롱뇽과 두꺼비가 한 마리씩 있었다.

'여태껏 내가 얘들 목욕물을 정수도 안 하고 마신 거였어?'

낮에는 전혀 보이지 않던 녀석들이 한두 마리도 아니고 여러 마리가 꿈틀거리니 왠지 그들에게 당한 기분이 들었다. 왠지 모르게 오랜 친구에게 배신을 당한 그런 기분이었다. 하지만 그 찝찝함도 귀찮음을 이기지 못하고 흐르는 물을 정수없이 그냥 받아 물통을 채웠다.

'오늘은 여기서 자자.'

익숙할 대로 익숙해져 혼자서 텐트 치는 것도 3분이면 포근한 자리를 뚝딱 하고 만들어냈다. 땀에 젖은 티셔츠를 벗고 아껴 둔 티셔츠로 갈아입고 침낭으로 들어갔다. 고달픈 하루 중에 가장 행복한 시간이었다.

"야야야야야야야."

침낭에 들어가 몸을 비비며 온기를 만들어내고 있을 때였다. 갑자기 멀리서 인디언 소리가 크게 들려오기 시작했다.

'뭐지? 지도에는 근처에 아무것도 없었는데….'

다시 한번 휴대폰을 켜고 지도를 확인해 봤지만 온통 산이라 주변에 사람이 접근할만한 곳이 전혀 없었다. 그러자 온몸에 소름이 끼치기 시작했다. 도무지 알 수 없는 소리에 떠나야 하나 고민이 됐지만 도저히 짐을 다시 싸고 걸을 힘이 없었다.

'소리가 더 가까워지는 건 아니니까.'

합리화를 마치고 다시 잠을 청했다.

"야야야야야야야."

'아… 뭐고 이거 도대체. 혹시 여기가 인디언들이 몰살당한 그런 곳인가?'

괜히 또 몹쓸 상상력이 발동되어 신경이 곤두서기 시작했다. 어느덧 산 너머 들려온다고 느껴진 소리가 점점 가까워짐을 느끼자 온몸의 털이 모두 쭈뼛 섰다.

'터벅터벅'

이번에는 사람들의 발소리가 군단처럼 들려오기 시작했다. 무거워진 밤공기로 인해 소리는 더욱 선명하게 들려왔다. 마침내 가까워진 소리는 내 텐트 앞까지 왔다. 강렬한 빛이 내 텐트를 비추는 게 느껴져 눈을 더욱 세게 감았다.

다행히 빛도 발소리도 금세 텐트를 지났다. 소리가 멀어지는 걸 느끼고는 부스럭거리지 않게 조심히 텐트 문을 열었다. 세 남자는 커다란 활을 어깨에 걸치고 가고 있었다.

'아 뭐야. 사슴 사냥꾼이었네.'

실체가 드러나고 나자 그제야 마음이 놓여 편히 잠을 잘 수 있었다. 그들은 도대체 왜 인디언 소리를 냈던 걸까?

'아… 배고파….'

마운트 샤스타에서 분명 일주일 치에 여유분을 더해서 음식을 싸 왔는데 5일 만에 음식이 다 떨어져 버렸다. 하루라도 일찍 오리건에 들어가고 싶어 에트나(Etna) 마을은 들를 생각이 없었는데 떨어진 음식 탓에 들러야 했다. 그래도 중간에 들를 마을이 있다는 것이 다행이었다.

남은 거리를 계산해 보니 오늘은 들어가기 힘들 것 같았고 내일 점심이 되기 전에는 들어갈 수 있을 것 같았다.

혼자서 하이킹을 시작한 이후 언제든 배고프면 좁은 트레일 옆에 자리를 마련해 그 자리에서 그냥 라면을 끓여 먹었기에 저녁때라는 것은 따로 없었다.

'저녁은 굶어야겠네.'

하지만 오늘은 먹을 것이 없어 저녁은 그냥 넘겨야 했다. 아니 굶어야 했다. 3시간 전에 먹은 점심을 마지막으로 유일하게 남은 음식은 피넛버터 하나뿐이었다. 걸으며 아등바등 배낭 옆에 꽂아둔 피넛버터 통을 꺼내 열었다. 검지손가락을 길게 뻗어 피넛버터를 한가득 묻혀 입 안에 넣었다.

'와….'

입 안 가득 달달함이 퍼지며 점점 녹아 없어지는 것이 느껴지자 아쉬운 마음이 들었다. 온몸은 피넛버터의 높은 열량을 그대로 흡수했다.

'생각보다 괜찮은데?'

다시 한번 더 손가락 가득 피넛버터를 묻히고 입 안으로 넣었다. 천천히 걸으며 먹다 보니 어느새 커다란 피넛버터 반 통을 다 먹어 버렸다.

'그래도 내일이면 마을에 들어가니까….'

이제 수중에는 음식이라고는 물을 제외하고는 하나도 없었다. 그래도 몸에 들어간 피넛버터가 좋은 연료가 되어 해가 지고 나서도 한참을 더 걸을 수 있었다. 기름 먹고 일하는 기계처럼 배 속에 연료를 넣고 걷는 기계였다.

'뭐지? 저 조합은?'

덩치 큰 서양 남자가 앞서 걷고 조그만 동양 여자가 바로 뒤에 바짝 붙어 걸어오고 있었다. 단번에 PCT 하이커라는 건 알 수 있었지만 둘의 조합에 조금은 어색함이 느껴졌다. 하지만 뒤따라오던 여자가 고개를 드는 순간 반가움에 소리를 질렀다.

"오! 누나!"

사막의 라이트 우드 마을에서 만나고 실로 오랜만이었다.

"잘 지냈어? 은진이 인스타 보니까 포틀랜드에 있길래 당연히 둘 다 트레일 오프 했다고 생각했는데."

누나는 놀란 토끼 눈을 하며 말했다. 몇 개월 전 10분 정도 이야기 나눈 게 다였는데 여전히 누나는 사람을 편하게 대했다.

"아, 은진이가 좀 쉬고 싶다고 해서 마운트 샤스타에서 포틀랜드로 가고 혼자 걷고 있어요."

"그랬구나. 여기는 내 남자친구야."

"안녕하세요. 왜 근데 밑으로 내려오고 있어요?"

멕시코 국경에서 시작해 북을 향해서 걷는 하이커를 Northbound (NOBO), 캐나다 국경에서 시작해 남을 향해 걷는 하이커를 Southbound (SOBO)라고 불렀다. PCT 하이커의 대부분인 80%가 NOBO였고, 나머지 20% 정도가 SOBO라고 했다. SOBO는 워싱턴의 눈이 6월 말에서 7월이 되어 녹기 때문에 3~4월에 시작하는 NOBO보다 하이킹을 한참이나 늦게 시작할 수 있었고, 또 고산의 시에라에 눈이 내리기 전에 거의 끝을 보아야 해 NOBO보다 시간이 촉박하다는 어려움이 있었다.

"오리건에서 PCT Day 참가하고 싶어서 갔다가 거기서부터 내려오고 있어. 이제 노스 캘리포니아만 하면 우린 끝이다."

PCT Day는 8~9월 사이, 오리건과 워싱턴의 경계에 있는 도시에서 하이커들과 등산 장비 업체들이 모여서 즐기는 파티였다.

"부러워요. 전 아직 한참 남았네요. 하하. 참 밑에 산불 엄청 크게 난 거 들었죠? 저 지날 땐 연기가 엄청 심해서 숨쉬기 힘들었거든요. 지금은 어떨지 모르겠는데 조심히 다녀요."

"그래. 너도 조심히 다니고."

누나와 누나 남자친구에게 인사를 하고 다시 길을 나서려던 찰나였다.

"잠깐만!"

누나가 부르는 소리에 고개를 돌리니 누나의 미국인 남자친구는 배낭에서 무언가를 꺼내고 있었다.

"줘도 돼?"

"니 마음이지. 나한테 왜 물어봐."

그는 배낭에서 신라면과 소고기 고추장 볶음을 꺼냈다. 미국인인 그의 가방에서 한국 음식이 나오는 것이 우스꽝스러워 웃음 지어졌다. 미국에서 만난 미국인이 한국인에게 한국 라면을 주다니, 누나를 만나지 않았다면 이런 일이 있을 수 있었을까? 사랑은 참 재미있었다.

"이거 먹어요."

그는 내 손을 꼭 잡고서 한국 음식을 쥐여 주며 말했다.

"정말 고맙습니다."

라면과 작은 고추장 하나에 가슴이 뭉클해짐이 느껴졌다. 배낭 제일 위에 음식을 넣고 둘과 작별인사를 나누고 다시 길을 나섰다.

"엄마, 잘 지냈나?"

누나와 헤어진 후 얼마 되지 않아 에트나 마을에 들어올 수 있었다. 모든 물건이 몇 달러 하지 않는 달러 제네럴(Dollar General)에 들러 장을 잔뜩 보고 맥주와 치킨을 사서 나왔다. 다행히 마을 도서관 앞에 와이파이가 잡혀 PCT를 하고서는 처음으로 엄마에게 영상 통화를 걸어 보았다.

"아들, 잘 지냈어?"

"응. 엄마도 잘 지냈나?"

"응. 잘 지내지. 은진이는?"

"아. 은진이는 한 달 정도 다른 곳에서 지내다가 만나기로 했다."

"왜? 둘이 싸웠나?"

엄마가 놀란 목소리로 물어왔다.

"그게 아니고 은진이가 힘들다고 한 달 정도 쉬고 싶다고 하네."

"그렇구나. 근데 아들 얼굴이 너무 많이 상했네."

내 대답을 듣고서야 엄마의 평상시 목소리가 돌아왔다. 그러고는 갑자기 눈물을 쏟아 내기 시작했다. 화면에 나오는 내 모습을 보니 엄마와 친구라고 해도 믿을 만큼 나이가 들어 보였다.

"아니다. 엄마 맨날 밖에 나와서 걸으니깐 그런 거지 끝나고 나면 괜찮아질 거다."

"그래. 아들, 잘 먹고 다니고 조심해서 다니거라."

"응. 엄마도 잘 지내고."

오랜만에 본 엄마는 어느새 많이 늙어 있었다. 언제까지나 늙지 않고 건강한 모습이기를 바랐는데 열심히 일해서 호강도 시켜 드려야 하는데 걱정이나 시키고 있다는 생각에 괜히 죄스런 마음이 치솟아 올랐다. 내가 좋아서 한 선택이니 죄책감까지도 내가 감당해야 할 몫이라고 생각하며 마음을 달랬다.

통화를 마치고 다시 치킨을 뜯기 시작했지만 혼자 먹어서 그런지 별 다른 맛을 느낄 수 없었다.

'은진이는 잘 있으려나?'

먹던 닭다리를 내려놓고 은진이에게 영상통화를 걸었다.

"오빠!"

"진아 잘 지내나? 집은 구했고? 포틀랜드는 어떤데?"

"어휴 하나씩 물어! 집은 한국인 아주머니 하숙집으로 구했는데 시내에서는 좀 떨어져 있어. 지금 포틀랜드 시내 구경 중이야."

은진이는 휴대폰 화면을 돌려 가며 포틀랜드를 구경시켜 주었다. PCT를 하며 만났던 마을들과는 달리 높은 건물에 널찍한 길들이 쾌적한 도시 분위기를 자아냈다.

"오빠는 어딘데? 하루에 얼마나 걸어?"

"난 지금 에트나. 안 들르고 바로 오리건으로 넘어가려고 했는데 5일 만에 일주일 치 음식을 다 먹었네. 그리고 하루에 40~45㎞ 걷는데 오리건 가면 더 많이 걸을 수 있을 거 같아. 약속한 대로 캐스케이드 록스(Cascade Locks)에서 만나면 될 것 같다. 중간중간에 와이파이 있을 때 연락할게. 잘 지내."

"많이 걸어서 더 많이 먹나 보네. 오빠도 건강히 지내고."

그렇게 하고 싶어 하던 미국 생활을 하고 있는 은진이는 신나 보였다. 도시에 있는 은진이를 보고 나니 산골에 처박혀서 뭐 하는 짓인가 하는 생각도 들었지만 서로가 추구하는 게 다를 뿐이었다. 그래도 은진이가 좋아하는 걸 보니 마음이 놓였다. 통화를 마치고 치킨 살만 발라 지퍼백에 넣고 다시 트레일로 복귀할 준비를 했다.

'아들. 환갑을 바라보는 나이가 되니 이제는 삶을 뒤돌아보는 순간이 더 많아졌네. 행복에 겨운 순간들도 힘에 부치고 때로는 모든 걸 그만두고 싶은 날들도 많았구나. 그런데 말이야 그 모든 순간들이 쌓이고 쌓여 결국 우리 아들의 엄마이기 위한 길이 아니었나 하는 생각이 들어. 바르고 건강한 청년으로 자라 줘서 너무 고맙구나. 건강히 다니고 많이 많이 사랑해.'

출발 전 아직 살아 있는 와이파이 신호에 알람이 와 확인하니 엄마였다.

'아… 나이 먹어서 느는 거라고는 눈물뿐이구나….'

닭을 실컷 먹고 갑자기 우는 모습이 누군가 보면 너무 우스운 것 같아 참으려 했지만 쏟아져 나오는 눈물이 주체가 되지 않았다.
'나는 이 길 위를 왜 하필 지금 이렇게 걷고 있을까?'
오랜 생각 끝에 내린 나의 결론은 '연(緣)'이었다. 아주 우연히 영화 〈와일드〉를 만난 것도, 〈와일드〉를 보고 그냥 지나친 것이 아니라 PCT에 대한 거부할 수 없는 강렬한 욕구가 치솟았던 것도, 아킬레스건이 끊어져 한 해 뒤 시작한 것도, 은진이와 이 길 위를 같이 온 것도, 왜 하필에 대한 모든 대답은 때가 무르익어 발생하는 '시절인연'이었다.

어젯밤 캠핑장에서 만난 엘 아저씨는 살아 있는 유쾌함 그 자체였다. 말 한마디마다 재치가 넘치고 얼굴엔 웃음이 떠나질 않았다.
아침에 일어나니 아저씨는 떠나고 없었고 캠핑장을 나섬과 동시에 시작된 긴 오르막의 중간에 아저씨가 앉아서 쉬고 있었다.
"죽겠지? 저기 물 흐르는 곳이 있으니까 어서 가서 마셔."
아저씨가 가리킨 곳을 가니 물이 졸졸 흐르고 있었다.
"아저씨 도착한 지 얼마나 됐어요?"
"한 20분 쉰 거 같은데?"
"오랜만에 가파른 오르막 올랐더니 배가 엄청 고프네요."
"나도 그러네. 뭐라도 좀 먹어야겠어."
아저씨는 마을에서 사 온 샌드위치를 꺼냈고, 나는 토르티야 쌈을 만들었다.
"넌 한국에서 왔다고 했지?"
"네. 맞아요."
"내 옛 며느리가 한국인이었는데."
"그래요?"
'옛' 며느리라는 말에 사연이 궁금했지만 더 이상 질문을 할 수는 없었다.

"내 아들은 군인인데 아프가니스탄에서 죽었어. 아이를 보내기 전 마지막으로 봤을 땐 정말 참을 수 없겠더라고. 몸에 난 총탄 자국이 잊혀지지가 않아. 지금도 고통에 몸부림치다 마지막을 보냈을 아들을 생각을 하면 너무 괴로워."

엘 아저씨는 군에서 임무를 수행하다 죽었을 때 유족에게 주는 위로의 기념품이라며 아들 이름이 새겨진 검은색 팔찌를 보여 주었다.

"미안해요. 아저씨."

"아냐. 말을 하다 보니 또 얘기가 나와 버렸네. 참 아들은 며느리와 고등학교 때 만나 사고를 쳐서 벌써 손자가 꽤 커."

아저씨는 휴대폰을 꺼내 손자의 사진을 보여 주었다. 정말 한국인의 얼굴이 섞여 있었다.

"이제 며느리도 새 사람을 만나서 새로운 가정을 꾸리려고 하고 있어. 남편 될 사람은 며느리 고등학교 선생님인데 나이차가 나기는 해도 제법 잘 어울려. 손주와는 가끔씩 만나는데 올해는 PCT를 한다고 아내하고 손주가 같이 응원을 와서 일주일간 휴가를 보냈지. 말하니까 또 손주가 보고 싶네."

한없이 밝아 보이던 아저씨도 고통을 알 수 없을 만큼의 가슴 아픈 사연을 갖고 있었다. 겉으로만 보이는 것을 놓고 사람을 얘기하기에는 사람의 인생은 참 많이 복잡했다. 그래서 속사정을 알지 못하는 타인에 대해 함부로 평가하고 말을 하지 않는 것은 예의라 생각했다. 경험해 보지 못한 슬픔엔 침묵이 옳은 것 같아 아저씨의 이야기를 말없이 조금 더 듣고는 아저씨를 꽉 안아 준 후 나의 길을 나섰다.

부모를 잃은 아이를 고아, 남편을 잃은 아내를 미망인, 아내를 잃은 남편을 홀아비라고 부르지만, 자식을 잃은 사람은 그 슬픔을 언어로 표현할 수 없어서 지칭하는 단어가 없다고 했다. 아저씨는 말로는 차마 표현을 할 수 없는 그 슬픔을 평생 안고 살아갈지 모르겠다는 생각이 들었다. 아저씨가 슬픔과 함께, 슬픔을 안고서도 잘 살아가는 방법을 찾기를 바랐다.

길가에는 이제 노란 꽃들이 자주 보였다. 가을이라기에는 일렀고 늦여름과 초가을의 경계에 있음이 느껴졌다. 밤 9시가 되도록 지지 않던 해도 7시만 돼도 사라졌다. 태양은 이제 남반구에 조금씩 더 가까워지고 있었다.

완만한 언덕의 길을 따라가자 몇 개의 안내판이 드디어 길고 긴 캘리포니아가 끝났음을 알려 주었다.

'워싱턴 국경 498mile, 캐나다 국경 962mile.'

이제 캐나다 국경까지는 1,600㎞ 정도만 더 걸으면 됐다. 멕시코 국경에서 시작할 땐 부산과 서울을 5번 왕복해야 끝이 났는데 어느새 2번만 더 왕복하면 끝이었다.

'그래도 산불 구간 점프 안 하고 잘 왔네.'

삶은 언제나 앞을 보면 보이지 않지만 지나고 나서 뒤돌아보면 보이는 경우가 더 많았다.

걸음의 무의미함도, 지겨움도 흘려보냈다. 길고 길었던 캘리포니아도 이젠 내 뒤에 있었다.

CHAPTER 4
Highway
OREGON

세렌디피티

　노스 캘리포니아를 지나 오리건으로 들어온 지 몇 시간이 지났지만 그다지 달라진 것 없이 비슷한 분위기가 계속 이어졌다. 그래서인지 새로운 영역으로 들어왔다는 사실을 전혀 느낄 수가 없었다.
　해가 지기 시작할 때 주 국경을 넘었는데 어느새 자정이 넘어 있었다. 산중에는 한없이 고요한 적막과 칠흑 같은 어두움만이 깔려 있었다. 은진이와 헤어진 후 거의 매일 자정 넘어 새벽까지 걷고 있었다. 말 그대로 눈을 뜨면 걷기 시작해 눈 감기 전까지 걷기만 했다.
　어느새 밤이 주는 공포에도 적응이 되어 더 이상 무서운 이야기를 떠올려도 무섭지 않았다. 어릴 적 〈전설의 고향〉에서 한밤중에 효자 아들이 병든 어머니를 위해 약초를 구하러 갈 때 '나는 불효자'라고 생각했었다. 하지만 이제 약초를 구하러 야심한 밤에 산을 헤매는 일 따위는 거뜬히 할 수 있는 효자가 되어 있었다.
　'오늘 기록 세워 봐?'
　4시간만 더 걸으면 60㎞의 기록을 세울 수 있다는 생각이 들자 욕심이 생겼다. 하지만 의지와는 다르게 한 시간이 조금 넘어가자 발목이 아파 오기 시작했다.
　'더 걸을까? 그냥 쉴까?'
　기록을 세워 보고 싶기도 했고, 내일 빨리 마을에 들어가고 싶기도 해서 힘을 내어 조금 더 걸어 보려 했지만 걸음마다 찾아오는 고통에 앞섰던 의욕을 삼켜야 했다.

'그래. 몸이 보내는 신호에 귀 기울이자.'

결국 고통과 경험이 걸음을 멈춰 세웠다. 커다란 나무 사이, 좁지만 아늑한 공간에 텐트를 겨우 펼치고 짐을 내렸다. 그리고 하루 종일 땀에 절어 당기는 얼굴을 씻으러 계곡을 향했다.

"아 차가워!"

계곡물에 손이 닿자마자 몸이 부르르 떨렸다.

'언제 이렇게까지 추워진 거지?'

내친김에 발도 씻기 위해 계곡물에 담그자 온몸에 전기가 통한 것처럼 시렸다. 주 경계를 하나 넘었을 뿐인데도 계곡물이 얼음장으로 변한 것처럼 느껴졌다. 뼛속을 파고드는 한기에 이제는 추위를 걱정하는 나그네가 되어야 했다.

"진아 오리건에 도착했다."

어젯밤 걷지 못한 거리를 더해 아침부터 부지런을 떨어 오리건의 첫 마을 애슐랜드(Ashland)로 들어왔다. 다행히 큰 마트 앞에서 와이파이를 잡아 은진이에게 영상통화를 걸었다.

"오빠, 수고했어. 그래도 생각보다 일찍 도착했네. 오늘 어디서 자려고?"

"아직 모르겠네. 트레일 엔젤은 없고, 숙박이 너무 비싸서 먹을 거만 사서 트레일로 복귀해서 잘까 싶어. 니는 뭐 하는데?"

"난 포틀랜드 시내 구경 왔지. 여기 수제 맥주가 유명하다고 해서 한번 먹어 보려고. 오빠, 오늘은 돈 생각하지 말고 그냥 하루 푹 쉬어."

PCT를 오기 전 밝은 표정의 은진이로 돌아와 있었다. 문득 화면에 비친 내 모습을 보니 가슴에서부터 무언가 울컥 솟아올랐다. 새카맣게 다 타 버린 얼굴에 볼품없이 자란 수염, 땀과 흙이 뒤엉겨 굳어 버린 꾀죄죄

한 모습은 10살은 더 들어 보였다. 며칠 전 에트나에서 엄마와 영상통화를 할 때는 크게 느끼지 못했는데 왠지 모르게 스스로가 처량하게 느껴졌다.

'언제 이렇게 늙어 버렸지?'

아직 내 마음은 학생 때와도 다를 바 없는데, 아무것도 이루어 놓은 것도 없이 이렇게 빨리 늙어 버릴 거라고 생각지 못했는데, 하는 마음이었다.

무엇보다 하루 숙박비가 아까워 쩔쩔매는 마음이 더해지자 더 그랬다. 30이 넘으면 사는 것이 20대와는 다를 거라고 생각했는데 크게 달라진 게 없었다. 돈 때문에 아등바등 쩔쩔매며 사는 모습은 20대와 마찬가지였다. 큰 도시에 들어올수록 말끔한 사람들과 비교되는 내 모습은, PCT를 처음 시작할 때와는 다르게, 강한 자부심에서 무기력한 초라함으로 변해 있었다.

"그래. 오늘은 그렇게 할게. 예정대로 캐스케이드 록스에 도착할 수 있을 거 같은데 중간중간에 와이파이 되는 데 있으면 연락할게."

"응. 오빠도 조심히 잘 지내고."

은진이와 통화를 마치고 마트 안으로 들어가 맥주 한 캔과 조각으로 파는 닭다리를 사서 마트 앞에 앉았지만 금세 다시 일어서 사람들이 없는 마트 뒤쪽으로 자리를 옮겼다.

'그래. 오늘은 진짜 숙소 잡아서 자자.'

오늘은 기필코 숙소에서 자겠다는 마음을 먹고 닭다리를 뜯으며 숙박 앱에 들어가 최저가 순으로 정렬을 했다. 하지만 제일 위에 뜬 숙소 가격에도 고민이 앞섰다.

'하루쯤은… 아니다. 이 돈이면 산속에서 먹을 음식 2주일 치는 살 수 있는데….'

계속 마음속에 갈등이 있었지만 끝끝내 숙소를 구하지 못했다. 사람은 살아온 대로 살아지지, 쉽게 바뀌지 않는 법이었다.

'그래. 이러지 말자.'

먹던 통닭을 잠시 내려놓고 마트 주차장을 향했다.

"안녕하세요. 저는 PCT 하이킹 중인데 오늘 잘 만한 곳이 없네요. 혹시 집에 마당이 있으면 하루만 텐트 치고 잘 수 있을까요?"

"미안해요. 집에 마당이 없어서요."

몇 사람에게 물어보았지만 돌아오는 대답은 모두 안 된다는 것이었다. 그렇게 몇 번의 거절이 돌아오자 자리를 박차고 일어났을 때의 패기는 사라지고 우울감만 더 커졌다.

'오늘은 안 되는 날인가 보다.'

풀이 죽은 채 식량만 사서 복귀하려고 마음먹고 배낭을 챙기러 자리로 돌아갔다.

"저기요!"

뒤를 돌아보니 옷에 페인트가 잔뜩 묻은 아저씨가 서 있었다. 장을 다 본 것 같았는데, 차를 타지 않고 나를 계속 쳐다보는 듯한 느낌이 들긴 했었다.

"아까부터 저기서 봤는데 혹시 괜찮다면 우리 집에서 잘래요? 아니, 우리 집은 아니고 나는 컨트랙턴데 지금 짓고 있는 집이 있는데 거의 완성되어서 하루 정도는 묵을 만할 거예요."

컨트랙터라는 말에 퀸시의 윌 할아버지와 케이트 할머니가 머릿속을 잠시 스쳐 지나갔다.

"당연히 좋죠. 고맙습니다."

배낭을 챙겨 픽업트럭 뒷자리에 내려놓고 아저씨의 옆자리에 앉았다. 우울함 가득했던 직전의 기분과는 달리 갑자기 온몸에서 에너지가 뿜어져 나오는 것 같았다. 룸미러를 통해 본 내 얼굴도 아까처럼 늙어 보이지 않았다.

'세상 아직 따뜻하네. 살아 있네.'

차를 타고 얼마 지나지 않아 아저씨는 차를 세웠다.

"여기예요."

하얀색 페인트칠을 한 건물은 아기자기하게 예뻤다. 아저씨는 문을 열어 주며 집 안을 구경시켜 주었다. 공사 막바지라 집 안 일부 공사만 남았고 대부분은 깔끔한 새집 분위기를 내고 있었다. 트레일로 돌아가 텐트에서 잘 생각이었는데 세렌디피티(Serendipity)였다.
"편하게 쓰고 내일 갈 때 문만 잘 닫고 가요."
"고맙습니다."
아저씨는 금세 떠났다. 매트를 꺼내 바닥에 깔고 누워 기지개를 켜며 천장을 보고 있자니 세상이 다 내 것 같았다.
잠깐의 휴식을 즐긴 후 곧장 마트를 향했다. 과일, 맥주, 과자, 산에서 먹을 일주일 치 음식에, 아저씨가 공사하며 드실 음식까지 넉넉하게 샀다.
산중으로 복귀해 씻지 못하고 다시 일주일을 보내겠구나 생각했는데 욕조에 따뜻한 물까지 받아 샤워를 하고 나니 모든 것이 행복이었다.

전날, 목욕을 했던 것이 컨디션 회복에 큰 도움이 되었다. 아침에 오랜만에 상쾌한 몸과 마음으로 일어날 수 있었다. 은진이와 떨어진 이후 하루도 제대로 쉬지 못해 발걸음이 무거웠지만 약속한 날짜를 맞추려면 또 길을 나서야 했다.
산에서 도시로 들어올 때는 차가 별로 없었지만 비교적 히치하이킹이 쉬웠다. 하지만 도시에서 산으로 돌아갈 때는 교통량은 많았지만 그냥 지나치는 사람들이 많아 히치하이킹이 어려웠다.
'이거 어쩌죠?'
빨간 차 안의 운전자와 눈이 쳤는데 그는 어깨를 으쓱하며 지나갔다. 안타까운 표정이 그가 하려는 말을 대신했다. 히치하이킹을 시도한 지 30분이 넘어 처음으로 온 반응이 실패하자 숨을 한번 고르기 위해 공원을 향했다. 잠시 후 먼저 지나쳤던 그 빨간 차가 공원으로 들어왔다. 차에서 내린 운전자가 내게 다가왔다.

"안녕하세요. 전 제라드라고 해요. 점심 먹었어요?"

그냥 지나갔어야 할 사람인데 일부러 차를 돌려서 와 준 것 같아 고마웠다.

"안녕하세요. 아니요, 트레일에 복귀해서 먹으려고 해요."

"트레일이요? 뭐 하는 거예요?"

"PCT라고 멕시코 국경에서 캐나다 국경까지 걸어가는 거예요."

그는 매우 놀란 얼굴이었다. 미국인이라고 PCT에 대해서 다 알고 있는 것은 아니었기에 그와 샌드위치를 나눠 먹으며 PCT에 대해서 한동안 이야기를 나눴다. 제라드는 트레일 헤드까지 태워 주고 헤어질 때는 전화번호를 주며 도움이 필요하면 언제든지 전화를 달라고 했다. 다시 볼 수 있을지는 모르겠지만 도움을 주는 사람들과는 꼭 셀카를 찍었다. 그와도 셀카를 찍고 서로의 길로 향했다.

이제 평지가 많아 PCT의 고속도로라 불리는 오리건이 본격적으로 시작되었다.

역치

사막에서 제시를 만난 이후에는 친구라고 부를 만한 사람이 생기지 않았는데 아주 오랜만에 친구가 생겼다. PCT에서는 한 번 본 이후로 끝까지 보지 못하는 사람도 있었고, 이제는 다시 못 보겠구나 생각했던 사람을 오랜만에 만나기도 했고, 자주 만나는 사람도 있었다. 하지만 약속하고 만나지 않는 이상 대부분 걷는 속도의 차이와 하루에 걷는 양이 달라 자주 만날 수는 없었다.

노스 캘리포니아 시작 지점, 사우스 레이크 타호에서 트레일로 복귀하는 날 더글라스 아저씨는 우리를 트레일 헤드까지 태워다 주었다. 가는 길에 하이커 두 명을 같이 태워서 가자고 했었는데 그 두 사람은 마크 할아버지와 새남이었다. 마크 할아버지는 60대 노장 하이커로 강인하게 생긴 외모에 건장한 체격이었다. 지긋하신 연세에 이미 머리 쪽은 살갗이 많이 보였지만 콧수염과 턱수염이 빽빽하게 설산을 이루고 있었다.

새남이는 30대 초반으로 보이는 청년이었는데 차에 올라타자마자 진한 향기를 풍겨서 '냄새남'을 은진이와 둘이서 줄여서 부르는 애칭이었다. 새남이는 자신의 트레일 네임이 빅레드라고 했다. 그도 그럴 것이 새남이는 자신의 덩치만큼이나 85L의 큰 빨간 배낭을 가득 채워 메고 다녔다. 후에 그의 배낭을 메 보겠다고 시도했으나 바닥에서 드는 것부터 실패했다. 그 배낭을 메고 3,000㎞ 가까이 걸어온 것이니 그는 강철의 남자였다.

둘은 코드와 걷는 스타일이 잘 맞아 몇 달째 같이 걷고 있다고 했다.

"할아버지, 오랜만이네요."

리조트에 들어서 테이블에 앉아 있는 마크 할아버지의 얼굴을 보니 반가움이 솟아올랐다.

"호, 오랜만이네. 진은?"

"캐스케이드 록스에서 만나기로 하고 포틀랜드에서 지내고 있어요. 빅레드는요?"

"그래? 빅레드가 좀 천천히 걷고 싶다고 해서 우리도 떨어진 지 좀 됐어."

마크 할아버지와 새남이와도 어느새 한 달이 넘도록 앞서거니 뒤서거니 하며 종종 마주치곤 했는데 최근에는 만나지 못했었다. 그들은 어떻게 생각할지 모르겠지만 내 마음속에는 나의 친구였다.

"오! 브로!"

얘기를 나누다 말고 마크 할아버지는 자리에서 번쩍 일어서 양팔을 크게 벌리고 앞으로 갔다. 뒤를 돌아보니 새남이가 걸어오고 있었다. 어제까지만 해도 전혀 마주친 적 없던 새남이를 단 10분 만에 보자 묘한 기분이 들었다.

'도대체 우리는 숲속에서 어떻게 걷고 있는 거야?'

"헤이, 브로!"

새남이도 마크 할아버지를 크게 불렀다. 둘은 진한 포옹을 나누었다. 가까이 다가오자 다시 한번 그의 진한 향기가 그의 존재를 재확인시켜 주었다. 그런 둘을 보자 내 마음도 짠해 옴을 느꼈다. 생애 단 한 번의 일면식도 없던, 서로의 존재조차 모르던 두 사람이 이 길 위에 올라 서로를 알게 되고, 마음이 맞아 육체적 고통을 함께 이겨내다 보니 진한 우정이 생겼다. 둘은 손까지 부여잡으며 오랜만의 못다 한 이야기를 나누기 시작했다. 나도 괜히 은진이가 보고 싶어졌다.

"안녕하세요. PCT 중이에요?"

둘의 재회에 혼자서 괜히 가슴 뭉클해하고 있을 때였다.

"안녕하세요. 네, 맞아요."

"와~ 우리도 늘 해 보고 싶었는데."

중남미 느낌의 진한 이목구비의 외모를 가진 중년 커플이 내가 앉아 있던 테이블에 앉으며 말을 걸었다.

"저도 마음먹고 여기에 오는 데 3년은 걸린 거 같아요."

"몇 개월씩 걸리는 일이니 직장 문제며 포기해야 할 게 많을 테니까요."

"네. 두 분은 어디서 오셨어요?"

"저희는 포틀랜드에서 왔어요. 여름 막바지 휴가로 가족끼리 캠핑 왔죠."

"정말요? 제 여자친구도 지금 포틀랜드에 있어요. 원래 같이 걷다가 좀 지쳐서 휴식이 필요하다고 3주 정도 쉬러 갔어요."

"진짜요? 그럼 나중에 PCT 마치고 우리 집에 놀러 와요."

"네. 고맙습니다."

인사치레라고 생각했지만 남편은 내 휴대폰을 받아 전화번호를 찍어 주었다.

'미구엘(Miguel).'

"먹을 건 충분해요? 우린 이틀밖에 안 있는데도 엄청 싸 와서 먹는 게 남아돌거든요."

"많은데 준다면 거부는 하지 않습니다. 하하."

"좋아요. 우리 텐트로 같이 가요."

미구엘과 조쉬(Josh)는 아이스박스에서 라면, 소시지, 견과류를 한 봉지 담아 주었다. 그들의 시원한 맥주까지 마시고 기념사진까지 남기고 나서야 다시 자리로 돌아왔다.

다른 구간들과는 달리 오리건에서 꼭 보고 싶었던 두 가지가 있었는데, 한 가지는 오리건의 시작지점에서 가까운 크레이터 레이크, 나머지 하나는 오리건이 끝날 때쯤에 있는 터널 폭포였다. 오늘은 첫 번째인 크레이터 레이크(Crater Lake)를 볼 예정이었다.

자리로 돌아오니 새남이는 어디로 사라지고 없고 마크 할아버지는 떠날 준비를 하고 있었다.

"호, 지금 갈 거야?"

"네. 이제 출발해야죠."

"그럼 같이 가자꾸나."

"네."

리조트에서 얼마 되지 않아 크레이터 레이크를 만날 수 있었다. 전경이 한눈에 들어오지 않아 고개를 좌에서 우로 돌려야 다 보일 정도로 거대한 호수였다. 호수의 색이 얼마나 푸르고 아름다운지 커다란 사파이어를 보는 것 같았다. 쾌청한 하늘 아래 어우러진 푸른 호수가 눈과 마음을 호강시켜 주었다.

'세상에 태어난 게 너무나도 감사한 일이구나' 하는 생각이 절로 들 만큼 바라보고만 있음에도 황홀했다.

"호, 그만 넋 놓고 우리 서로 사진 찍어 주자."

"알겠어요."

마크 할아버지는 전형적인 마초 스타일을 풍기는 외모와는 어울리지 않게 앙증맞은 포즈를 잡고 있었다.

"할아버지, 전 이제 여기 호수 따라서 걸어가려구요."

한참을 사진을 찍고 호수를 보는 것도 조금 지겨워지자 다시 움직여야겠다는 생각이 들었다.

"그래. 나는 조금만 더 쉬고 가야겠구나. 또 보자."

"네. See you on the Trail!"

하루는 빨리 지나갔다. 특히 오리건에 들어온 이후로 하루에 60㎞에 가까운 거리를 걷다 보니 한 번에 10㎞씩을 걷고 쉬기를 6번 정도 반복하면 하루가 금세 지나갔다. 오리건은 평지라 길이 좋아, 노스 캘리포니아에서 한 번에 5㎞를 걷고 쉬던 때보다 두 배가량 쉬지 않고 걸을 수 있었다.

"오~ 사무사마!"

자정이 가까워진 시간, 호숫가 옆에 새어 나오는 불빛으로 가까이 가 보니 오사무 아저씨였다. 왜인지 모르겠지만 난 오사무 아저씨를 '사무사마'라고 불렀다. 사막의 끝이자 시에라의 시작인 케네디 메도우에서 마지막으로 본 이후로 오사무 아저씨를 굉장히 오랜만에 만났다.

"호! 오랜만이야."

"히사시부리~ 지훈이는요?"

"지훈이는 걸음이 빨라서 진작에 떨어졌지."

"그랬겠네요."

걸음이 빠른 데 더해 부지런한 지훈이라 상상이 갔다.

"아저씨, 저도 오늘 여기서 텐트 칠게요. 잠시만요."

아저씨가 피워 놓은 캠프파이어 옆에 텐트를 치고 간단히 먹을거리를 챙겨 아저씨 옆에 앉았다.

"아저씨는 어떻게 PCT 오게 된 거예요?"

PCT에 오르게 된 사람들의 사연이 궁금해 자주 묻는 편이었다.

"나? 작년에 JMT를 했는데 너무 좋은 거야. 그래서 그때 내년에 꼭 PCT를 하겠다고 다짐을 했지. 넌?"

"저는 영화 〈와일드〉를 보고 나서는 계속 PCT 생각밖에 안 나더라구요. 마음먹는 데는 꽤 오래 걸렸는데 그래도 준비는 금방 해서 왔어요. 근데 아저씨는 결혼은 안 했어요, 그럼?"

"나 재작년에 이혼했어. 전 와이프랑은 지금도 친구처럼 지내. 여기 오기 전에도 만나고 왔는걸."

"애기는 없어요?"

"다행인지는 모르겠지만 없으니까 여기 올 수 있었지. 참, 진은 어디 있는데?"

"지금 포틀랜드에 3주 정도 쉬러 갔고, 워싱턴 국경에서 만나기로 했어요."

"진도 정말 대단하다. 너희는 결혼했니?"

"아뇨. 이제 한국 가면 해야죠."

"하하. 이런 일도 같이 해낸다면 뭐 결혼 생활도 무사히 잘 해낼 거야."

아저씨는 흐뭇한 미소를 보였다.

"아저씨는 일본에서 뭐 하셨어요?"

"난 커다란 트럭 드라이버였어."

아저씨는 일본인 특유의 익살스런 표정으로 운전하는 흉내를 내었다.

"내 친구들은 내 삶이 부럽다고들 말해. 다들 오고 싶지만 오지 못한다고 해야 하나? 난 친구들에게 말했어. 인생은 자유롭지 못하지만 선택은 자유롭다고. 사람들은 한계를 만들어 두고 안 된다고 이야기하지만 생각하기 나름인 것 같아. 각자가 처한 상황에 따라 생각하는 게 다를 수밖에 없지만 나도 일상을 내려놓고 여기 온다는 게 쉽지만은 않았거든. 때로는 상황 안에서만이 아니라 밖에서도 생각해 볼 필요가 있는 것 같아. 내 선택은 여기였어."

아저씨의 말이 맞았다. 서 있는 곳에 따라 보는 것이 다르기에 서 있는 곳 자체를 바꿀 필요도 있다는 생각이 들었다. 이것저것 따지고 들면 안정적인 일상을 내려놓을 수 없었다.

"아저씨는 PCT 온 거 만족하세요?"

"응. 엄청. 근데 사실 이제 많이 지치기도 하고 기계적으로 걷고 있기는 한데 내 인생에서 언제 또 이런 낭만적인 일을 해 보겠어? 너는 어떤데?"

"아저씨랑 같죠. 노스 캘리포니아 이후로 이제는 좀 숙제같이 느껴져요. 캠핑 생활도 재미없고 오히려 힘들고 좀 편한 곳에서 자고 싶죠. 멋진 풍경을 봐도 그냥 그렇고, 매일 반복되니까요. 이제는 관성이 하는 거죠, 뭐. 하하."

"사는 게 그런 거 아니겠어? 사람은 자꾸 변화하는 입장에 따라 생각이 달라질 수밖에 없으니 초심을 떠올리고 목표를 생각하고 스스로 동기 부여를 해야지. 시간이 지나면 이 길 위에서의 일들이 가끔씩 울컥하며 생각이 날 것 같아."

"맞아요. 그리고 회사 다닐 때는 매일이 너무 같아서 떠올릴 만한 추억들이 별로 없었는데, 여기서는 매일 비슷하긴 하지만 뒤돌아보면 추억할 거리들이 진짜 많아요."

아저씨와 이야기를 나누며 아저씨가 주워 놓은 나무들을 몇 번이나 더 넣어 줬지만, 땔감은 어느새 다 떨어져 불도 점점 약해져 자취를 감추어 갔다.

"호, 내일 또 걸어야 하니 이제 그만 잘까?"

"네. 오늘도 고생 많으셨어요."

아저씨가 텐트로 들어가는 걸 보고 나도 텐트로 들어갔다. 옆에 텐트 하나가 더 있을 뿐인데 마음이 든든해졌다. 사람에게는 사람이 있다는 자체만으로도 감사한 일이었다.

처음에는 느끼지 못했지만 오리건에 들어와서 몇 가지 변화가 있었다.
먼저 PCT의 고속도로라고 불리긴 했지만 역시나 산은 산인지라 경사는 낮지만 계속 오르락내리락해야 했다. 그래도 확실히 낮은 경사라 그런지 길러진 체력에 더해 하루에 60㎞를 걷는 게 그렇게 어려운 일이 아니었다.
다음으로는 물 포인트가 많이 없어졌다. 시에라에서부터는 마시고 싶을 때마다 물이 있었기에 1L짜리 물통 반만 채워서 다녔는데 이제는 15~20㎞ 동안 물이 없는 구간도 꽤 자주 있어 1L를 가득 채워야 했다. 다행히 조금은 싸늘해진 날씨와 숲속을 걷는 일이 많아 물이 많이 필요하지는 않았다.

마지막으로 길가에 쓰러진 큰 나무들이 많았다. 그래서 한참을 둘러 가거나 나무를 넘어가는 일이 많았다. 한번은 발을 높게 들지 않으면 발이 걸려 넘어질 걸 알면서도 그러지 않아 나무에 걸려 넘어졌다.

'인생아….'

바닥에 고꾸라진 채로, 이미 외관은 상할 대로 다 상했지만, 제일 먼저 카메라를 확인했다. 다행히 이상은 없었지만 손바닥이 따끔한 게 느껴져 보니 피부가 찢겨 피가 나고 있었다. 알면서도 당한 기분이 들어 괜히 억울한 기분에 한동안 바닥에 누워 멍하니 하늘을 바라보다 다시 일어섰다.

한편 조금씩 새로운 영역에 또 익숙해져 가고 있었다.

반복이 주는 자극에의 적응은 역치를 높였다. 감각에의 순응은 길 위의 어떤 일들에도 가슴을 울리지 못했고, 동일한 자극의 반복은 이제 무감각을 넘어서 피로감을 느끼게 만들었다. 외부가 아닌 내 안에서 끊임없이 동기 부여를 해야 했다.

어느 순간부터 하이커들을 만나서 이야기를 나눌 때에도 우리가 넘고 있는 정신적 고비에 대해서 말하는 일이 많아졌다. 이야기 중에 원동력, 즉 동기에 대한 부분은 꼭 짚고 넘어가게 되는 주제였다.

"모르겠어. 이젠 더 이상 의미가 없다고 느껴져. 시에라에서도 몇 번의 패스를 넘으니 그 아름다운 풍경에 아무런 느낌이 없었거든. 하물며 여기는 더 느낄 수가 없지. 텐트를 치며 자는 것도 이젠 지겹고… 그래도 하는 데까지는 해 보겠지만, 모르지."

햄버거를 하나 사 먹으려고 들른 리조트에서 만난 네이비가 말했다. 그는 큰 키에 핸섬한 얼굴, 보기 좋게 자리 잡은 온몸의 근육 덕에 남성미가 넘쳐 보였다. 그의 말이 맞았다. 오기 전 상상만으로도 가슴 뛰던 PCT가 어느새 일상이 되어 버리고 난 후 재미를 잃은 지 오래되었다.

"정말 그래요. 예전엔 마을에 가서 쉬고 오면 일주일은 거뜬히 버텼는데 이젠 복귀 날 바로 힘이 쭉 빠져요."

"누구나가 다 같은 고민을 하고 생각을 하고 있을 거야. 그래도 여기까지 온 것만 해도 꽤 근사한 일인 것 같아."

"근데 네이비는 왜 PCT를 시작한 거예요?"

"이유는 따로 없는 것 같은데? 그냥 쿨해 보이잖아. 원래 남들이 할 때는 좀 더 멋있게 보이다가도 자신이 하면 이거 생각보다 별거 아닌데? 하게 되잖아. 어쩌면 이젠 우리는 못 느끼고 있어서 그렇지 다른 사람이 보기엔 여전히 쿨해 보일지도 몰라. 그렇잖아? 멕시코 국경부터 걸어서 오리건까지? 누가 믿겠어?"

"생각 못 했는데 듣고 보니 맞는 말이네요. 그만하고 싶은 생각이 들 때는 어떻게 버텨요?"

"나도 위기가 많이 왔고 지금도 위기라고 생각해. 근데 사람마다 크건 작건 선택의 순간들은 항상 찾아오기 마련이잖아. 한 사람의 정체성은 그 사람이 하는 선택에 있다고 생각하거든. 힘든 순간에 포기를 선택하기보다는 이겨내는 그런 사람이 되고 싶어. 그걸 선택하고 싶어. 그럼에도 불구하고 해내는 사람. 너는 어떤데?"

"음… 저는 의미가 없이 느껴지고 재미가 없어서 그렇지 그만둬야겠다고 생각해 본 적은 없어요. 그냥 하루하루 버티다 보면 캐나다에 조금 더 가까워져 있고 또 매일이 비슷한 거 같지만 가끔씩 있는 소소한 이벤트들 때문에 힘내서 걷기도 하고 그런 거 같아요. 오늘 햄버거도, 네이비 만나서 이야기하는 것도 제게는 소소한 이벤트죠."

나와 같은 곳에 서 있는 사람의 얘기는 커다란 위로로 다가왔다. 얘기를 하고 있는 사이, 빨간 머리에 얼굴에 주근깨 가득한 여자가 네이비의 품 안에 안겨 왔다.

"여기는 파이어볼, 내 여자친구야. 난 해군에서 근무하다 제대 후에 이혼했고, PCT 하다가 파이어볼을 만나 사귀게 됐어."

둘은 서로의 입술을 맞댔다. 미국에서 이혼한 사람들을 정말 많이 봤다. 그들은 하나같이 기억 저편의 사람을 엑스라고 불렀다. 쿨한 생각을 가져서 그런지 새 여자친구 앞에서도 이혼 얘기를 스스럼없이 말하는 분위기가 내게는 낯설었다.

"안녕하세요. 전 호라고 해요. 위스키 중에 파이어볼 있지 않아요? 계피 맛이었는데 정말 맛있었어요."

"응. 그녀는 맛있지."

"픕."

생각지 못한 그의 대답에 실소를 터트렸다. 둘은 다시 입술을 맞대며 조금 더 과감하게 사랑을 나누었다.

"저 이제 햄버거 사 먹으러 갈게요. 또 봐요."

"응."

네이비는 하던 일이 바빴는지 인사를 하는 둥 마는 둥 했고, 나는 방해가 되지 않게 식당으로 자리를 옮겼다.

식당 안은 미식축구 경기를 보는 사람들의 열기로 가득 차 있었다. 이따금씩 사람들의 괴성이 들려오기도 했다. 미식축구에 대해서 전혀 아는 것이 없다 보니 사람들이 왜 저렇게 괴성을 지르는지 이유도 알지 못한 채 햄버거만 열심히 먹었다. 언젠가 한국인 하이커가 말했었다.

"미국의 햄버거는 정말 비싼 거 같은데 돈이 하나도 아깝지 않아."

미국 수제 버거의 맛은 언제나 일품이었다.

내 친구, 마크

'타닥, 타다닥'

나무 속 빈 공간을 채웠던 공기가 불을 만나면서 내는 소리가 적막한 산을 채우고 있었다. 은은하게 풍겨 오는 나무 타는 냄새가 구수하게 느껴졌다. 분명 마크 할아버지가 기다리고 있을 터였다.

"할아버지, 요즘 자주 만나네요."

며칠째 할아버지와 같은 곳에서 잠자리를 마련했다. 어느 날은 내가 모닥불을 피워 놓으면 할아버지가 그곳에서 걸음을 멈추었고, 어느 날은 할아버지가 먼저 도착해 모닥불을 피워 놓으면 내가 걸음을 멈추었다. 모닥불은 '오늘은 그만 걷자'라는 둘만의 암묵적 신호였다.

평평한 곳에 자리를 잡아 텐트를 치고 저녁거리를 챙겨 나갔다. 할아버지도 저녁을 먹지 않고 기다리고 있었다. 실은 저녁이라기보다 자정이 넘은 시간의 야참이었다.

"호, 배고프지? 얼른 밥 준비해."

"예, 썰!"

호수 옆에 자리한 텐트 사이트라 물은 쉽게 구할 수 있었다. 흐르는 물이 많았던 시에라와 노스 캘리포니아와 달리 오리건은 고인 물인 호수가 많았다. 낮에는 보이지 않던 도롱뇽들이 밤엔 어김없이 야간 수영을 즐기고 있었다. 덕분에 오리건에서는 다시 정수해 물을 마셔야 해 조금 귀찮아졌다. 5분간 열심히 펌프질을 마친 후 할아버지 곁으로 앉았다.

"할아버지는 PCT 오기 전에 무슨 일 하셨어요?"

"난 타일러였어."

"정말요? 저 예전에 호주 워킹홀리데이 가서 타일러 보조 일 했었는데, 짐 나르고 그라우팅하고 그런 것들 있잖아요."

"그래? 한국에서는 무슨 일 하다가 왔는데?"

"전 TV랑 모니터패널 만드는 일 하다가 왔어요."

"이런 거?"

할아버지는 자신의 휴대폰을 꺼내 앞뒤로 뒤집으며 익살스러운 표정을 지어 보였다.

"네. 5년 정도 일했는데 PCT를 알게 되고, 한 날은 결혼하기 전에 지금이 마지막 기회라는 생각이 들더라구요. 애기도 가지고 키우다 보면 오기 힘들 것 같아서 그냥 왔어요. 하하."

"인생이라는 게 생각이나 계획한 것처럼 마음대로 되는 게 잘 없어서 그때그때 하고 싶은 일을 하면서 사는 게 제일이지."

"맞아요. 좀 더 어릴 때는 세상이 다 내 마음대로 될 것만 같았는데 내 맘대로 되는 건 극히 일부고 대부분이 내 마음대로 흘러가지 않더라구요."

"그래. 작은 위로라면 너만 그런 게 아니라 세상 모든 사람에게 그렇게 적용되고 있으니까. 하하."

"할아버지는 PCT 끝나면 다시 타일 일 할 거예요?"

"응. 타일 일 하면서 이렇게 긴 하이킹은 못 하겠지만 여기 미국의 많은 트레일들을 많이 걸어 보고 싶구나."

"미국은 너무 넓어서 정말 한 번 더 살아야 구경을 마칠 수 있을 거 같아요."

"그러냐? 이렇게 오래 살았는데도 아직 가 보지 못한 곳이 훨씬 더 많으니까. 오늘은 이만 잘까?"

"네. 그래요. 마크, 잘 자요."

매번 아침에 일어나면 할아버지가 출발하고 없었는데 오늘은 할아버지보다 내가 일찍 나섰다. 60㎞를 조금 못 채웠을 때 지쳐 자리를 잡았다.
"호우! 호우!"
이제 할아버지와 거리가 생기나 생각하고 있었는데 모닥불을 지핀 지 얼마 되지 않아 할아버지가 도착해 장난스럽게 나를 불렀다.
"할아버지 오늘 한 번도 못 봤는데 바로 뒤에 계셨었네요."
"그러게. 꽤 열심히 쫓아온 거 같은데."
할아버지는 텐트를 치고 모닥불 앞에 앉았다.
"넌 왜 맨날 저녁을 라면으로만 먹니? 그리고 그 옆에 통에 든 빨간 건 뭐야?"
"전 지금 4개월째 라면으로 저녁 먹고 있어요. 이게 PCT 하면서 제일 양도 되고 든든하거든요. 그리고 이 빨간 가루는 한국식 라면스프예요."
"한번 먹어 봐도 돼?"
"네. 얼마든지요."
마크는 참치를 먹던 포크를 코펠로 넣어 스파게티를 먹듯 라면을 말아 입 안으로 넣었다.
"음~ 생각보다 맛있네. 근데 조금 매운 거 같다."
"한국 사람들은 매운 음식을 엄청 좋아하거든요. 할아버지는 결혼은 안 했어요?"
며칠간 같이 얘기를 많이 나누다 보니 왠지 모르게 그가 혼자일 거라는 느낌이 들었다.
"나도 결혼은 했었지. 근데 이혼한 지가 10년도 훨씬 넘은 거 같네."
"애기는 없었어요?"
"애기? 하하. 애기는 아니고 20년 전에 교통사고가 나서 하늘나라로 갔지. 한순간도 그 애를 잊은 적이 없구나. 아내의 잘못도 아닌데 보듬어 주기보다는 화만 냈어. 이제 와서 후회해도 소용없지만, 평생 내 마음의 짐으로 안고 살아야지."

"미안해요. 마크."

엘 아저씨가 생각이 났다. 세상에는 말할 수 없을 만큼 아픈 상처를 지닌 사람들이 생각보다 참 많았다. 내가 느껴 온 고통이나 슬픔들은 어쩌면 한낱 투정이 아닐까 하는 생각이 스쳤다.

"어떤 슬픔들은 겪지 않으며 사는 것이 행운인 것 같아. 자식을 잃은 부모들의 마음속 고통을 난 잘 알 거라고 생각해. 하지만 그 마음을 알고 이해하고 싶지 않구나."

마초적인 마크의 눈시울이 붉어졌다. 괜한 질문을 꺼내 그의 가슴 깊은 곳 슬픔을 꺼내어 놓은 것 같은 생각에 미안한 마음이 치솟았다.

"호. 괜찮아. 니가 묻지 않았어도 PCT에서도 난 항상 브라이언과 함께였어. 누군가에게 이야기를 꺼내니 갑자기 울컥하는 것뿐이야."

그에게 어떤 말도 해 줄 수 없어 한동안 고요한 침묵만이 우리 주변을 감쌌다.

"살아 있다면 너와 비슷한 나이겠구나. 진과는 결혼할 거니?"

"네. PCT가 끝나면 남미랑 아프리카를 여행할 계획이거든요. 여행 끝내고 한국으로 돌아가면 결혼하려구요."

"와. 너는 정말 복 받은 놈이구나. 사랑하는 사람과 세계 일주를 함께 하다니 말이야. 하하. 어렵겠지만 진을 많이 이해해 주고 그녀의 입장에서 생각하려고 힘쓰렴."

"예, 썰!"

"이 녀석이!"

마크와 자기 전 모닥불 앞에서 가지는 시간은 즐거웠다. 인생에 경험 많은 친구가 생긴 기분이었다. 그의 깊은 생의 경험이 편견이 되어 나를 재단하거나 가르치려 하지 않았다. 그와 조금 더 나무가 불타는 걸 마저 지켜보다가 각자의 텐트로 들어갔다.

"호! 마을 들어갈 거야?"
"네. 식량도 좀 보충해야 하고, 맥도날드 햄버거도 먹고 싶어요."
PCT 하이커들을 위한 공간이 따로 마련되어 있는 청소년 수련원에 들어가자 먼저 도착해 소파에 앉아 있던 마크가 물었다.
"그럼 나가자!"
배낭을 내리고는 마크와 마을을 가기 위해 차를 히치하이킹했다.
시스터(Sister) 마을까지는 멀지 않았다. 크지 않은 마을의 마트 앞에는 말끔한 사람들로 분주했다.
오리건의 첫 마을 애슐랜드에 들어왔을 때와 크게 달라진 건 없었다. 땀에 절어 시큼한 냄새의 흙투성이 옷과 신발, 그때는 스스로가 한없이 초라하게 느껴졌지만, 지금은 전혀 초라하다고 느껴지지 않았다.
'그때 내가 초라하다고 느꼈던 이유는 외로움이 아니었을까?'
마크를 보고 괜히 웃음 지어 보였다. 마크는 이 이상한 놈은 뭐지? 하는 이상한 표정으로 대답해 주었다.

"진아, 아무래도 한 이틀이나 3일 늦을 거 같은데."
장을 보고 돌아온 후 청소년 수련원의 와이파이를 잡아 은진이에게 연락을 했다. 하루에 걷는 양을 50㎞로 잡고 계산해 보니 처음에 헤어지면서 만나기로 한 날보다 많으면 5일가량 늦을 것 같았다.
"음… 방 계약은 3주만 해 놔서 나 끝나면 바로 다른 사람 오기로 했거든. 그럼 시애틀도 구경해 보고 싶은데 다녀올게."
"다녀와도 이틀은 숙소 또 구해야 하제?"
"응. 그거야 뭐."

열심히 걷는다고 걸었는데 언제나 생각처럼 되지는 않았다.

'오! 우리도 포틀랜드에서 왔는데 PCT 끝나면 여자친구랑 놀러 와요.'

갑자기 미구엘의 얼굴이 떠올랐다.

"진아. 지난번에 캠핑장에서 포틀랜드 산다는 사람 만났는데 놀러 오라고 했었거든. 혹시 모르니까 니 놀러가도 되냐고 한번 물어볼게. 괜찮나?"

"그래? 난 괜찮아."

통화를 마치고 휴대폰에 미구엘이 찍어 준 연락처로 문자를 보내 상황을 얘기하니 그는 은진이의 전화번호를 가르쳐 달라고 했다.

"오빠. 미구엘이 시애틀에서 돌아오면 버스 터미널로 데리러 오겠다는데?"

멍하니 바닥에 누워 천장을 바라보고 있자니 은진이에게 반가운 연락이 왔다.

"와? 진짜가? 잘됐다. 그럼 3일만 미뤄서 캐스케이드 록스에서 보자. 혹시라도 그날 저녁까지 안 오면 늦어진다고 생각하고 걱정하지 말고 숙소 잡아서 하루만 더 기다려."

"응."

은진이에게도 미국에 친구가 생기는 기회가 되지 않을까 하는 마음에 기분이 좋았다.

'미구엘 너무 고마워요!'

'진은 걱정하지 마. PCT 끝나고 나면 둘이서 같이 놀러 오렴.'

은진이는 미구엘 가족과 함께 일식집에 가서 사케도 먹고, 집에서 멕시코 음식도 만들어 먹고, 노래방에도 놀러 갔다고 했다. 은진이는 미국에서의 6개월 동안 미구엘 집에서의 추억이 가장 즐거웠다고 했다.

캠핑장에서 만나 잠깐 이야기 나눈 사람이 나의 소중한 사람에게 좋은 추억을 만들어 준 것이었다. 사람과 사람의 만남은, 인연은 오묘하고 재미있었다.

"호, 난 며칠 더 있다 가려고."
다음 날 아침 마크가 얘기를 꺼냈다.
"네?"
"오리건에 오랜 친구가 있는데 오랜만에 그를 좀 보고 싶어."
"얼마나 있을 건데요?"
"몰라. 나도 많이 지쳐 있고 오랜 친구를 만나면 그 뒷일은 알 수가 없지."
"이제 다시 보기는 힘들지 모르겠네요."

마크는 고개를 끄덕였다. 세어 보니 그와 함께한 날이 일주일 남짓한 시간이었다. 생에 이렇게 스쳐 지나가는 만남이 얼마나 많은가. 하지만 이 길 위에서의 만남은 어딘가 조금 특별했다.

"호, 난 '이상주의자보다 경험주의자가 되어라'라는 말을 참 좋아해. 사람은 말이야 타인에게는 그의 성공으로부터 배우는 게 많지만 자신에게는 실패로부터 배우는 것이 더 많더라고. 부딪히고 깨지고 그러면서 삶을 조금씩 배워가는 게 아닌가 싶어."

"고마워요. 마크."

"헤이 브로 건강해. 진과 함께 꼭 캐나다까지 가길 바라."

"마크도 무사히 캐나다 국경에 닿기를 바라요."

새남이와 같이 나도 그에게 브로가 되었다는 사실이, 이 PCT 길 위에서 누군가 한 명에게는 의미가 되었다는 사실이 마음을 벅차게 만들어 주었다.

마크는 큰 덩치로 나를 품 안에 넣어 꽉 안았다. 노장의 힘은 생각보다 훨씬 강했다.

다시 외로운 길이 시작되었다.

가을비

　마크와 헤어진 후 다시 PCT에서의 재미를 잃었다. 당시 난 사람은 사람으로 산다는 것을 절실히 느꼈다.

　마크의 빈자리를 걸음으로 채워 기계처럼 걸었다. 하루 종일 말 한마디 나누는 사람 없이 걷기만 하니 정신이 피폐해짐이 느껴졌고 몸도 따라서 아파 오는 것 같았다.

　하루 종일 55㎞를 걷고, 마지막엔 조금 무리가 됨을 느꼈지만, 공허함을 채우려 안간힘을 짜내 걸었다. 그리고 눕자마자 잠이 들었는데 아침에 눈을 뜨니 온몸이 두들겨 맞은 것처럼 아팠다.

　'와… 죽을 거 같네.'

　어제도 60㎞를 걸었다. 쏟아지는 졸음에 눈꺼풀을 닫고 걷다가 문득 시계를 보니 새벽 3시를 가리키고 있어 길옆 작은 틈에 잠자리를 펼쳤었다.

　'그래도 가야지…'

　은진이와의 약속을 지키기 위해서는 하루도 빠짐없이 빡세게 걸어야 했다. 텐트 문을 열고 신발을 신으려고 발을 넣는 순간 어제 확실히 무리했다는 것을 다시금 느낄 수 있었다. 퉁퉁 부어 버린 발을 신발에 겨우 쑤셔 넣었다.

　'아…'

배낭을 메자 몸을 가누기가 버거웠다. 배낭이 몸에 딱 붙는 기분이 아니라 내가 배낭에 휘둘리는 기분이었다. 확실히 컨디션이 좋지 않았다. 한 걸음 한 걸음이 괴로워 하루 쉬고 싶었지만 숲속에서 아무것도 하지 않고 혼자 있는 것이 더 괴로울 것 같아 꾸역꾸역 걸음을 시작했다.

"어디 안 좋아요? 왜 이렇게 인상 쓰고 있어요."

"어제 무리해서 걸었더니 아침에 일어나자마자 온몸이 마치 누가 계속 때리는 것처럼 너무 아프네요."

앉아서 밥을 먹고 있던 세 사내 중 한 명이 옆을 지나는 나를 보며 물었다.

"약 가진 거 없어요?"

"네."

간신히 고개를 끄덕이며 대답했다. 그러고 보니 은진이와 나는 비상약 하나 가지고 다니지 않았다. 3,000km를 넘게 걸으며 약의 필요성을 느낀 적이 없었으니 운이 좋았던 셈이었다.

"우리한테 아스피린 있는데 좀 먹어 볼래요?"

"네. 고맙습니다."

한 사내가 배낭 깊숙이 손을 집어넣고 약을 한 움큼 꺼내 주었다.

"한 번에 세 알 정도 먹어요."

그가 건네준 붉은 알약을 입 안에 털어 넣고 물과 함께 삼켰다.

"정말 고마워요."

그들에게 인사를 건네고 다시 또 터벅터벅 걸음을 시작했다.

오늘은 리틀 크레이터 레이크(Little Crater Lake)를 볼 수 있는 날이었다. 사진을 통해 본 호수는 사파이어 빛이 감돌았다. 아침에 눈을 떴을 때 히치하이킹을 고민하기도 했지만 결국 걷기로 결정했던 것도 실은 리틀 크레이터 레이크 때문이었다.

약을 먹은 후 햇살을 받으며 걸으니 몸에 점점 기운이 돌아오는 것이 느껴졌다. 그렇게 네 시간을 가득 채워 걸어 크레이디 레이크를 만났다.

'와…'

 세상에 이보다 더 고귀한 파란색이 있을까, 세상에 존재하지 않을 것만 같은 호수의 빛깔을 보니 동화에나 나오는 요정이 숨어 있을 것만 같았다. 크레이터 레이크를 보고 세상에 이런 색이 있을까 생각했었는데 리틀 크레이터 레이크는 그보다 더 아름답게 느껴졌다.

 '꼬르륵'

 호수만 멍하니 바라보길 반 시간이 지나자 배 속에서 그만 일어나라는 신호를 주었다.

 몸은 많이 좋아졌지만 회복된 것은 아니었다. 더 이상 걸을 수는 없겠다는 생각이 들어 일부 구간을 스킵하기로 했다. 다행히 호수를 구경 온 관광객에게 부탁하니 선뜻 후드산 정상까지 차를 태워 주겠다고 해 한시름 놓을 수 있었다.

 후드산은 낮고 평평한 지형 가운데 홀로 우뚝 솟아 있었다. 정상에 커다란 산장이 있었고 그 일대에는 관광객으로 붐벼 사람이 많은 곳을 피해 하이커들이 모인 숲으로 향했다. 커다란 나무 사이에 쳐진 세 개의 텐트 옆쪽에 보금자리를 마련했다. 다행히 약발이 다 받은 건지 아니면 하루쯤은 농땡이를 치고 싶었던 건지 더 이상 아프지 않았다.

텐트를 치고 주변에 넓게 펴진 전경을 볼 수 있었다. 하지만 거짓말처럼 순식간에 거대한 구름이 온 산을 휘감았다.

'쏴~'

일순간 비가 억수같이 쏟아지기 시작했다. 잎이 우거진 큰 나무 사이에서도 텐트는 금세 홀딱 젖어 버렸다.

'드디어 시작되는 건가?'

텐트 위를 시원하게 내리치는 빗소리가 듣기 좋았다. 따뜻한 방 안에 앉아 파전에 막걸리를 한잔한다면 세상 어느 것도 부러울 것이 없을 것 같았지만 달콤한 상상은 이내 고이 접어 두고 이제부터 시작될 우기를 걱정해야 했다.

오리건에는 9월에 우기가 찾아온다고 했다. 오리건에서 워싱턴을 지나는 동안, 그리고 워싱턴에서 우기를 겪고 겨울이 오기 전 잠시 인디언 서머가 찾아온 후 곧바로 겨울이 시작된다고 했다. 가을비는 조금씩 겨울을 재촉하고 있었다.

밤새 비는 그칠 줄 모르고 쏟아지며 텐트를 두드렸다.

'마지막 한 달만 더 힘내자.'

지치지 말기를, 지치더라도 스스로를 잘 다독여 이겨내기를 나에게 부탁하며 잠이 들었다.

 후드산에서의 강렬한 빗줄기 이후로 하루에도 몇 번씩 비가 왔다 그쳤다를 반복했다. 4개월이 넘어간 산중 생활은 산속 어떤 환경에도 쉽게 적응하도록 만들어 주었다. 하지만 젖은 침낭에 들어가 잠을 청하는 것과 아침에 일어나 젖은 바지에 다리를 집어넣는 일은 기분이 여간 음침한 것이 아니어서 적응이 쉽지 않았다.

 간신히 매달려 있던 나뭇잎이 중력을 이기지 못한 채 끝내 서서히 낙하했다. 초록이 무성했던 여름이 가고 가을을 향하는 산은 온통 붉은 기운을 내뿜고 있었다. 오랜만에 맑은 하늘이었지만 그늘을 지날 때 나는 낙엽 썩는 냄새가 코끝을 가볍게 자극했고 따사로운 햇살은 포근했다. 산은 모든 감각을 가을로 채워 주었다.

 '시간이 흐르는구나.'

 절대 지나지 않을 것만 같은 무더위도 결국은 지나 버렸다. 하루는 길었고 일주일은 짧았다. 특히 시간은 항상 뒤돌아보면 더 빨리 지나 있는 것 같았다.

 "며칠 전에 여성 단기 하이커가 산에 혼자 왔다가 마운틴 라이언에게 잡아먹혔다네요."

"와… 정말요?"

"네, 그렇다네요. 생각해 봐요. 한 번에 죽이지 않았을 텐데 자신이 죽는 걸 지켜보면서 죽는다는 게 얼마나 무서웠겠어요."

"진짜 조심히 다녀야겠어요. 근데 그게 조심하지 않아서 그런 건 아닐 테니 참 무섭네요."

"마운틴 라이언을 만나면 일단 최대한 크게 보여야 하고 사람 목을 공격해서 물어 죽이기 때문에 목을 조심해야 해요."

문득 저녁이 다가오자 후드산에서 만난 하이커가 해 준 이야기가 생각이 났다. 밤에 걷는 것에 대한 공포가 많이 줄었지만 사건을 들은 이후 귀신에 대한 공포와는 또 다른 공포감이 생기게 되었다. 머릿속에는 갑자기 마운틴 라이언이라도 나타나면 어떻게 싸워야 하나 하는 생각만 가득했다.

'일단 하이킹 폴로 찌르고 돌을 주워서 때리자. 그리고 덩치를 크게 보이고 목은 절대로 보이지 말자.'

만나면 꼼짝없이 얼어 버리겠지만 걷는 동안에도 계속 머릿속에서는 마운틴 라이언과 싸우고 있었다.

"뭐야 이거?"

'이곳에 들어가면 지옥의 문이 열릴 거야.'

출발할 때 나무에 간신히 붙어 있던 쪽지가 떠올랐다.

오리건주에서 꼭 보고 싶었던 크레이터 레이크는 오리건 초반에 이미 봤고, 나머지 하나인 터널 폭포는 오리건의 끝에 위치했는데 PCT 정규 길에서 빠져 사이드 루트를 통해야만 볼 수 있었다.

'무슨 개소리야?' 하며 콧방귀를 뀌며 지나친 쪽지였지만 출발한 지 한 시간 만에 깨달을 수 있었다.

'뭐시? 서걸 어떻게 내려간 거야?'

내리막길의 연결이 일순간 끊겨 있더니 발자국이 한참 아래에서 다시 시작되었다. 어디를 둘러봐도 길은 없고, 그 사이에는 오로지 수직에 가까운 절벽뿐이었다.

'일단 옆으로 서서 미끄러지듯 내려가 보자.'

터널 폭포를 못 본다는 사실보다 왔던 길을 다시 돌아가는 게 더 싫어 결국 내려가기로 마음먹었다. 몸을 옆으로 세운 뒤 발의 날로 천천히 발을 내디뎠다. 중간중간 흙벽에 뿌리를 박은 작은 초목을 잡고서 무사히 내려올 수 있었다.

"와… 씨. 살았네."

도착하자마자 한시름 놓았다는 생각에 나도 모르게 혼잣말이 나왔다. 하지만 쉴 틈 없이 바로 길을 나섰다. 터널 폭포도 폭포였지만 오늘은 거의 한 달 만에 은진이를 만나는 날이었다. 마을 입구에서 은진이가 벌써 나를 기다리고 있을 것만 같아 발걸음을 재촉했다.

이글 크리크는 아름다웠다. 이글 크리크를 배경으로 한 미국 드라마 〈베이츠 모텔〉에서 본 북미의 거목이 가득한 대자연의 모습 그대로였다. 산과 산이 만드는 깊은 계곡에 끊임없이 흐르는 물소리와 가을이 깊어 전체적으로 붉은 기운을 품은 산의 색, 얼굴을 가볍게 자극하는 산뜻한 산이 품은 습기, 산이 내뿜는 자연의 향기 그리고 입을 벌릴 때마다 느껴지는 깊은 산중에 품긴 안개의 물맛까지 오감이 온통 대자연이었다.

내리막을 내려와 걷기 시작한 지 얼마 지나지 않아 드디어 처음 보았던 쪽지가 다시금 떠올랐다. 불에 탄 지 얼마 되지 않은 수십 미터의 큰 나무가 길가를 막아서고 있었다. 아직은 가지치기가 되어 있지 않은 굵은 가지들이 그대로 붙어 있어 옷과 배낭에 걸려 나무 하나를 넘어가는 게 산 하나를 넘는 것처럼 느껴졌다. 그런 나무를 넘어가기를 다섯 번, 계속 이어질 것 같은 기분에 불안감이 커지기 시작했다.

오리건에서는 최소 시속 5km씩은 나왔는데 지도를 보니 1시간을 열심히 걸어왔지만 2km를 겨우 벗어나 있었다. 불안감은 적중했다. 열 개의 나무를 넘어가자 더 이상 세기도 힘들어 포기했다. 캐스케이드 록스까지 15km가 넘게 남았는데 그냥 이 구간이 빨리 끝나기만을 바랐다.

"뭐고 이거?"

불타서 쓰러진 나무가 점점 줄어들기 시작해 마음이 조금 놓이기 시작했는데 이번에는 나무가 불에 타 철골만 남은 다리가 절벽 위에 겨우 걸쳐져 있었다. 아래를 보니 한참 밑에 계곡물이 흐르고 있었다. 배낭까지 메고 있는 무거운 몸이라 까닥하면 그대로 떨어질 것 같은 생각에 계곡으로 내려가 건널까 고민도 해 보았지만, 어느 곳에도 내려갈 만한 길도 보이지 않았다.

처음에 개소리라고 생각했던 쪽지의 말이 맞았다. 지옥문을 보고서도 스스로 열고 들어선 것이었다.

　최근에 난 산불로 보여 등산객들도 오지 않을 것이었고 산을 관리하는 사람들도 당분간은 들어오지 않을 것이었다.
　'절대로 그 나무들 다시 넘어서 돌아가지는 못하지. 차라리 떨어지는 게 낫지.'
　결국 용기를 내어 목숨을 걸고 건너기로 했다. 일단 철골은 튼튼해 보여 유격을 하듯 한쪽 다리에 옆으로 붙어 한발씩 옮겨 건널 수 있을 것 같았다. 다행히 철골을 꽉 잡고 밟아 보니 건너도 될 만큼 튼튼했고 한쪽으로 붙어서도 기울지 않았다.
　'와… 장난 아니네.'
　단번에 올라섰지만 아래를 보니 가슴이 두근거려 걸을 수가 없었다. 시선을 앞으로 하고 성큼성큼 걸음을 옮겨 빠르게 다리를 건널 수 있었다.
　'살았다….'
　마음을 놓고 다시 터널 폭포를 향해 발걸음을 재촉했다.
　'뭐야?'

다리가 또 있을 거라고 생각을 안 하고 방심하고 있었는데 다시 또 불에 타 철골만 남은 다리를 건너야 했다. 앞으로 이런 다리가 또 얼마나 나올지 걱정스러웠지만, 다행인지는 모르겠지만 하나의 다리만 더 건너게 되었다.

'터널 폭포 한 번 보기 정말 힘드네.'

다리를 건너고 나자 다시 큰 나무들이 쓰러져 있었다. 비가 와서 음침한 날 나무 아래를 기어가고 커다란 나무를 피해 길 아닌 곳을 걷다 긁히고 넘어지니 처량한 생각이 들었다. 하지만 쓰러진 나무가 나타나는 간격도 서서히 줄어들기 시작했다.

더 이상 쓰러진 나무는 나타나지 않았고 산허리를 따라 코너를 돌자 드디어 숨어 있던 터널 폭포가 나타났다.

"와…."

'힘들게 온 보람이 있네.'

폭포를 보자마자 탄성이 입 밖으로 나왔다. 힘들게 온지라 더욱 귀하게 여겨지는 풍경이었다. 작은 터널이 하나가 있고 그 위를 폭포의 물줄기가 강하게 흘러내렸다. 터널만 지나면 차원의 문을 지나 다른 세상으로 이동할 수 있을 것만 같았다. 배낭을 터널 앞에 내려놓고 신나게 사진을 찍고서야 다시 길을 나섰다. 터널이 끝나기 전 눈을 질끈 감고 걸어 터널을 지난 후에 눈을 떠 보았지만 새로운 세상이 열리는 그런 마법은 없었다. 하지만 다행히 터널 폭포 이후로는 더 이상 이상한 길은 나오지 않았다.

은진이가 기다리고 있을 마을까지 열심히 내달렸다.

"진아!"

3주간 살이 바짝 올라 얼굴이 통통해진 은진이가 우체국 앞에 서 있었다. 바닥에는 한국어가 적힌 봉지가 두 개 있었다. 분명 한국 음식이 가득 들어 있을 터였다.

"진아 얼굴 보니까 아주 잘 지냈네. 얼굴에 살이 바짝 올랐어?"

은진이를 꽉 껴안았다. 혼자서 지낸 25일간의 산중 생활의 외로움이 사르르 녹는 것 같았다.

은진이가 사 온 칼국수에 삼겹살, 떡볶이까지 한 상 가득한 한국 음식에 모든 것을 보상받았다.

세상은 우리에게 인고의 시간을 버티면 성장이라는 선물을 준다. PCT의 고속도로 오리건도 끝이 났다. 그 바로 뒤에 겨울이 얼굴을 가린 채 오고 있었다.

CHAPTER 5
겨울왕국
WASHINGTON

마지막 관문에서 만난 사람들

오리건과 워싱턴의 경계를 나누는 곳, 영화 〈와일드〉의 여주인공이 걸음을 마친 곳, 옛 인디언들에게 신들의 다리라 불린 Bridge of the Gods에 올라서니 고난을 헤쳐 나가는 성장영화의 주인공이라도 된 듯한 기분이 들었다.

강하게 휘몰아치는 바람은 금방이라도 다리를 무너뜨릴 것 같았고 다리 아래로 세차게 흐르는 컬럼비아강은 우릴 집어삼키려고 호시탐탐 기회를 엿보고 있는 것만 같았다. 모진 날들에도 수십 년간 굳건히 버티어 사람들에게 길을 만들어 준 다리를 우리도 무사히 건너 드디어 마지막 관문인 워싱턴에 입성했다.

1,000㎞, 2,000㎞, 3,000㎞를 지날 때에도 '언제 끝이 날까, 도대체 얼마나 더 걸어야 할까'라는 의문이 가시질 않았지만, 이제 이 구간만 지나면 끝이겠구나, 희망이 보였다.

'버티고 버텨 여기까지 왔구나.'

지난 시간들이 주마등처럼 지나자 눈물이 핑 돌았다. 기쁨과 설움, 섭섭함, 아쉬움, 후련함 등 복잡 미묘한 감정들이 한데 뒤섞여 솟구쳤다.

그리고 그동안 길에서 만났던 하이커들의 얼굴이 떠올랐다. 스티브 할아버지, 지훈이, 삼총사, 케이트, 한국인 누나, 제시, 빅레드, 파이어볼, 네이비, 그리고 마크 할아버지. 모두 무사히 완주했을지 지금쯤 어디에 있을지, 무엇을 하고 있을지 궁금했다.

여기까지 오는 동안 많은 도움을 주었던 트레일 엔젤들의 얼굴도 떠올랐다. 첫 트레일 엔젤 스타, 넉넉한 인심의 파파 스머프, 껄껄하는 웃음소리를 가진 래 할머니, 왕눈이 레이몬드, 레이몬드의 사랑 로렌, 여장부 케이트 할머니, 그리고 윌리엄의 얼굴도 떠올랐다. 이제 모두 추억 속의 사람들이 되었다.

우기가 시작된 이후로 해를 보는 것이 힘들었지만 오랜만에 맑은 날씨 덕에 기분이 상쾌했다. 이틀밖에 쉬지 않았지만 며칠을 푹 쉬다 오랜만에 하이킹을 나온 기분이 들었다.

"진아 오랜만에 걸으니까 어떤데?"

"그냥 뭐 똑같지 뭐."

한 달간 잘 먹고 와 볼이 빵빵해진 은진이가 대답했다.

첫날은 무리를 하지 않는 선에서 마무리했다. 오랜만에 걷는 은진이가 조금 걱정이 되기는 했지만 생각보다 훨씬 잘 걸은 덕분에 30㎞를 채울 수 있었다.

캐나다까지 남은 거리 '783㎞', 욕심을 내지 않고 하루에 30㎞를 걷는다면 제로데이를 포함해서 늦어도 한 달 뒤에는 캐나다 국경에 닿을 수 있었다. 하지만 사막에서부터 걱정을 했던 '눈'이라는 가장 거대하고 험한 마지막 산을 넘어야 했다.

'반드시 캐나다 국경까지 간다.'

한 번 더 주문을 외우고 잠을 청했다.

"오하이오."

텐트 밖에서 나지막한 목소리가 들려왔다.

'오사무 아저씨다.'

어젯밤 다리를 건너기 전에 본 어둠 속의 텐트가 오사무 아저씨의 텐트라는 걸 직감할 수 있었다.

아침에 이미 눈을 뜬 상태였지만 추적추적 내리는 빗소리에 나가기 싫은 몸을 젖은 침낭 속에 숨기고 있던 참이었다. 이제 그만 일어나 가야 함을 아저씨가 알려 주었다.

"사무 사마, 오랜만이네요."

텐트 안에서 대답을 하고 나가 보았다. 오리건에서 마지막으로 아저씨를 보고 오랜만의 만남이었다.

"응. 오랜만이야. 우기가 시작되니까 정말 너무 힘들다."

오리건에서 경쾌했던 아저씨의 표정과는 달리 많이 지쳐 보였다.

"네. 잠자리에 드는 거랑 아침에 일어나는 게 제일 힘드네요."

"도대체 언제 그치려나?"

"그러니까요. 이러다가 갑자기 또 눈이 올까 봐 걱정되네요."

"쉬운 게 하나도 없다. 그치? 진은 텐트 안에 있어?"

"네. 둘 다 잠에서 깼는데 나오기 싫어서 침낭 속에 있었어요."

"하하. 그 마음 잘 알지. 나도 겨우 움직였네. 이제 그만 가 봐야겠다. 또 보자."
"네. 아저씨 또 봐요."
짧은 대화 후 아저씨는 길을 나섰고 우리도 그제야 짐 정리를 시작했다.

우기가 시작된 이후로 거의 매일 비가 왔다. 짐 정리를 할 때는 좁은 텐트 안에서 배낭에 모든 장비를 넣은 뒤, 레인 커버를 씌우고 큰 나무 밑에 둔 다음 마지막으로 텐트를 접었다. 좁은 공간 안에서 은진이와 둘이서 짐을 싸는 것은 고역이었다. 그리고 비를 맞으며 걷는 것 또한 여간 힘든 일이 아니었다. 쉴 때도 금세 추워져 오래 쉴 수 없었다. 속눈썹에 물기가 맺혀 시야가 흐렸고, 바지와 신발이 젖어 그렇지 않아도 무거운 걸음이 더 무거워졌다. 남은 한 달이 지나온 다섯 달보다 더 길게 느껴졌다.
오늘도 빗속 트레킹이 시작되었다.
산과 산 사이에 난 2차선 도로를 건너, 다시 PCT 길에 접어든 지 얼마 되지 않았을 때였다. 앞서 출발했던 빨간색 레인재킷을 입은 오사무 아저씨가 우릴 향해 걸어오고 있어 불안한 마음이 들었다.
'설마 트레일 오프?'
"호, 난 여기까지인 것 같아."
역시나 불안했던 마음이 맞았다. 아저씨는 언제나처럼 웃으며 이야기했다.
"네?"
"그동안 텐트 없이 타프만 들고 다녔거든. 우기가 시작되면서부터 바닥이 없다 보니 매번 침낭이 다 젖어서 밤새 잠도 못 자고 그럴 때마다 얼마나 힘들었는지. 3번은 마음속으로 꾹 참았는데 이제 와서 텐트를 가지고 다닐 자신도 없고 많이 지쳤어. 이만하면 난 만족해."
아저씨의 얘기를 들으면서 우리와 같이 다니자는 말이 목구멍까지 치솟았지만, 책임질 자신이 없어 삼킬 수밖에 없었다.

"아저씨, 이제 한 달도 안 남았는데…."
"괜찮아. 난 만족하니까."
"그럼 앞으로는 어떻게 하실 생각이에요?"
"일단 이 앞 도로에서 히치하이킹해서 캐스케이드 록스로 돌아가서 며칠 지내다가 내 고향 일본으로 다시 가야지."
"그래요. 아저씨, 진짜 고생 많으셨어요."
"그래. 내 몫까지 걸어서 꼭 캐나다 국경에 닿아야 해."
"네. 꼭 그럴게요."

아저씨와 은진이 다 같이 사진을 찍고 진한 포옹을 나누었다. 아저씨는 우리와 다른 방향으로 걸음을 옮겼다. 마지막 관문에 들어온 지 얼마 되지 않아 뒤돌아서는 아저씨의 모습에 안타까운 마음이 더해져 차마 발길이 떨어지지 않았다. 아저씨의 모습이 시야에서 사라질 때까지 한참을 지켜보았다.

'선택은 자유로우니까.'

해맑게 얘기하던 아저씨의 얼굴이 떠올랐다. 지금 이 선택도 아저씨의 선택이고 아저씨만 만족한다면 괜찮으리라 생각했다.

먼저 출발한 은진이가 생각나 끈적한 눈빛을 거두고 나도 다시 나의 길을 걷기 시작했다. 추적추적 비는 계속 내렸다. 밤새 내리는 비를 맞으며, 젖은 침낭 속에서 벌벌 떨며 밤새 잠을 이루지 못하며 아저씨는 수없이 많은 고민을 하고 또 했을 것이었다. 그제야 아저씨의 마음이 조금 헤아려졌다.

'남은 길도 쉽지 않겠지? 어떻게든 버텨내자. 지금까지 해 온 것처럼.'

한 번 더 마음을 다잡았다.

이후 혹시나 하는 마음에 오사무 아저씨를 길에서 만나는 상상을 하기도 했다. 하지만 다음 마을에서 아저씨의 인스타그램에는 일본에서의 일상 사진들이 올라와 있었다. 그는 행복해 보였다.

"할머니 한 분도 PCT를 하시던데 올해 연세가 76세라고 하더라고."

볕이 잘 드는 잔디밭 위에서 달콤한 식사 시간을 즐기는 곱디고운 할머니를 보자 며칠 전 호수에서 만난 아저씨가 한 얘기가 생각이 났다.

"안녕하세요."

"응. 안녕."

"할머니가 혹시 헬레나 할머니인가요?"

"맞아. 어떻게 알았니?"

"며칠 전에 아저씨 한 분을 만났는데 할머니 얘기를 하더라구요."

"응. 난 스웨덴에서 왔고 올해 76살이란다."

밥숟가락도 겨우 드시는 것 아닌가 싶을 정도로 약해 보였는데 무거운 배낭을 메고 여기까지 왔다는 것이 도저히 믿기지 않았다.

"와… 정말 대단하시네요."

"내가 여기까지 어떻게 온 줄 아니?"

"어떻게 오셨는데요?"

"난 5월에 5일에 시작했지. 적게 걸은 날도 물론 있었지만, 지금까지 단 하루도 쉬지 않고 걸어왔단다. 지금 여기 앉아서 밥을 먹을 수 있는 것도 다 그 덕분이지."

할머니의 말에는 자긍심이 잔뜩 묻어 있었다. 할머니는 우리보다 일주일 늦게 시작했다. 3,500km를 넘도록 지금까지 할머니를 한 번도 본 적이 없었으니, 때로는 할머니가 우리보다 앞서 걷기도 하고, 때로는 우리가 할머니보다 앞서 걷다 보니 인연이 닿은 것이었다.

"할머니 정말 멋지시네요."

할머니가 더욱 대단하다고 생각되었던 것은 앙상한 나뭇가지처럼 가는 몸 때문이었다. 옆에 내려둔 배낭을 보니 텐트, 침낭, 곰통과 음식들… 당신 몸 하나를 가누기에도 벅차 보였는데, 여느 하이커들처럼 산에서 생활할 모든 짐을 지고 3,500km를 넘게 걸어오신 것이었다. 나이가 많다고, 몸이 약하다고 해서 길이 더 쉬워지거나 짧아지는 그런 배려는 없었다. 이 길을 오른 하이커들에게 모두 똑같은 길이었다. 오히려 할머니에게 이 길은 더 잔혹했을지도 몰랐다. 할머니가 존경스러웠다.

"응. 은퇴하고 TV에서 PCT 이야기를 보고는 죽기 전에 꼭 도전해 보고 싶더구나. 완주를 할 수 있을지는 모르겠지만 내 인생에서 가장 잘한 일 중에 하나가 되지 않을까 싶어."

사람에게 불가능은 없었다. 하지 않는 것이었고, 하고 싶은 마음이 없는 것뿐이었다. 마음이 없으니 하지 못한다고 생각하고 이유를 만들어 합리화하는 것이었다. 결국 마음의 문제였다.

"할머니 정말 대단하시네요. 식사 맛있게 하시고 건강하게 조심히 다니세요!"

"너도 건강히 다니려무나."

우리와 걷는 속도가 비슷하니 할머니도 분명 워싱턴에서 눈을 마주할 것이 분명했다. 할머니가 무탈히 캐나다 국경에 닿길 빌었다.

회상

"성호야, 엄마가 금방 돈 모아서 데리러 올게."

어린 아들을 뒤로하고 엄마는 매정하게 돌아서 갔다. 그렇게 하지 않고서는 차마 등을 돌릴 수가 없었으리라.

"에~ 성호 웃는다. 성호 웃는다."

큰 사촌 형이 옆구리를 찌르며 장난을 쳤다.

"야! 이 점백이 새끼야. 하지 마라!"

명절에 큰집에 놀러 가면 형제 없는 내겐 사촌 형과 동생들이 그 자리를 가득 채워 주었다. 헤어지기 싫어 명절 마지막 날 밤엔 항상 새벽까지 놀고서야 잠이 들었다. 이제는 엄마가 데리러 올 때까지 매일을 같이 있을 수 있는데도 즐겁지가 않았다.

아빠는 고기잡이 어부였다. 바다 생활을 청산하고 육지에서 살려고도 몇 번은 노력하셨지만, 이내 엄마와 나를 두고 바다로 떠나 버렸다.

어느 날은 학교를 마치고 돌아왔는데, 집 안이 난장판이 되어 있었다. 한 달에 한 번씩 집에 오는 아빠가 웬일인지 보름도 채 지나기 전 다시 나타나 집 안을 헤집어 놓았다.

"성호야, 엄마 서류 같은 거 어디 숨겨 놓은 거 모르나?"

"모르겠는데. 근데 무슨 일인데?"

"아니다. 걱정하지 마라."

아빠가 찾는 것이 돈과 관련이 됐다는 건 말하지 않아도, 13살 어린 나이에도 직감할 수 있었다.

"아빠, 엄마한테 이야기도 안 하고 이래도 되나?"

"성호야. 아빠가 돈 많이 벌어서 용돈도 많이 주고, 맛있는 것도 많이 사 줄게."

아빠는 집문서를 찾았는지 내 눈을 바라보며 기대 부푼 말을 남긴 후 부리나케 돌아서 가 버렸다. 2주 전에 아빠가 사 준 다마고치 게임기를 만지며 이렇게 갖고 싶은 것도 마음대로 살 수 있는 부자가 되는 건가 하는 기대에 부풀었다.

저녁에 일을 마치고 돌아온 엄마는 내 얘기를 듣고 소리 내어 울었다. 내가 태어난 후로, 아니 엄마가 태어난 후로 처음으로 가져 보는 집이 우리와 은행 사이에서 아슬아슬 줄타기를 하게 되었다.

부자가 된다는 내 기대와는 달리 오랜 시간이 지나지 않아 나는 학교를 옮겨야 했다. 모을 때는 십수 년이 걸린 돈이 사라질 때는 몇 개월도 걸리지 않았다. 좋은 의도로 던진 아빠의 부메랑은 온 가족을 이산가족으로 만드는 파멸의 부메랑이 되어 돌아왔다.

엄마는 당장 나를 데리고 살 수 있는 곳이 없다고 했다. 다행히 큰엄마가 나를 맡아 주겠다고 했다. 태어나서 기억이 있는 순간부터 엄마와는 하루 이상 떨어져 지내본 기억이 없었다. 그런 엄마와 이제는 기약 없이 떨어져 지내야 한다는 사실에 마냥 눈물이 흘렸다.

"성호야, 다른 사람이 노래할 때는 하품이 나도 참아야지."

큰엄마와 사촌 형 그리고 동갑내기 사촌과 노래방을 놀러 간 날, 큰엄마가 노래를 하는 사이 삐져나온 하품에 사촌 형이 귓속말로 이야기했다.

"히야, 근데 왜?"

"인마, 하품을 하면 지겹다는 말인데 그러면 노래 부르는 사람이 민망하잖아."
 형의 말이 맞는 것 같았다.

"야, 발 일로 줘 봐라."
 동갑내기 사촌이 자신의 무릎을 치며 발을 올리라는 말에 냉큼 발을 올렸다.
 "이야, 완전 까마귀가 행님 하자 하겠네."
 설이 오기 전 목욕탕을 같이 간 동갑내기 사촌은 턱 아래부터 발끝까지 내 때를 자신의 때보다 열심히 밀어 주었다. 더 어릴 때는 몰랐는데 초등학교 고학년이 되면서부터는 항상 나보다 형처럼 느껴졌었다.

"우웩."
 아빠가 어부였음에도 나는 해산물을 좋아하지 않았다. 먹지 못하는 미역국을 입 안에 가득 넣은 뒤 씹지 않고 물을 마셔 함께 삼켰다. 그러기를 몇 번 속에서 더 이상 받지 못해 삼킨 미역국이 다시 올라왔다. 결국 화장실에 가서 토해 내고 나니 괜찮아졌다.
 편식을 하면 큰엄마가 미워하지 않을까 하는 마음이었는데 어느새 소고기 미역국이 가장 좋아하는 음식이 되어 있었다.

"큰엄마, 웬 케이크예요?"
"성호야 너희 엄마한테 다 들었다. 니 꼬추 털 났다면서?"
"네? 네…."
 큰엄마가 어떻게 알았을까? 입이 가벼운 엄마는 또 왜 이런 얘기를 해서 사람을 부끄럽게 만들까?
"엄마가 파티해 주라고 돈도 보내 주던데 당연히 케이크도 불어야지."

"이야~ 성호 이제 어른이네! 어른."

이미 몸의 변화를 겪은 사촌 형과 성장이 빨랐던 동갑내기 사촌은 나를 마구 놀려댔다.

"학생 거기 서 있지 말고 이리 온나. 쥐포라도 좀 먹어 봐라."

학원을 마치고 매일 집으로 돌아가는 길, 친구들은 길가 분식집에서 떡볶이를 먹었고 난 멀찌감치 떨어져서 있었다. 하루에 천 원을 받으면 학교까지 걸어가 교통비를 아끼고 친구들과 게임 한판 하는 것이 하루의 가장 큰 기쁨이었다. 게임을 하고 나면 친구들과 같이 분식을 사 먹을 돈은 없어서 매일 떨어져서 기다리는 게 안되어 보였는지 분식집 아주머니가 불러서 쥐포를 손에 쥐여 주었다.

어느 날은 게임방도 가지 않고 돈을 동전으로 바꿔 엄마에게 전화를 걸었다.

"엄마… 언제 데리러 오는데?"

"엄마 이제 돈 많이 모았는데 조금만 더 모으면 될 것 같다. 성호 공부 열심히 하고 있으면 금방 데리러 갈게."

전화를 끊고 눈물이 마를 때까지 울고 나서야 집으로 돌아갔다. 그리고 이불 속으로 들어가 큰집으로 오는 동안 채워진 눈물을 다시 다 쏟아 냈다.

화장실 문을 열고 거울 앞에 섰다. 며칠 전 큰엄마가 하신 말씀이 불현듯 생각이 났다.

"성호야 조금 웃어도 괜찮을 거 같은데. 지금 상황이 좋지 않아서 힘든 마음은 이해하지만 인상 쓰고 있다고 해서 상황이 나아지는 것은 없단다. 차라리 웃어 보렴. 그러면 복이 따라올 테니까."

입꼬리에 잔뜩 힘을 주어 보았다. 그 모습이 억지스러웠고 어색하게 느껴졌다. 하지만 이내 거울 속의 내가 어색한 얼굴로 따라 웃었다. 묘하게 기분이 좋았다.
 시간이 지나자 친구들은 바보처럼 웃지 좀 말라고 이야기했다.

 "성호야, 오늘은 내랑 놀러 가자. 옷 챙겨 입어라."
 "히야, 학원 안 가도 되나?"
 "개안타. 걱정하지 말고 따라온나."
 사촌 형은 맨날 돈이 없다고 큰엄마에게 투덜거렸지만, 이날따라 어디서 돈이 났는지 태종대 구경도 시켜 주고 맛있는 것도 사 주고 시내 구경도 시켜 주었다.
 "명절 되면 놀러 꼭 온네이."
 엄마가 곧 데리러 온다고 했다. 처음에는 엄마와 떨어지는 게 싫었는데 이제는 사촌 형과 동갑내기 사촌과 떨어지는 게 싫을 만큼 정이 많이 들어 버렸다.
 어릴 적에는 형이 마지막으로 준 선물에 대해 별다른 생각이 없지만 어른이 되고 나서 형도 내가 가는 게 슬펐구나 하는 마음이 보였다.

 1년이 조금 안 되는 시간이었지만 큰집에서 지내면서 몇 가지 달라진 것이 생겼다. 다른 사람이 먹던 것은 입에도 대지 않았는데 바닥에 떨어진 음식도 다시 주워 먹을 만큼 무뎌졌고, 늘 엄마가 깨워 줘야 했는데, 이제는 혼자서도 잘 일어났다. 무엇보다도 편식이 없어졌다.

 어느새 나는 나의 중학생 시절의 엄마 나이가 되어 있었다. 내가 지금 돈이 없어 내 새끼를 멀리 떠나보내야 한다면 어떤 심정일까? 엄마의 그 심정을 감히 내가 어떻게 이해할 수 있을까?
 엄마도 큰엄마도 사촌들도 모두 그리운 날이었다.

인디언 서머

 시에라처럼 패스가 많지는 않았지만, 워싱턴에서도 몇 개의 패스를 지나야 했다. 그래서 워싱턴은 '리틀 시에라'로 불리기도 했다. 경사가 있는 긴 오르막을 걸어야 하기에 부담스러운 면이 있었지만, 패스들을 지날 땐 항상 기막히게 아름다운 경치에 그 노고를 충분히 보상받는 기분이 들었다.
 'Cispuss Pass'
 워싱턴의 첫 패스를 지났다. 산은 짙은 초록만 있는 것보다 연둣빛의 낮은 초목과 침엽수림의 짙은 초록이 어우러지는 것이 훨씬 아름답게 느껴졌다. 긴 오르막을 지나 고도가 높아진 곳에는 바위산과 띄엄띄엄 수놓아진 침엽수림이 자연의 광활함과 웅장함을 보여 주어 황홀경에 빠지게 만들었다.

"진아, 왜 안 가고 기다렸는데?"
"오빠, 착각하지 마세요! 기다린 게 아니라 여기 너무 아름다워서 좀 즐기려고."
"니도 이제 산사람이 다 됐네."
"오빠, 그럼 내가 산 사람이지 죽은 사람이야?"
"네네. 그렇고말고요."

약 올리는 내 말투에 은진이는 내 허벅지를 세게 꼬집고 먼저 길을 나섰다.

패스를 넘어가자 반대편에서는 또 다른 절경이 맞아 주었다. 시야를 가득 채울 만큼 거대한 바위산과 아래쪽은 금빛을 내는 풀들이 햇살을 받아 반짝이고 있었다. 그리고 저 멀리 단기 하이킹을 온 무리가 앉아 있었다.

"PCT 하이커인가 보네요."

터벅터벅, 그들의 옆을 지날 때 한 아저씨가 물었다.

"네. 맞아요."
"멕시코 국경에서부터 여기까지 온 거예요?"
"네. 4월에 시작했는데 드디어 워싱턴에 왔네요."
"큰일 했네요. 위스키 한 모금 할래요?"
"좋죠. 고맙습니다."

아저씨들은 앉아서 위스키를 마시며 이야기를 나누고 있었다. 그래서 은근히 '나도 한 모금 주려나?' 하고 있던 차에 권하자 기회를 놓칠세라 잽싸게 응낙했다.

"캬~"

아저씨들은 내 소리를 듣고 웃었다. 목을 타고 넘어가는 뜨거운 기운이 몸에 퍼지자 훈기가 도는 것 같았다. 도수가 높은지 한 모금에도 취기가 돌아 금세 기분이 좋아졌다.

"고맙습니다."

"꼭 완주하길 바라요."

아저씨들과 인사를 나누고 다시 길을 나서기 위해 앞쪽을 바라보니 여태껏 한 번도 보지 못한 여자 하이커가 절뚝이며 걷고 있었다. 문득 사막에서 다리가 아파 절뚝이며 걷던 내 모습이 생각이 나 걸음을 빨리했다.

"안녕하세요. 전 호라고 해요. 어디 아파요?"

"안녕하세요. 전 디기예요. 최근에 무릎이 좀 안 좋아져서 이러고 있네요."

"팩우드까지는 거리가 좀 있던데 괜찮으시겠어요?"

"네. 문제없어요. 며칠째 많이 못 걷는 대신에 좀 더 일찍 일어나서 걷고 있거든요."

"그럼 보통 몇 시에 출발해요?"

"늦어도 7시에 출발해요."

"그 시간이면 엄청 추울 텐데 대단하네요. 혹시 도와드릴 건 없나요?"

"네. 괜찮아요. 있더라도 제힘으로 해야죠."

은진이와 나는 춥다는 핑계로 침낭에서 나오지 않고 출발도 빨라야 9시, 대부분 10시는 되어야 출발했는데 디기의 의지력은 대단했다. 우리가 너무 느슨하기도 했다.

"디기, 조심히 다녀요!"

"네. 고마워요."

걸음을 재촉해 은진이가 있는 곳으로 향했다. 은진이는 나무 사이 아늑한 공간에 텐트 치기 딱 좋은 곳을 잡아 놓고 무릎 사이에 얼굴을 파묻고 있었다. 오랜만에 날이 맑아서인지 나무들이 잘 말라 있어 모닥불을 피우고, 계속된 비로 젖어 있던 침낭을 꺼내 불 앞에 두고 침낭 속 습기를 빼냈다. 우리가 저녁을 해 먹는 사이, 디기는 부지런히 절뚝이며 또 앞을 향해 걸어갔다.

아침에 눈을 떴을 때 커다란 침엽수 사이사이에 붉게 물든 허클베리 열매들이 어우러졌고, 호수에 반영된 데칼코마니 산은 더할 나위 없이 아름다웠다.

하지만 자연의 아름다움과는 달리 한 여인의 기분은 아름답지만은 않았다. 무언가에 힘이 들면 입을 닫는 은진이의 기분을 살피는 게 PCT 초반부터 힘이 들었다. 퉁명스런 표정을 하고 말을 걸어도 대답하지 않을 때면 무언가 내가 잘못했나 하는 생각이 들었다. 그렇게 생각하지 말자고 다짐해도 마음처럼 잘되지 않았다.

'내 생각도 내 마음대로 안 되는데 은진이도 이러고 싶어서 그런 건 아니겠지….'

그렇게 또 생각이 이어져 이해해 보려 했지만, 마음이 풀릴 때까지 기다리는 시간이 괴로웠다.

아침부터 은진이의 무표정이 또 시작되었다. 부딪혀 봤자 싸움만 될 거라는 걸 진작에 알고 있어 둘 사이에 무거운 분위기만이 흘렀다. 은진이는 아무런 말 없이 먼저 떠나고, 나는 혼자 텐트를 걷은 후 길을 나섰다.

능선을 넘어 내리막을 내려가자 산중의 길이 이어졌다. 은진이를 제치고 길을 한참 걷고 있을 때였다.

'휙'

분명 사슴은 아니었다. 그간 산중에서 달리는 사슴은 많이 보았는데, 점프의 높이가 높았다. 하지만 이번 것은 바닥에 딱 붙어서 전력질주를 하는 듯한 느낌이었다.

'마운틴 라이언이다!'

너무 빨리 지나가 형체도 보지 못했는데 어느새 사라져 버리고 없었다. 어디엔가 숨어서 공격하는 건 아닐까, 두려운 마음에 주위를 한참을 둘러보아도 별다른 특이점은 없었다.

'얘는 왜 이리 안 오는 거야?'

은진이가 걱정되기 시작했다. 자존심이 문제가 아니었다. 한참을 기다린 것 같은데도 나타나지 않자 괜히 불안한 마음이 들 때쯤, 발소리가 들려 돌아보니 은진이가 걸어오고 있었다.

"진아, 아무래도 마운틴 라이언 지나간 거 같다."

'어쩌라고' 하는 표정으로 나를 보는 은진이가 꼭 마운틴 라이언 같았다.

"진짜라니까!"

"그래서 기다린 거가?"

"그래. 화해하고 같이 가자."

"응."

누군가 하나 마운틴 라이언에 물려 죽으면 얼마나 땅을 치고 후회할까. 사이좋게 지내는 편이 훨씬 행복할 테고, 우리 사이의 싸움은 역시 칼로 물 베기였다.

은진이와의 침묵이 지속되는 동안 혼자서 걸으며 든 생각이 있었다. 최근 팩우드(Packwood)에 들어가 마마 G의 집에서 2018년 PCT의 최후미의 그룹들과 어울려 이틀간 마음껏 먹고 즐겁게 놀고 복귀 후에 은진이의 기분이 좋지 않음을 느꼈다.

"근데 진아. 내가 느끼기에는 니가 마을에 다녀오고 나면 기분이 안 좋아지는 거 같은데 맞나?"

말없이 고개를 끄덕였다.

"근데 나 같은 경우에는 마을에서 쉬면 돌아오기 싫은 날도 있지만 그래도 조금이라도 에너지를 채워서 오는데… 니는 혹시 어떤 생각이 드는데?"

"몰라. 나도 잘 모르겠는데. 그냥 마을에 다녀오면 또 일주일을 산에서만 지내야 한다고 생각하니까 숨 막히는 거 같아. 안 그래야지 하면서도 기분은 자꾸 처져. 근데 오빠가 내 말을 잘 들어 주는 것도 아니고 내 기분을 강요하는 거 같아서 더 힘든 거 같아."

스스로가 은진이를 많이 이해하는 편이라고 생각했는데 오만이었다. PCT를 시작하고 처음부터 그냥 뚱해 있는 얼굴을 보기가 싫었던 것이었다. 정곡을 찔린 것 같아 얼굴이 화끈거렸다.

"그래. 이해한다고 말만 했지. 실제로는 아무런 노력도 하지 않았다는 생각이 드네. 앞으로도 바로 이해할 수는 없겠지만 나도 짜증 내거나 화내지는 않도록 노력해 볼게."

은진이는 말없이 고개를 끄덕였다. 은진이의 입장에 설 수 없기에 어렵겠지만, 말뿐이 아닌, 진심이 담긴 노력이 필요했다.

다행히 마운틴 라이언을 다시 보지 못했다.

미국 사람들은 겨울이 찾아오기 전 늦가을 마지막으로 찾아오는 포근한 날씨를 두고 인디언 서머라고 부른다고 했다. 그러고 보니 비도 며칠간 내리지 않았고, 낮에는 더워서 잠바를 벗고, 남방 소매를 걷고서 걸었다.

싱그러웠다. 연이은 비가 온 세상을 촉촉하게 적신 뒤, 맞이하는 따사로운 아침 햇살은 더없이 사랑스러웠다. 눈을 감고 가만히 햇살을 만끽했다.

"오빠, 오빠!"

"응?"

잠깐 눈을 감았는데 금세 잠이 들어 버렸나 보았다.

"이 앞에 도로 있던데 히치해서 스노퀄미 패스에서 기다릴게."

"응? 그래."

무성의하게 대답을 하고 다시 잠이 들었다가 눈을 떠서 보니 은진이는 벌써 저만치 앞을 걷고 있었다. 길이 나 있는 대로 걷는 나와는 달리 은진이는 앞으로 어떤 곳이 나올지 지도를 열심히 분석했다. 워싱턴 중반에 들어오고 나서 은진이는 히치하이킹을 할 수 있는 곳이 나타나면 어느 지점에서 만나자고 약속을 하고는 차를 얻어 타고 구간을 뛰어넘었다. 포기하지 않고 나와 캐나다 국경까지 가려는 은진이만의 방법이라 생각했다.

춥지도 덥지도 않은 선선한 날씨 속에 몸을 조금 더 맡긴 후 혼자서 걸음을 다시 시작했다. 워싱턴에 들어서 찾은 한 가지 재미는 카메라에 버섯 컬렉션을 담는 것이었다. 만화에서나 볼 법한 형형색색의 버섯들이 종류별로 다양했다. 처음에는 재미로 몇 번 찍어 보다가 생각보다 종류가 다양해 버섯을 수집하듯 사진을 찍었다. 하루를 마치고 사진을 돌려 보는 작품 감상도 나름의 재미였다.

'25㎞ 남았네….'

빨리 걸어도 6시간은 부지런히 걸어야 은진이가 있는 곳에 도착할 수 있었다. 쉬는 시간도 최소화했다. 하루 종일 앞만 보며 하이킹 폴을 내던지듯 찍고서 걸음을 재촉하며 정신없이 걸었다.

몇 개의 산을 넘고 넘어 해가 지기 직전, 멀리 내리막 끝에 고속도로 휴게소가 보이는 산 정상에 닿을 수 있었다. 드디어 길고 긴 하루를 마칠 수 있었다.

"진아! 가게라도 들어가 있지. 왜 여기서 기다리는데?"

고속도로 휴게소에 도착하니 은진이는 한국인 아저씨가 운영하는 슈퍼 앞 테이블에 앉아 오들오들 떨고 있었다.

"그냥. 오빠 금방 올 거 같아서 기다리다 보니 이렇게 됐네."

"어휴. 춥지? 얼른 들어가서 뭐 좀 사 먹자."

아저씨의 가게는 피자로 유명했다. 이 깊은 산중에 한국인이 운영하는 슈퍼가 있다는 사실이 신기했다. 문을 열고 들어가니 동양인 아저씨가 있었다.

"안녕하세요."

"어? 안녕하세요. 한국 사람이네요?"

"네. PCT 하는 한국인들한테는 이 가게가 유명해서 꼭 들르고 싶었어요. 그런데 어떻게 여기까지 오셔서 가게를 하시는 거예요?"

"말하자면 사연은 길죠. 얼마 전에도 한국 사람이 지나갔었는데."

"네. 며칠 차이 안 나는데도 만나기가 참 힘드네요. 이제 거의 끝나가는데 눈 올까 봐 걱정이 좀 되네요."

"지금은 인디언 서머예요. 요즘은 날씨가 참 좋아요. 이제 일주일 정도 지나면 눈이 올 거예요. 그러면 워싱턴은 겨우내 눈으로 뒤덮이죠. 여기서 이제 2주 정도만 걸으면 끝날 거 같은데 그때까지는 눈이 오더라도 큰 문제는 안 될 거예요."

경험 많은 아저씨의 말을 듣고 나니 안심이 되었다. 유명하다는 산중 휴게소의 피자는 소문보다 더 맛있었다.

다음 날, 스노퀄미 패스 휴게소의 귀퉁이에 있는 푸드 트럭에서 파는 김치찌개도 먹을 수 있었다. 미국인인 푸드 트럭 주인아저씨는 어머니가 한국 사람이라 김치를 담그고 김치로 요리하는 법을 알고 있다고 했다. 기가 막힌 맛 덕분에 컵에 담긴 마지막 국물 한 방울까지 깨끗이 먹고 길을 나섰다.

필승법

"어머 한국 사람이에요?"

"네. 안녕하세요."

긴 오르막의 끝에 올라 가파른 숨을 고르고 있을 때였다. 앞쪽에서 사이좋게 아주머니 네 분과 아저씨 한 분이 걸어오다 은진이와 하는 말을 듣고서 물어보았다.

"우리는 며칠 전에 스티븐 패스에서 시작해서 오늘 스노퀄미 패스까지가 끝이에요. 이 구간을 J-Section이라고 부르는데 우린 몇 번이나 왔어요. 참 우린 시애틀 살아요."

"미국에 오신 지는 얼마나 되신 거예요?"

"에이~ 우리는 이제 미국이 고향이나 마찬가지죠. 참 신라면이랑 한국 반찬 좀 있는데 줄까요?"

"좋죠."

스노퀄미 패스의 하이커 박스에 하이커들이 남겨 둔 음식이 많아 한가득 챙겨와 가방은 이미 음식으로 가득 찼지만 한국 음식이라는 말에 또 욕심을 부렸다.

"스티븐 패스에서 시작할 때도 한국인 부부 봤는데 그때는 음식 모자랄까 걱정이 되어서 못 줬거든요. 근데 생각보다 많이 남아서… 실컷 먹어요."

아주머니들은 가방에 든 음식을 다 꺼내서 아낌없이 주었다. 깻잎, 소고기 고추장, 진미, 신라면 3개까지, 한국 음식을 보니 반가웠다. 미국에 온지 오래되어 미국이 고향이라고 했지만 입맛의 고향은 변하지 않는 모양이었다.

"요즘은 한국인들도 PCT 하러 참 많이 오나 봐요."

"네. 영화 〈와일드〉 나오고 나서 인기가 많아졌는데 올해는 한국인들이 50명인가 도전했다고 들었어요."

"50명이나요?"

"네. 저희도 지금까지 총 10명 정도는 본 거 같아요."

"참 대단하다 정말. 우리는 이제 집에 가 봐야 해서 바로 갑니다. 무사완주해요!"

"네. 고맙습니다. 조심히 내려가세요!"

아주머니들과 아저씨는 유유히 내리막을 내려갔다.

"진아 생각지도 못하게 한국인도 자주 보고 한국 음식을 자주 먹게 되네."

"그러게. 우리 음식 많으니까 오늘 저녁에 라면 3개 끓여 먹고 반찬도 실컷 먹자."

"응. 먹을때 실컷 먹어야 먹은 거 같으니까 아끼지 말고 먹자."

생각지도 못한 호사로 오르막에 지친 발걸음이 다시 가벼워졌다.

"엘 아저씨!"

얼마 걷지 않았는데 반가운 얼굴에 또 걸음을 멈춰 세웠다.

"절 아시나요?"

'아니 이 아저씨가 장난하나…'

아저씨와 언덕에서 얘기 나누던 게 선명한데 아저씨는 정말로 내가 누군지 모르겠다는 표정을 짓고 있었다.

"오리건 들어가기 바로 전에 봤었는데 사이드 밸리에서 같이 캠핑도 했었는데…."

짧았지만 아저씨의 쾌활한 성격과 슬픈 사연을 들으며 아저씨에 대한 호감도 커지고 마음도 많이 갔는데 짝사랑을 한 것 같았다.

"아 기억났다. 호 맞지?"

"맞아요! 근데 왜 반대로 내려오세요?"

"생각해 보니 위로 올라가는 건 너무 춥겠더라구. 그래서 아예 캐나다 국경부터 가서 캐나다 보고 내려오는 길이야. 이제 워싱턴만 하면 나도 끝이네. 난 이제 따뜻~한 남쪽으로 가고, 너희는 추운 북쪽으로 가고. 하하."

여전히 아저씨는 장난기 가득했다.

"나 가 볼게. 꼭 캐나다 봐야 해."

"네. 아저씨도 조심히 다니세요."

아저씨와 잠시 이야기를 나누는 사이 은진이는 저 멀리 앞을 향해 가고 있었다.

블루베리 같은 모양에 검붉은 허클베리 열매는 이제 과즙이 가득 차 터지기 직전이었다. 일부는 껍질이 차오르는 과즙을 견디지 못하고 터져 단물이 질질 새어 나오고 있었다. 가끔씩 걸으며 한 알씩 먹는 게 애가 닳아 잠시 멈춰 서서 한 손 가득 모아서 털어 넣으면 입 안에 퍼지는 달콤한 향이 일품이었다.

허클베리가 농익은 만큼 산도 가을로 농익어 있었다. 인디언 서머가 시작된 이후로 며칠 새 날은 계속 좋았다. 노랗게 빨갛게 익은 허클베리 잎이 단풍처럼 물들어 아름다운 풍경 사진을 찍느라 시간 가는 줄 몰랐다. 은진이와도 점점 멀어져 갔다.

"도대체 얼마나 간 거지?"

몇 시간째 쉬지 않고 걸었지만 은진이가 보일 생각을 하지 않았다. 불안한 마음이 들기 시작했지만 혹시나 싶어 지도를 보니 길은 제대로 가고 있었지만 이미 해는 넘어가고 있었다.

'헤드랜턴도 없을 텐데….'

은진이가 걱정되자 다리가 아파 조금 쉬려던 걸 참고 계속 걸었다. 경사가 급한 오르막이 시작되어 하이킹 폴로 땅을 찍어 힘차게 밀어냈다. 여름에는 9시까지도 지지 않던 해가 넘어간다 싶으면 금방 사라져 밤이 찾아왔다.

'도대체 왜 안 보이지? 혹시 길 잃어버렸나? 산에 마운틴 라이언도 있을 텐데….'

오르막이 끝이 나려는 데도 은진이가 보이지 않자 오만 가지 상상이 밀려왔다.

"진아!!"

발소리가 들려 랜턴을 비춰 보니 은진이었다.

"진아. 왜 오르막 다시 올라가야 하는데 기다리지 왜 내려왔노?"

랜턴을 얼굴에 비춰 보니 은진이의 얼굴은 눈물범벅이었다. 얼른 올라가 안아서 달래 주었는데 얼마나 서럽게 우는지 마음이 짠했다. 겁도 많은 애가 랜턴도 없이 언제 올지 모르는 나를 기다리며 공포에 떨었을 생각을 하니 미안했다.

"길이 너무 예뻐서 사진 찍는다고 늦어진 거 같아서 쉬지도 않고 왔는데도 너무 늦었네. 미안 미안."

5분 정도 지나고 나서야 은진이는 안정을 찾았는지 움직이기 시작했다.

"진아. 정상 다 온 거 같은데 맞나?"

아직도 멈추지 않은 눈물과 콧물을 훌쩍이며 고개를 끄덕였다.

"그래. 가서 텐트 바로 치고 밥해 먹고 얼른 자자."

'나의 소중함도 이제 좀 느꼈겠지?' 하고 생각했지만 금세 나 아니면 이런 데 올 일도 없다는 생각에 다시 한번 미안해졌다.

은진이를 품에 꼭 안고 잠이 들었다.

"오빠. 필승법 찾았다. 나 딘스모어 가서 기다리고 있을게."

은진이는 매일 밤 지도를 분석하고 히치하이킹을 할 수 있는 곳을 찾으면 미리 가서 기다렸다. 그리고 그걸 필승법이라고 불렀다. 어제도 지도를 분석하며 필승법을 찾아 놓은 모양이었다.

"그래. 그러자. 늦더라도 꼭 갈 테니까 걱정하지 말고 피곤하면 먼저 자레이."

"응."

은진이는 도로까지 힘차게 걸어갔다.

'하….'

비는 하루 종일 세차게 내렸다. 한동안 이어진 기분 좋은 날씨, 인디언 서머가 지나자 다시 비가 내리기 시작했고 빗방울도 많이 차가워져 눈이 내려도 하나도 이상할 게 없어 보였다. 모자를 뒤집어썼지만 날리는 빗발에 어느새 속눈썹에 맺힌 습기가 시야를 가렸다. 장갑을 낀 손으로 조심히 열심히 눈가를 훔쳤다.

'나도 그냥 이쪽으로 갈까?'

은진이가 말한 필승법이 있는 갈림길이었다. 왼쪽으로 가면 은진이가 간 히치가 가능한 길이고 오른쪽으로 가면 수 시간은 또 걸어가야 할 산길이었다.

'그래. 빨간약을 먹자.'

'언제 또 여기 다시 와 본다고…' 하는 생각은 항상 빨간약을 선택하게 했고 선택에 따르는 모든 현실의 고통을 감내해야 했다. 하지만 꼭 고통만이 있는 것은 아니었다. 비가 잠시 멈춘, 안개 가득한 깊은 산중은 이 세상에서는 볼 수 없을 것만 같은 아름다운 수채화 풍경을 선사해 주었다. 이미 사진기에도 수십 장의 아름다운 수채화가 담겨 있었다.

바삐 걷는다고 걸었지만 어느새 해는 또 사라지고 온통 어둠만이 가득했다.

'걱정하지 말라고 했지만 계속 걱정하고 있을 텐데….'

하염없이 기다리고 있을 은진이가 걱정되었다. 휴대폰을 꺼내 남은 거리를 보니 1시간만 더 걸으면 마을에 들어가는 도로에 닿을 수 있을 것 같았다.

밤이 되자 더욱 고요해진 산중에는 빗소리와 내 발소리 외에는 아무것도 들리지 않았다.

지직… 지지직… PCT를 하면서 거대한 송전탑 아래를 지나는 경우가 많았다. 맑고 밝은 날에는 아무렇지 않았는데 비 내리는 어둠 속에서 지나자니 온몸에 소름이 돋았다.

'이거 잘못하다가 감전되는 거 아닌가?'

몹쓸 상상력은 다행히 상상에서 그치고 무사히 송전탑 구간을 지나 얼마 되지 않아 불빛이 보이기 시작했다.

'드디어 다 왔구나.'

내리막을 따라 걸어가자 리조트가 있었고 옆으로 도로가 보였다. 며칠 전 한국인 아주머니와 아저씨가 하이킹을 시작한 지점인 스티븐 패스에 도착한 것이었다.

'히치가 잘 되려나?'

생각과는 달리 차량은 많았지만 30분 동안 차 한 대 서지 않았다. 가만히 생각해 보니 밤늦은 시간에 비는 내리고 모자를 뒤집어쓴 하이커가 살인마로 보일 수밖에 없겠구나 하는 생각이 스쳤다.

'여기서 답은 없겠다. 차라리 주민들에게 도움을 좀 청하자.'

리조트 건너편에 건물들이 몇 채 보여 그쪽을 향했다. 불이 켜진 곳에 문을 두들겨 보았지만, 인기척이 느껴지지 않자 불안함이 들기 시작했다.

"누구세요?"

두 번째 문을 두드린 집에서 다행히 물어왔다.

"안녕하세요. PCT 하이커예요. 히치하이킹을 하려고 30분을 넘게 서 있었는데 가망이 없어 보여서 죄송하지만 이렇게 찾아왔어요."

"하하. 3시간을 더 서 있어도 아무도 태워 주지 않을 거 같은데요? 어디까지 가요?"

신사다운 외모를 한 아저씨는 중저음의 목소리가 인상적이었다.

"딘스모어 할아버지 집으로 가려고 하는데 혹시 좀 태워 주실 수 있으세요?"

"음… 알겠어요. 옷 좀 입고 올 테니 잠시만 기다려요."

'아… 살았다.'

사실 미안함이 컸다. 나를 내려 주고도 편도 40㎞가 넘는 거리를 운전해서 와야 했기에 마음에 걸렸지만, 혹시라도 은진이가 도착하지 않았다면 큰 문제였기에 어떻게든 가서 잘 도착했는지 확인을 해야만 했다.

"전 마이클이라고 해요. 여기 리조트는 겨울이 되면 스키장을 운영하는데 여기 지배인이죠."

"전 호라고 해요. 사실 여자친구가 오늘 구간 스킵을 하고 딘스모어 집에서 기다리고 있어서 꼭 들어가 봐야 했는데 너무 고맙습니다."

"아니에요. 저도 20년 전에 PCT를 했었어요. 그래서 아까 차 태워 달라고 했을 때 잠시 고민을 했는데 옛 생각도 나고 해서 승낙했죠."

"정말요?"

생각지도 못했는데 PCT 대선배의 차를 얻어 타게 되었다.

"네. 그때는 요즘처럼 휴대폰도 없어서 지도와 나침반 가지고 다녔었는데 세상이 정말 많이 좋아졌어요."

"사막에서 물 포인트가 어디 있는지 알 수 없으니 정말 힘들었을 것 같아요. 완주도 하셨어요?"

"물론이죠. 그래서 물을 항상 많이 가지고 다녔죠. 그래도 또 없으면 없는 대로 사람은 다 하는 법이니까요. 사실 없었다기보다는 그때는 그게 당연했죠. 이제 정말 얼마 안 남았네요. 이제 한 10일만 하면 끝나겠네요."

"네. 근데 혹시라도 폭설이 내릴까 봐 좀 걱정이 돼요. 워싱턴에 겨울에 눈이 많이 와요?"

"아직은 조금 이르긴 한데 한번 내리기 시작하면 사람 키만큼 쌓이기도 해요."

그에게 옛 PCT의 이야기를 들으며 오다 보니 금세 목적지에 도착했다.

"정말 고맙습니다."

"네. 꼭 무사히 완주해요!"

그는 차를 돌려 다시 먼 길을 떠났다. 마이클의 차 불빛이 사라지고 은진이를 찾기 위해 뒤돌아섰다. 몇 채의 건물이 있었는데 그중에 PCT 하이커들을 위한 공간으로 보이는 창고로 문을 열고 들어가니 은진이가 있었다.

"오빠!"

"진아 미안. 생각보다 엄청 늦었네. 걷는 것도 느렸고 도로에서 히치가 안 돼서 오래 걸렸네."

"안녕하세요. 늦게 도착했네요."

방에는 은진이 외에도 2명의 하이커가 더 있었다. 그중 한 명의 하이커가 말을 걸어왔다.

"안녕하세요. 비가 오는 데다가 밤도 깊어서 히치가 너무 안 돼서 늦었네요."

"캐나다 가는 거예요?"

"네. 이제 마지막 힘까지 짜내야죠."

"저희는 국경까지 갔다가 다시 왔어요."

그들의 표정은 편안해 보였다.

"네? 왜요?"

"캐나다 쪽으로 못 넘어가서 여기에 짐들을 놓고 갔었거든요. 짐 찾으러 왔어요."

캐나다 국경에 닿으면 캐나다로 넘어가거나 미국에 계속 있어야 했다. 캐나다로 넘어가기 위해서는 사전에 퍼밋을 받아야 했다. 특히 캐나다로 넘어가지 않을 경우에는 국경에서 미국의 마지막 도로까지 수십 ㎞ 떨어져 있는 길을 다시 걸어와야 했다.

"국경은 어때요?"

"그냥… 알잖아요. 멕시코 국경처럼 기념비 말고는 아무것도 없죠. 마지막은 쭉 길게 내리막이에요. 걷다 보면 '캐나다까지 1마일'이라는 돌로 만들어 놓은 표식이 보일 거예요. 그렇게 1마일을 가면 캐나다예요. 별건 없어요. 그래도 이 고단했지만 낭만적이었던 여행도 끝인 거죠."

10일 뒤면 이 여행도 끝이 난다는 사실이 믿기지 않았다. 하지만 끝날 때까지 끝난 것이 아니었다. 그래서 한편으로는 아직도 10일이나 하는 생각도 들었다. 마지막 남은 1㎞까지도 스스로 걸어 끝내야 하는 지독한 게임이었다.

겨울왕국

첫눈은 언제나 가슴을 설레게 만드는 법이었지만 우리에게 2018년의 첫눈은 그렇지만은 않았다. 모르는 게 약이었을 테지만 PCT를 오기 전 KBS에서 방영한 다큐멘터리 〈순례〉에서 마지막 200㎞를 남겨 두고 폭설로 더 이상 걸을 수 없어 포기한 하이커가 있었다. 그래서 그 장면을 본 이후로 항상 눈에 대한 불안함과 함께해야 했었다.

'흠… 이제 시작인가?'

이제 빠르면 10일 후에는 캐나다 국경에 닿을 수 있었다. 마지막 10일만 어떻게든 버티면 됐지만 한 치 앞을 알 수 없는 이곳이었다. 그냥 하늘에 맡기는 것 외에는 다른 방법은 없었다.

'철퍽철퍽'

밤새 나무 위에 내린 눈은 오후가 되자 따스해진 햇살에 녹아 얼음덩어리가 되어 떨어지고 있었다. 눈이 녹아 물기 가득 품은 흙길을 걸으니 금세 신발은 다 젖어 버렸다. 비를 맞아 신발이 젖는 것과 눈을 밟아 신발이 젖는 것은 그 온도 차이가 굉장했다. 가만히 걷기만 하니 발에 감각이 사라지는 듯해 걸으면서도 계속 발가락을 꼼지락거려야 했다. 장갑을 낀 손도 마찬가지라 손가락, 발가락을 한시도 가만히 둘 수 없어 바삐 움직였다.

"네이비!"

"호, 오랜만이네."

네이비와 파이어볼이 반대편으로 걸어 내려왔다.
'설마….'

"왜 내려오고 있어?"
"우리는 이제 트레일 오프 하려고. 파이어볼 신발도 찢어졌는데 그 사이로 눈이 들어와서 동상이 걸린 거 같아. 무엇보다도 안전과 건강이 우선이니까. 눈이 올 거라고 예상을 하기는 했는데 남은 기간을 버티기는 힘들 것 같고, 조금 아쉽기는 하지만 우리는 이 정도면 만족해."

이제 2주가 채 남지 않았기에 내가 더 안타까워 말이 나오지 않았다. 마음속으로는 조금만 더 참고 힘내 보라고 말하고 싶었지만, 차마 말이 나오지 않았다. 시간이 지나 완주하지 못한 것을 후회할지도 모른다는 건 나의 사고방식이라 생각했기 때문이었다. 그들은 완주하지 못한 것을 아쉬워하기보다 PCT를 걸었던 여정을 더 중요하게 여길지도 모를 일이기 때문이었다.

"수고했어. 네이비, 파이어볼, 씨 유 온 더 트레일."
"그래. 씨 유 온 더 트레일. 너희 둘 모두 무사히 국경까지 가기를 바랄게. 조심해."

'한 사람의 정체성은 그 사람이 하는 선택에 있다고 생각해.'
오리건의 한 리조트에서 했던 그의 말이 떠올랐다. 힘든 순간을 이겨내는 사람이고 싶다던 군 출신의 네이비는 분명 캐나다까지 충분히 걸을 수 있을 거라 생각했다. 하지만 사랑하는 사람을 위해서 그의 신념을 내려놓을 줄 아는 사람이었다.
네이비와 파이어볼은 우리와 방향을 달리하여 걸어갔다. 우리도 곧장 다시 걷기 시작했다. PCT를 하며 아는 얼굴이 트레일 오프를 하는 모습을 직접 본 건 총 3번이었다. 시에라에서 파랭이와 워싱턴 초반의 오사무 아저씨 그리고 네이비 커플까지, 그들의 모습을 볼 때마다 나의 일처럼 마음이 아팠던 것은 PCT를 오기까지 마음먹는 것부터 또 수천 킬로를 걷는다는 것이 여간 쉽지 않다는 것을 알았기 때문이었다.
그들과 방향을 달리하여 눈 쌓인 길을 다시 나섰다.
"진아, 걸을 만하나?"
트레일 오프를 하는 둘을 보니 괜히 은진이가 걱정되었다.
"응. 아직까지는 괜찮아."
"발 시린 게 심하거나 다른 힘든 거 있으면 꼭 얘기해레이."
"응. 알겠어."
눈 속을 걷다 보니 금세 신발이 젖고 양말까지 다 젖어 버렸다. 발이 점점 더 시려 와 발가락을 끊임없이 움직였지만 끊어질 듯 아팠다. 비가 올 때는 차라리 젖지 않는 눈이 왔으면 좋겠다고 생각했지만 눈길을 걸으니 차라리 춥지 않은 비가 왔으면 좋겠다는 생각이 들었다.
트레일에 느지막이 복귀한 탓에, 그리고 해는 점점 짧아진 탓에 얼마 걷지 않았는데 해가 넘어가기 시작했다. 하루에 우리가 걸을 수 있는 시간이 점점 줄어 가고 있었다.

"진아 오늘은 이만하고 텐트 치자."

"응."

커다란 나무 밑에 눈이 쌓이지 않은 곳이 있어 배낭을 내려놓고 텐트를 치기 시작했다. 장갑을 꼈음에도 손이 시려울 정도로 얼어 있었다. 하지만 장갑을 낀 채로 텐트를 치려고 하니 도저히 진도가 나가지 않아 장갑을 벗고 텐트 못을 쥐자 살을 에는 고통이 들었다.

"호~ 호~"

입김을 불어 손에 온기를 전하고 허벅지 사이에 손을 끼워 잠시 녹인 뒤 다시 텐트 못을 박기를 몇 차례 반복하고서야 보금자리를 만들 수 있었다.

"진아 잠깐만 기다려 봐."

저녁을 먹으며 불을 쬐고 싶은 마음에 그나마 덜 젖은 나무들을 모았다. 그리고 불이 잘 붙는 시든 솔잎에 먼저 불을 붙였다.

'따닥따닥'

솔잎에 붙은 불이 활활 타오르며 소리를 냈지만 나뭇가지까지 불을 옮기기에는 역부족이었는지 이내 꺼져 버렸다. 그래도 잠깐이었지만 타오르는 불을 보자 희망이 보여 다시 한번 솔잎을 잔뜩 모아 불을 붙였지만 젖은 나무에 불을 옮기기에는 역부족이었다.

"진아 안 되겠다."

두 번째 시도 때 주변에 있는 솔잎이란 솔잎은 다 모아서 온 상태였다.

"오빠, 차라리 빨리 밥 먹고 텐트 안으로 들어가자."

추운 날씨 탓에 물이 끓는 데도 시간이 오래 걸렸다. 그래도 뜨거운 라면 국물이 몸 안으로 들어가니 조금은 살 것 같았다.

텐트 안은 냉골이었다. 텐트 안으로 들어오기 전 땀으로 젖은 티셔츠는 벗고 수건으로 땀을 닦고 새 티셔츠에 긴팔 티셔츠, 경량패딩, 바람막이까지 껴입고 기모바지도 입었지만 냉기는 가시지 않았다.

특히 바닥은 땅에서 올라오는 냉기가 우리를 한 번 더 덮쳤다. 무게를 줄이려고 얇은 매트를 들고 다닌 것이 결국 아무런 보호 역할을 해주지 못한 것이었다.

"오빠, 바닥에서 냉기가 많이 올라오는 거 같은데 침낭을 하나는 깔고 하나는 같이 덮자."

"그래. 그러자."

좁은 텐트 안에서 은진이와 무릎을 꿇고 손바닥과 무릎을 살짝살짝 들어가며 매트를 깔고 빠지는 곳 없이 침낭을 넓게 펼친 뒤 몸을 바짝 붙이고 침낭으로 둘을 덮었다.

"진아 진짜 장난 아니네. 우리 남은 10일 괜찮겠나?"

"일단은 해 봐야지 뭐."

우리가 내뿜는 입김마저도 얼어 텐트 안에 냉기를 더했다. 오늘 따뜻한 곳에서 잘 네이비와 파이어볼이 생각나서 부러웠다. 어쩌면 그들의 선택이 맞을지도 모른다는 생각까지 들었다.

'도대체 무엇을 위해서 이러고 있는걸까? 오늘도 다 갔으니까 이제 9일, 9일만 어떻게든 버티면 된다. 다른 생각하지 말고 9일만 생각하자.'

잠이 들었다가도 추위에 깨고 잠깐 잠이 들었다가 다시금 깨는 것을 계속 반복했다.

"진아… 혹시 자나?"

옆에서 은진이가 별별 떨고 있는 것이 느껴져 말을 걸었다.

"아니, 오빠도 못 자고 있나?"

"응. 차라리 아침이 좀 빨리 왔으면 좋겠다."

잠을 무척이나 좋아하는 우리도 추위 앞에서는 별다른 수가 없었다. 팔과 허벅지로 은진이를 감싸 안고 서로의 두 발을 포갰지만 결국 밤새 추위에 제대로 자지 못하고 뒤척이고 나서야 아침을 맞이할 수 있었다.

남은 9일이 무서워졌다.

'장거리 트레일은 50%의 체력과 50%의 정신력이야.'

다시금 스티브 할아버지의 말이 떠올랐다.

'한계는 없다. 포기가 있을 뿐. 반드시 캐나다 국경까지 간다.'

극한의 추위와 함께하는 밤이 지난 5개월보다 더 길게 느껴졌다.

"위스키 마실래요?"

붉은 재킷에 날렵한 몸매를 가진 사내는 배낭 옆구리에 낀 작은 머스크를 꺼내 한 모금 권했다.

"너무 좋죠. 고맙습니다."

'꿀꺽'

입 안을 가득 채우는 스카치위스키의 향은 강렬했다. 한 모금 삼키자 이내 배 속에서부터 뜨거운 기운이 올라와 온몸으로 퍼져 활활 타오르는 장작이라도 된 기분이었다.

"한 모금만 더 마셔도 될까요?"

"한 통 더 있으니 얼마든지요."

이번에는 조금 더 큰 한 모금을 삼키자 금세 온몸으로 술기운이 퍼져 몸이 따뜻해졌다. 해가 드는 곳은 그나마 나았지만 그늘 속을 걸을 때면 겨울의 냉기가 온몸을 파고드는 듯했다. 나무 아래서 그가 건넨 위스키가 냉기를 밀어내어 주는 듯했다.

"이제 진짜 얼마 안 남았네요."

"네. 정말 길었던 반년이었죠. 살면서 이렇게 긴 육 개월을 살아 본 적이 있나 모르겠네요."

"시간을 이렇게만 쓰면서 살면 좋을 거 같아요. 도시에서는 별다른 일 없이 시간만 빨리 지나잖아요."

"진짜 그래요. 별다른 추억 없이 일만 하고 뒤돌아보면 한 해가 또 지나 있고."

"그나저나 전 다이아몬드예요. 시카고에서 왔죠."

"전 호예요. 한국에서 왔어요."

"PCT가 끝나면 도시 생활에 적응이 안 될 거 같아요. 6개월간 산사람이 다 됐는데 많이 생각날 거 같네요."

"저도 많이 그리울 거 같아요. 그래도 지금은 빨리 따뜻한 방에 들어가서 맛있는 음식에 위스키 한잔하고 싶네요."

"하하. 당연하죠. 그러면 먼저 갈게요. 또 봐요."

"네. 위스키 잘 마셨어요."

또 보자고 했던 다이아몬드는 남은 9일 동안 단 한 번도 볼 수 없었다. PCT에서의 만남은 늘 그렇듯 예측할 수 없었기에 그가 먼저 캐나다에 닿았을지 우리보다 늦게 도착했을지 아니면 중간에 트레일 오프를 했을지 알 수는 없었지만 무사히 멕시코에서 받은 임무를 완수했길 바랐다.

해가 났다가 구름이 잔뜩 꼈다가 눈이 왔다가 하루에도 날씨는 변화무쌍했다.

해가 날 때 왼쪽에 만들어진 내 그림자를 보며 흐뭇해했다. 그렇지 않아도 장발을 해 보고 싶었는데 6개월간 한 번도 자르지 않은 머리가 꽤 많이 길어서 묶고 다닐 수 있었다.

"하하하. 오빠 진짜 못생겼다. 끝나면 제발 머리 좀 깎자."
"돌았나?"
"아 왜. 진짜 깎는 게 훨씬 낫단 말이야."

은진이는 얼굴을 볼 때마다 못생겼다며 혼자서 깔깔거리며 웃었다. 실컷 놀리고서는 먼저 출발했다.

눈이 내리고 쌓이는 한계선이 있었다. 10월 초의 한계 고도는 1,700m 정도로 신기하게도 그 아래는 눈이 전혀 보이지 않았다. 겨울이 깊어질수록 그 한계선은 점점 내려올 터였다. 산 정상에 오르자 우리가 또 넘어야 할 산이 보였다.

'눈이 쌓이지 않은 곳까지만 가서 텐트 쳐야겠군.'

원래 정상에 오르면 풍경을 즐기며 휴식 시간을 갖겠지만 이제는 눈 쌓인 정상에서는 오래 버틸 수가 없어 아주 잠깐 동안 경치를 바라보고는 바로 출발해 고도를 낮추어 쉬었다. 내리막을 내려가니 언제 눈이 왔냐는 듯이 온통 초록의 산이었다.

"진아! 오늘 산 넘어가지는 못할 거 같으니깐 눈 쌓인 데까지 가지 말고 그 밑에서 자자."

"응. 그럼 한 시간만 걷고 오빠 기다릴게."

"이따가 보자."

워싱턴을 처음 시작했을 때의 우려와는 달리 은진이는 바로 적응했다. 다년간 PCT를 한 스캇은 PCT를 걷기 위한 몸을 만드는 데 꼬박 한 달은 걸린다고 했는데 몇 개월 동안 하이킹으로 만들어진 몸이 대단하다는 생각이 들었다. 추워서 가지지 못한 휴식을 맘껏 가진 후 은진이를 쫓아갔다.

확실히 눈이 없는 곳은 따뜻하진 않아도 최소한 춥지 않았다. 내리막을 마치자 구불구불 이어진 스위치백의 오르막이 시작됐다.

'하… 망했네.'

어깨너비의 좁은 길을 따라 텐트를 칠 만한 곳이 한 군데도 없어 계속 올랐더니 어느새 또 눈의 구간이 시작되었다. 지도를 보니 20km는 가야 고도가 다시 낮아지기 시작했다.

"진아. 안 되겠다. 그냥 오늘은 여기서 자자."

"응."

텐트를 치고 저녁을 준비하며 나무들을 모았다. 산 위에 부는 강력한 바람이 볼을 강하게 때려 오기 시작했다. 이소가스가 넉넉히 있었던 덕분에 스토브에 연결해 나무에 불을 붙이려 해 보았지만 눈발을 품은 바람은 불이 잠시라도 붙는 걸 용납하지 않았다.

"에라이… 진아, 차라리 텐트 안에서 밥 먹고 자는 게 낫겠다."

저녁을 다 먹고 난 후 바닥에 누웠지만 또 시린 등에 도무지 잠이 오지 않았다. 배낭을 바닥에 깔고 그 위에 매트와 침낭을 다시 깔고 누웠다. 침낭 안에서 쉬는 숨도 금세 서리로 변했다.

'미치겠네….'

발가락이 시려 꼼지락거리느라 또 뜬눈으로 밤을 지새워야 했다. 겨울 밤은 한없이 길게만 느껴졌다.

"오빠 빨리 와!"

은진이가 멀리서 손짓을 하며 소리를 쳤다. 어젯밤 극한의 추위를 겪으며 은진이는 얼마나 괴로웠을까? 얼음장 같은 침낭 속에서 지도를 분석하며 찾은 필승법에 나도 동참하기로 했다. PCT 최초 여성완주자 레이븐송(Ravensong)의 집까지 남은 20㎞를 스킵하고 중간에 빠져 히치하이킹을 하기로 했다. 좀처럼 재촉을 하지 않는 애라 무슨 일인가 싶어 빠른 걸음으로 다가갔더니 은진이가 차를 한 대 잡아 놓고 있었다.

"오빠, 조금만 늦었으면 아저씨 그냥 갈 뻔했다. 진짜 다행이다."

관광객이 거의 없는 구간에 시간까지 늦어 하마터면 트레일 입구에서 도로까지 10km를 걸어갈 뻔했다.

"안녕하세요."

"어서 와요. 얼른 차에 타요"

아저씨가 픽업트럭의 트렁크를 열어 주어 짐을 싣고 은진이와 차에 올라탔다.

"진아 근데 니 아저씨한테 어떻게 말했는데?"

영어를 하지 못하는데 도대체 아저씨를 어떻게 붙들고 있었는지 신기했다.

"보이프렌드, 나우, 커밍, 히치하이킹이라고 했지."

"하하. 진짜 센스 있네."

목이 마른 사람이 우물을 파는 법이라 은진이는 평소에는 찾을 수 없던 적극성을 보였다.

아저씨는 트레일 헤드에서 우리와 가는 길이 같은 곳까지 20㎞를 태워 주었다. 우리가 마을에 가기 위해서는 산을 넘으면 20㎞만 걸으면 됐지만 차를 타고 가면 총 80㎞를 둘러가야 했다. 이제 남은 60㎞는 다시 차를 얻어 타야 했다.

"아저씨 고맙습니다."

"조심히 다녀요."

아저씨가 차에서 내려 준 이후로 1시간이 넘게 히치하이킹을 못하고 있었다. 워싱턴의 끝자락에서 드디어 우리의 1시간의 법칙도 깨져 버렸다.

해는 이미 졌고, 비가 추적추적 내리는 밤에 차 안에서 보면 우리라도 태워 주지 않을 비주얼이었을 것 같았다. 우리가 가진 선택지는 히치하이킹을 계속하거나 수풀에 가서 텐트를 치고 자거나 최고 가까운 마을까지 걸어가거나 세 가지 방안이 있었다.

"진아, 어떻게 할까?"

"일단은 조금만 더 잡아 보자."

이전보다 더 열심히 손을 흔들었지만 차들은 속도를 줄이지 않고 우리 옆을 무심히 지나갔다.

"진아 저기 불빛 보이나? 차 오는 거 같다."

우리가 차를 타고 왔던 그 길로 멀리서 차가 오고 있었다. 삼거리에서 차가 설 테니 어떻게든 차를 세워 사정을 말해야 해 필사적으로 팔을 흔들었다.

'끼이익'

여러 군데 녹이 슨 차가 멈춰 섰고, 운전석의 아저씨가 창문을 내렸다.

"무슨 일이에요?"

"안녕하세요. 저희는 PCT 하이킹 중이에요. 마을까지 가야 하는데 밤이 늦어 버려서 차가 안 잡히네요. 혹시 가시는 데까지 좀 태워 줄 수 있어요?"

"흠… 여기서 가까운 마을이 15㎞ 떨어져 있는데 거기까지 태워 줄게요."

"고맙습니다!"

아저씨의 차에 올라타니 그제야 마음이 조금 놓였다.

"근데 그 마을에도 숙박할 수 있는 곳이 없을 텐데 괜찮으면 우리 집에서 자고 갈래요?"

아저씨의 갑작스런 제안에 평소와는 달리 선뜻 대답할 수가 없었다.

"진아 혹시 니도 지금 나랑 같은 생각하나?"

"그런 거 같은데?"

아저씨와 대화를 하면서도 은진이와 한국어도 얘기를 나눌 수 있는 점은 미국에서 굉장히 좋은 일이었다. 아저씨의 인상은 좋아 보였지만 뉴스나 영화에서 나오는 시골 마을의 살인마 이야기가 갑자기 머릿속에 떠올랐다.

"진아, 어떻게 할까? 난 괜찮은 거 같은데 지금 달리 방법도 없고."

"그래. 그러자."

혹시라도 말을 내뱉으면 불길한 일이 생길까 하는 노파심에 말을 아꼈다. 일단은 딱히 다른 방법이 없어 아저씨의 집에 하루만 머물기로 했다.

아저씨의 집은 산 바로 아래, 강물이 옆에 흐르는 곳에 있었다. 집으로 들어오는 길에는 몇 채의 집이 더 보였는데 아저씨는 길의 끝에 살고 있었다.

"추울 텐데 어서 씻고 저녁 먹어요. 냉장고에 음식 있으니 아무거나 해 먹어도 돼요."

"고맙습니다."

아직까지는 경계심을 풀지 못하고 신경을 곤두세우고 있었다. 은진이가 먼저 씻고 나도 샤워를 하고 아저씨와 저녁을 같이 먹으면서 드디어 마음이 조금씩 열리기 시작했다. 아저씨는 아무런 생각이 없었는데 나 혼자서 난리를 친 꼴이었다.

"저도 젊은 시절에는 돈을 좀 만졌어요. 그때는 돈 버는 게 제일이라고 생각했고, 돈을 벌어야 자식에게 좋은 것도 해 줄 수 있다고 생각했는데 이제 와서 보니 이게 다 소용이 없더라구요."

아저씨는 페이스북의 딸들의 사진을 보여 주었다.

"아내와는 이혼을 했고, 애들은 엄마랑 지내요. 어느 날 아이가 그러더라구요. 필요할 때 곁에 있어 주지도 않고서는 왜 이제 와서 아빠 역할을 하려 드냐고 하는데 말문이 막히더라구요. 따지고 보면 아이 말이 맞죠."

아저씨의 눈가가 조금씩 촉촉해졌다. 이렇게 순박한 아저씨를 살인마로 생각한 나 자신이 부끄러워졌다.

"관계는 정원을 가꾸는 것과 비슷하다고 생각해요. 물을 주고 거름을 주고 빛을 쬐어 주고 꾸준하게 사랑을 줘야 하는데 그러지 못하면 알지 못하는 사이에 시들어 버리죠. 다시 살릴 수도 있겠지만 수십 배는 더 힘이 들고 잘 안 되죠. 나는 정원을 잘못 가꿔 온 것 같아요. 애들 말이 맞아요. 애들이 원하는 게 아니라 내가 원하는 대로 해 놓고서는 나중에는 애들을 위해서였다고 핑계를 갖다 붙이고 있었어요. 저는 그렇게 하지 못했고 마음이 아파도 내가 살아온 것에 책임을 지며 살아야죠."

아저씨의 얘기를 듣는 내내 아빠의 생각이 났다. 나는 아빠가 두 명이었다.

'성호야, 우리가 사실 정이 좀 없다 아이가.'

술에 취한 목소리로 친아빠는 수화기 너머로 이야기했다. 슬픈 목소리였지만 나는 별다른 감정이 생기지 않았다. 클 때는 한 달에 한 번 보던 것이 크고 나서는 1, 2년에 한 번 볼까 말까 했으니 아빠도 나도 서로의 온기를 느끼는 것이 힘이 들었다.

'야 인마, 니 인생은 니 인생, 내 인생은 내 인생이다이.'

아빠가 자주 하는 말이었다. 예전에는 아빠의 독립적인 성격이 묻어나는 말이라고 생각했지만 시간이 지나서 문득 그렇게밖에 말할 수 없는 아빠의 마음이 보였다. 아빠도 나도 지금보다 가까워질 획기적인 방법은 없었다. 이미 시간과 함께 기회도 지나 버렸다.

'나는 어떤 아빠가 될까?'

국경

 아저씨의 집에서 푹 쉬고 거처를 옮겨 캐나다로 넘어가기 전 마지막 트레일 엔젤, 여성 최초의 PCT 완주자 레이븐 송의 집에서 하루를 더 쉬었다. 우리가 도착하고 얼마 후 다리를 절뚝거리던 디기도 도착했다. 이제는 몸이 많이 좋아져 잘 걷노라며 마지막 남은 구간 서로 힘내서 캐나다까지 무사히 닿자고 빌어 주었다.
 '남은 거리 100㎞, 마지막 4일.'
 참으로 길고 긴 4,268㎞의 걸음의 종착지인 캐나다가 우리를 기다리고 있었다.
 화려한 기술 필요 없이 꾸준히 뛰기만 하면 되는 마라톤을 좋아했다. 마라톤을 시작하고 처음 1㎞ 지점을 지날 때가 있지만 참고 뛰면 어느새 마지막 1㎞가 남는 지점을 지난다. PCT를 시작하고 처음 100㎞ 지점을 지날 때 마라톤을 뛸 때처럼 마지막 100㎞가 남는 지점을 상상했었다. 오지 않을 것 같은 순간도 기나긴 인고의 시간을 지나 드디어 맞이할 수 있었다. 5개월이 넘는 시간을 버텨 받은 귀한 선물이었다.
 '4일 동안 폭설만 제발 오지 마라! 아니다. 폭설이 와도 어떻게든 간다.'
 트레일 헤드에 도착해 마지막으로 하늘이 도와주기를 빌고 어떻게든 캐나다 국경에 닿겠다고 스스로에게 주문을 걸었다.
 트레일 헤드에 도착했을 때는 없던 눈이 고도를 높이자 다시 설산으로 변했다. 이제 한동안은 또 눈밭을 헤쳐 나가야 했다.

"진아, 저거 보이나?"

"뭐?"

"침엽수 잎이 노랗잖아."

"진짜 그러네. 어떻게 저렇지?"

"진짜 희한하네."

가까이 다가가서 잎을 만져 봐도 뾰족했지만 시들어서 노랗게 된 것이 아니라 생생한 노란 잎이었다. 새하얀 눈으로 덮인 산에 잠시 가을이 찾아온 듯한 묘한 기분을 주었다.

생각보다 눈의 구간은 빨리 끝났다. 언제나 그랬듯 복귀하는 첫날에는 잠자리를 일찍 잡았다. 그럼에도 늘어난 하이킹 실력에 80㎞만 더 가면 캐나다 국경이었다.

'돌아가시오.'

올해 워싱턴에 난 산불로 PCT 정규길이 막히고 우회로가 나 있었다.

불이 난 당시에 도착한 하이커들은 캐나다 국경도 보지 못하고 돌아서야 했다고 했다.

이틀간 무탈하게 65km를 걸어와 이제 15km만 더 가면 드디어 끝을 볼 수 있었다.

"진아 먼저 갈래?"

우회로를 따라 오르막을 오르다 뒤를 바라보니 넓게 펼쳐진 전경을 지는 해가 아름답게 비추고 있어 은진이와 잠시 앉아 쉬었다. 강렬했던 불줄기가 휩쓸고 지나간 자리 위를 언제 그런 일이 있었냐는 듯 흰 눈이 소복이 쌓여 있었다. 오늘 밤을 마지막으로 이젠 더 이상 이 지긋지긋한 추위에 떨며 밤을 보낼 일은 없었다. PCT 길 위에서 자는 마지막 날이었다.

"응. 먼저 갈게."

은진이는 한마디 남기고 먼저 길을 나섰다. 떠나가는 은진이를 바라보며 귀에 이어폰을 꽂고 노래를 골랐다.

이 길과 이별하기 전 꼭 이별의 시간을 가져야겠다고 생각해 왔었다. 그때 들어야겠다고 생각했던 토이의 '뜨거운 안녕'을 시작으로 더원의 'I Do' 노래를 번갈아 몇 번 들었다. 이별은 언제나 그렇듯 슬프기도 또 한편으로 후련하기도 했다.

아킬레스건이 끊어지던 날, 1년이 지나 샌디에이고로 비행기를 타고 오던 날, 첫 트레일 엔젤 샌디에이고의 스캇의 집, 물집이 터지고 또 터진 발, 다리를 다쳐 걷던 구간, 총 맞을 뻔한 일, 갈증에 허덕이던 날 남매와 고비를 넘긴 일, 지훈이와의 일주일간의 동행, 최고봉 휘트니산에 오른 일, 은진이와 다퉈서 며칠 헤어졌던 일, 시에라에서 모기에 뜯긴 일, 크레이터 레이크에서 느낀 감동, 마크 할아버지와 나눈 이야기들, 트레일 오프를 하던 친구들을 봤을 때 마음 아팠던 일, 지난 모든 기억의 조각 단편들이 머릿속을 스쳐 지났다.

끝이 있어 아름다웠다. 이별이 있어 끝나 감이 아쉽고, 이별이 있어 순간이 간절하고, 이별이 있어 새로운 만남을 준비할 수 있었다. 이제 내일이면 끝이기에 아쉬웠고 안타까웠다.

'이게 무슨 청승이고. 이제 가자.'

분위기에 실컷 심취하기를 30분, 문득 아무도 없는 산 중간에 이러고 있는 모습이 웃기다는 생각이 들어 다시 엉덩이를 띄었다.

"오빠 조심히 와!"

무릎까지 쌓인 눈 바로 옆은 낭떠러지였다. 먼저 간 선배들의 발자국을 따라 한 걸음 한 걸음 조심히 옮겼다.

"휴…."

짧지만 무시무시한 구간을 지나자 안도의 한숨이 나왔다.

"오빠, 오늘은 여기서 잘까?"

"나도 그 생각했는데."

캐나다 국경까지는 마지막 10㎞가 남았다. 조금 욕심을 내면 오늘이라도 들어갈 수 있었지만, 오늘은 끝을 보고 싶지 않았다. 게다가 주변에서 가장 높은 곳이라 눈앞에는 미국과 캐나다 국경 인근의 수많은 산맥들이 펼쳐져 있었고 우리의 잠자리 바로 앞에는 거대한 호수가 있어 캐나다가 아닌 미국에서 하루 더 보내고 싶었다. 돌바닥 위에 들어가지 않는 텐트 못을 돌로 억지로 박아 넣어 마지막 잠자리를 만들었다.

PCT를 하는 6개월간 단 한 번도 호텔이나 모텔 같은 숙박업소를 이용하지 않았다. 마을에 들어가면 늘 트레일 엔젤의 집이나 캠핑장에서 잤다. 은진이와 둘이서 쓸 돈을 한국에서 3,500불을 환전해 왔는데 여전히 현금이 남아 있었다. 보통 하이커 한 명이 한 달에 1,000불을 쓴다고 했으니 지독하게도 굴었다.

마지막 라면을 끓여 먹고 매트를 깔고 침낭을 얹어 있는 옷을 다 껴입고 그 위에 침낭을 덮어 몸을 밀착시켰다. 워싱턴의 눈을 만나고 새로 생긴 버릇이었다.

"진아 많이 힘들었제?"

은진이에게도 나에게도 육체적으로 정신적으로 이렇게 힘든 시기를 보낸 적이 있었을까 하는 생각이 들었다. 군생활 그 어떤 훈련보다도 강도 높고 길었고, 살아오며 겪었던 그 어떤 경험보다도 강한 나 자신과의 싸움이었다. 끝이 없을 것 같았던 시간이 끝이 나고 이제 마지막 10km만 걸으면 그렇게 바라던 끝이었다.

"오빠, 끝날 때까지 끝난 게 아니야. 끝나고 나서 따뜻한 방에서 맛있는 거 먹으면서 술 한잔하면서 얘기해."

"응."

은진이의 말에 술 한잔하고 폭신한 매트리스에서 자는 상상을 하니 입가에 웃음이 번졌다. 따뜻한 상상과는 달리 역시나 산중의 밤은 춥디추웠다.

'마지막엔 쭉 내리막이에요. 그렇게 내려가다 보면 산 한가운데 멕시코에서 보았던 그런 기념비가 서 있어요. 그럼 당신의 여행도 끝이에요. 난 벌써 그립네요.'
 마지막 내리막이 시작되자 딘스 모어의 집에서 만나 이야기를 나누었던, 우리보다 먼저 캐나다 국경을 보고 돌아왔던 선배의 말이 떠올랐다.

'1mile to go.'
 아무렇지 않을거라 생각했는데 가슴이 두근거리기 시작했다.

 이제 1.6㎞만 더 걸으면, 15분만 더 걸으면 6개월간의 긴 여행도 끝이 날 것이었다. 섭섭한 마음은 어젯밤 다 털어놓았다고 생각했는데, 시원섭섭한 마음보다 아직은 섭섭한 마음이 더 크게 남아 있었다.
 '북쪽 종착지, 캐나다에서 멕시코까지 2,650Miles'
 기념비에는 우리가 걸어온 긴 여정이 숫자가 들어간 단 한 문장으로 표현되어 있었다.

"PCT, 야 이 시발놈아!"

있는 힘껏 소리쳤다. 어느 순간부터 캐나다 국경에 닿으면 꼭 욕을 한 바가지 뱉어야겠다고 생각하고 아껴 두고 또 아껴 두었던 그 말을 뱉고 나니 얼어있던 마음이 사르르 녹는 것 같은 기분이 들었다.

이제 이 종착지에 닿은 수많은 하이커들처럼 우리도 사연 많은 PCT에서의 추억은 그냥 우리의 가슴속에 묻어 둬야 했다.

마크 할아버지가 아름답게 표현해 준 우리의 여행이 대서사시 같지도 않았고 그렇게 낭만적이지도 아름답지도 않았다. 워싱턴에 들어서는 신들의 다리를 건널 때 들었던 생각처럼 별다른 생각이나 감정이 들지 않았다. 그냥 아주아주 긴 꿈을 꾸고 깨어난 것 같았다.

'끝났구나…'

커다란 숙제를 하나 마친 기분이었다. 생의 하나의 막이 내리고 이제는 또 다른 막이 열릴 터였다.

터널을 들어가기 전 입구에는 '고통의 터널'이라는 이름이 적혀 있었는데 뒤를 돌아보니 어느새 '추억의 터널'이라는 이름으로 바뀌어 새겨져 있었다.

삶에 강렬한 추억이 하나 새겨졌다.

―――――――― 에필로그 ――――――――

"오빠, 피자 진짜 크다."

캐나다 밴쿠버의 코스트코 푸드코트의 테이블에서 사람들을 구경하고 있을 때였다. 은진이는 피자를 들고 오며 말했다.

캐나다 국경을 넘어 우리는 다시 20㎞에 가까운 산중을 걸어야 했다. 그리고 PCT에 대해 전혀 모르는 도시인들 가득한 낯선 곳에서 3번에 걸쳐 히치하이킹을 시도한 후에야 밴쿠버에 들어올 수 있었다. 마지막엔 1시간이 넘도록 차가 한 대도 서지 않았는데, 우리를 차에 태워 준 아저씨는 '저 미친 사람들은 뭘까?' 하는 신기한 마음에 세웠다고 했다. 그간 PCT 하이커로서 누릴 수 있었던 사람들의 호의가 하루 만에 먼지처럼 사라져 버렸다.

이틀간은 정말 아무것도 하지 않았다. 그토록 바랐던 따뜻한 방에서 위스키를 원 없이 마시고 실컷 퍼질러 잤다. 하지만 마음 한구석이 이상하게 허전하고 허탈했다. 꿈은 이루는 것보다 꿈을 향해 가는 과정이 더 즐거운 법이었다.

PCT를 알게 되고, 멕시코 국경에서 시작해 캐나다 국경까지 닿기 위해 지나쳤던 그 모든 과정이 이제는 아득한 옛이야기가 된 것처럼 느껴졌다.

'행복'

파랑새는 어디에나 있지만 또 어느 곳에도 없다.
행복에도 종류가 있다면 불행하지 않은 것도 행복의 한 모습이 아닐까?